国家社会科学基金项目（14BTY017）
河北体育学院燕赵武术文化中心资助出版

民族体育文化延伸

——基于甘肃特有民族体育文化延伸的研究

陈 青 著

人民体育出版社

图书在版编目（CIP）数据

民族体育文化延伸：基于甘肃特有民族体育文化延伸的研究 / 陈青著. -- 北京：人民体育出版社，2021（2023.6重印）

ISBN 978-7-5009-5880-2

Ⅰ.①民… Ⅱ.①陈… Ⅲ.①民族形式体育—体育文化—研究—甘肃 Ⅳ.①G852.9

中国版本图书馆CIP数据核字(2020)第211055号

*

人民体育出版社出版发行
天津画中画印刷有限公司印刷
新 华 书 店 经 销

*

787×960　16 开本　17.5 印张　296 千字
2021 年 5 月第 1 版　2023 年 6 月第 3 次印刷

*

ISBN 978-7-5009-5880-2
定价：76.00 元

社址：北京市东城区体育馆路 8 号（天坛公园东门）
电话：67151482（发行部）　　　邮编：100061
传真：67151483　　　　　　　　邮购：67118491
网址：www.psphpress.com
（购买本社图书，如遇有缺损页可与邮购部联系）

前　言

曾经的岁月相当于制陶业按部就班的"储泥",历经漫长的陈腐,当一所拥有三十六年办学历史的高校与执教三十六年的教师不谋而合,搭建起一个新的平台后,陈腐之泥塑造成器,生命焕发了青春。这可能是对陈青的恰当诠释。

值得玩味的是民族体育文化对人能够产生不可抗拒的统摄,甚至占据着人的整个世界。这可能是由于身体行为对意识的强大作用,使人对民族体育欲罢不能、魂牵梦绕。作者生于西北、长于甘肃,对甘肃特有民族体育真是难舍难分。如何报答,作为学者,唯有著书。

地处"一带一路"黄金地带的甘肃,特有的东乡族、保安族和裕固族是甘肃的名片和骄傲,这些民族具有特有民族体育的鲜明个性,更蕴含中华民族体育的共性特质。以此为探究民族体育文化延伸的切入点,可以管窥中华民族体育文化的生成、发展与传承脉络。

现实中,甘肃特有民族体育项目内容仅存于文献记载、耄耋回忆的片段中,民众,特别是在青少年的身体行为中很少留下印记。美好的回忆与残酷的现实形成了鲜明的对照。究其原委,甘肃特有民族体育很多项目内容仍处在体育元素阶段,这些元素难以通过民族体育文化半透膜,被无情地阻挡在民族体育元素一侧,这些内容是孩提时代的游戏,却难以成为中青年人的终生体育项目。与此同时，在强劲生命的冲动作用下，西方竞技体育却呈现出勃发之势，与本土民族体育形成鲜明的、广泛的、一热一冷的反差。

民族体育是某族群、民族在特定时空中，通过身体行为，主动地以主体的自我对作为客体自身进行生命塑造的活动。其中，在人的意识指导下，有目的、合理、专门技术的身体行为是民族体育所依托的主体，生命塑造是民族体育的目标指向，富含强大的文化力量，是人类的文明成果。民族体育构成要素，是一个甄别民族体育的重要指标。

从目前民族体育文化总体态势来看，民族体育文化的失忆、失语、失位已经到了削弱民族意识自信、制约民族文化精神自觉、遏制民族文化自强的程度。面对这种严峻的现实，必须通过有效的民族体育文化延伸，在不断创新发展中，遵循蕴含民族文化的身体行为运作规律，升华的身体体验、认知、创造能力，将健康身体资本化，实现资本身体化，以求全方位为人类服务，实现中华民族文化的复兴和弘扬。

文化延伸为满足人和社会的需求，通过人类实践活动将有价值的文化进行时空延续和扩充，完成自身演进，使文化事项的核心结构要素得以复制、变异和传递，整个流程规定着文化向度。民族体育文化延伸作为文化延伸的身体行为表现，除了文化延伸的特性外，更具有人体文化的独到之处，表现出强劲的延伸可能性、切实的延伸可行性和务实的延伸现实性。

民族体育文化延伸主要有三个层次：

第一个层次是民族文化模式延伸。

第二个层次是竞技化身体行为延伸。

第三个层次是生命塑造目标指向的延伸。

民族体育文化延伸可具体地采取以下的操作性方式和操作方法：

第一，借助国家意志实现民族体育文化延伸。

第二，通过文化融合，践行民族体育合理、科学的身体行为。

第三，在人体文化的作用下，实现身体行为的竞技化。

第四，在文明共享的基础上，实现民族体育文化的传播和传承。

民族体育文化犹如一艘巨轮，承载着中华民族文化，蕴含着中华民族精神。只有通过科学、合理的理论与实践融合，不断有效地实施民族体育文化延伸，方能确保民族体育文化巨轮的稳步前行。

在课题研究过程中，得到了临夏、肃南等文体局仁人志士的无私帮助，得到了广大民众的热情配合，得到了研究团队成员的鼎立协助，得到了人民体育出版社的大力支持，在此，向他们致以崇高的敬意。由于作者的认知水平和学术能力所限，文稿中必定存在着不少问题，敬请方家指正。

陈　青

2020 年 11 月于滹沱河畔

目 录

第一章　文化延伸缘起 …………………………………………（1）

　　第一节　民族体育文化自信 ……………………………………（2）

　　第二节　民族体育文化记忆 ……………………………………（5）

　　第三节　民族体育文化失忆 ……………………………………（10）

　　第四节　初窥文化延伸 …………………………………………（14）

　　　　一、文化的概念 ……………………………………………（14）

　　　　二、文化延伸 ………………………………………………（16）

　　第五节　审视民族体育 …………………………………………（25）

　　　　一、肢体活动 ………………………………………………（27）

　　　　二、身体行为 ………………………………………………（28）

　　　　三、体育内部演进向度 ……………………………………（31）

第二章　文化延伸背景 …………………………………………（37）

　　第一节　甘肃特有民族生存背景 ………………………………（37）

　　第二节　甘肃特有民族概况 ……………………………………（49）

　　　　一、东乡族 …………………………………………………（49）

　　　　二、保安族 …………………………………………………（50）

　　　　三、裕固族 …………………………………………………（52）

1

第三章　文化延伸图景 (54)

第一节　东乡族体育文化图景 (54)
一、文化涡旋隐喻 (56)
二、文化认同开关 (58)
三、民族体育甄别 (67)

第二节　保安族体育文化图景 (74)
一、相似的环境，不同的文化 (76)
二、相似的文化，不同的演绎 (79)
三、雷同的流动，各异的系泊 (86)
四、通透因素 (93)
五、制约因素 (98)

第三节　裕固族体育文化图景 (104)
一、生存方式定向 (107)
二、迁徙文化积淀 (115)
三、豪迈性格文脉 (121)
四、身体行为资本 (124)
五、转化中的升华 (128)

第四章　民族体育文化延伸理论 (137)

第一节　民族体育文化延伸潜质 (138)
一、人的需要 (138)
二、人的能力 (140)
三、人的生命 (142)
四、物的存在 (144)

五、物的变化 …………………………………………… (146)
　　六、意识的追求 ………………………………………… (148)
　　七、意识的导向 ………………………………………… (151)
　　八、意识的平衡 ………………………………………… (155)
　　九、文化的土壤 ………………………………………… (157)
第二节　民族体育文化延伸条件 …………………………… (160)
　　一、文化延伸的必要条件 ……………………………… (162)
　　二、文化延伸的特殊条件 ……………………………… (167)
　　三、文化延伸的必然 …………………………………… (185)
第三节　民族体育文化延伸的制约因素 …………………… (195)
　　一、社会因素 …………………………………………… (196)
　　二、文化因素 …………………………………………… (201)
　　三、经济因素 …………………………………………… (206)
　　四、体育因素 …………………………………………… (214)
第四节　民族体育文化延伸 ………………………………… (222)
　　一、民族体育文化模式延伸 …………………………… (222)
　　二、民族体育竞技化身体行为延伸 …………………… (235)
　　三、民族体育文化延伸的指向 ………………………… (254)

第一章 文化延伸缘起

　　人类社会在采集、游牧阶段,原始的生产方式是其主要特征。在农业生产的冲击下,生产方式开始有了多样化发展,游牧、渔猎与部分地区农业生产方式并行不悖。当人口不断增加,农业生产方式不断改进后,开始了大范围的传播。原本局部的农业生产模式不断地向全球扩散,成为人类社会最为重要的依托。农业生产犹如"森林大火",将原本单一、脆弱的生产方式予以毁灭性的冲击之后,迎来的是社会发展的新生。人类社会在后续的发展中,工业生产方式统治全球更是如此。不过,工业生产达到了更为严重的单一性,且处于过度发展的阶段,相当于过度成熟的森林,仅存耐阴的针叶林,而这些植物恰恰是"不耐火的植物"。在人类漫长的历史演进中,东、西方进行了无数次的文化交流,每次血与火的碰撞、冲突、交流与融合都会使彼此受益,避免了文化的单一性,促进了文化向多元化的方向迈进。这个历程与自然界如此的相像,令人惊讶。假如,将文化之间碰撞所引起的冲突比喻成森林大火,那么在大火之后,文化中的器物文化也像大火之后首先出现一些柳兰,也叫火烧红等先锋植物一样率先出现在人们的视野之中。随着文化自愈的过程,社会结构层面人群组织分化成型,比如各类业缘群体,这种类似于白桦、山杨等喜阳乔木、耐阴喜湿的灌木和草木占据主导地位,这个阶段丰富的文化各自找到了自己的位置,以舒展的姿态共同享受着阳光和雨露。当本土文化不断成熟之后,具有统治地位的制度和精神文化一统天下,类似于落叶松、针叶杉成为森林的主角,逐步达到了顶级文化的状态。这个阶段的文化实际上也是一种相对单一的文化类型,进一步发展可能会出现过度成熟状态,表现出文化多样性的下降,抗拒能力降低。

　　在这里我们联想到体育与自然的关系,这种关系的联想可能比较生硬,但是体育在起源之初的确与自然存在着千丝万缕的联系,即使在发展过程中也无法完全摆脱自然的影响。在体育产生初期,自然对体育发挥着决定性的作用,体育的文化格局主要是由自然环境决定的。在后期的发展过程中，自然依然对体育发挥着影响作用，使体育逐步走向符合自然环境的类型，产生所谓的体育文化生态系统。可以将体育所依存的环境，比如社会的、文化的作为自然环境来加以分析。如此看来，作为人类文化组成部分的民族体育文化，同样存在着相似的文化发展历程。如果说中华民族体育文化在长期的孕育、发展历程中，已经达到了顶级文化状态，那么这种与丰富的人类体育文化相比，其文化逐步呈现出单一趋向，缺乏文化多样性，致使中华民族体育的抵御能力不断地下降。时至今日，在东西方民族体育文化接触、碰撞、冲突和融合中，不仅可以看到中华民族体育所蕴含的雄厚资源和重要价值，还可以看到中华民族体育绝大部分内容处于边缘化的状态。

第一节 民族体育文化自信

中华民族创造了人类社会中举足轻重的文化，这种文化不断演进，凝练成中华文明。中华文明是人类历史中独创体系、独居一方的文明。在这个文明中拥有自身独特的结构、功能和价值体系，拥有人类共享的文化成分，拥有持续发展的资本。美国学者亨廷顿[1]在对人类文明分类中，认为中华文明属于儒家文明。亨廷顿通过对人类社会中欧美、阿拉伯等诸多文明冲突的现实分析，发现独特的儒家文明与其他文明的显著差异，这种文明所具有的文化特征十分突出。中华文明的突出特征主要表现为以下三个方面。第一，人伦主体的多神论文化。与其他的一神论文化传统相比，中国传统文化运作的机制是实实在在地构建血缘结构的人伦统治，在"敬天"的旗帜下，各自以自己的祖先为神祇，通过符合人们生存心态的方式聚合民众。第二，慎终追远意识的文化。在儒家思想的凝练过程中，将敬祖、重子的历史意识发展到了一个核心地位，充分地尊重自己的先人，关怀自己的子孙，重视家庭的作用成为中华文明的普遍意识。第三，人与自然和谐的文化。中华文明不仅重视文化与自然的和谐共处，更重视人顺应自然的生命塑造，两者共同构成了生命超越性的价值体系。恰恰是这三个主要的方面，给亨廷顿留下了极深

---

[1] 塞缪尔·亨廷顿. 文明的冲突[M]. 周琪, 等, 译. 北京: 新华出版社, 2013: 105-161.

的印象，但凡是接触过中华文明的人，都会对这些特征印象深刻。如果按照张岱年对中华文明的分析，可以看到中华文明在这种宏观特征基础上，更有不断升华后的中华精神，这些精神表现在天人合一、以人为本、贵和尚中和刚健有为四个方面。这些精神是其他民族和国家很少同时具备的精神体系。天人合一，在中国人看来，天与人、天道与人道、天性与人性具有相通的原理，可以达到有机的统一。天人合一特征从理论层面来看，实际上是关于人与自然的统一问题，尊重人的同时尊重自然，保持两者的和谐共处，这一点对于当今社会文化健康持续发展具有重大的意义。以人为本。在中国的文化中，天地之间是人，人处于中间地位，是沟通天与地的重要环节。以人为本的人本主义摆正了人在社会、文化及自然中的地位，人类社会文化都应该是为了人的生存和发展而存在的，充分地尊重人，尊重人的存在，尊重人的生命是人类社会应共同遵循的基本逻辑。贵和尚中。世间万物本身存在着各种要素，彼此之间都有相互借鉴的成分，只有相互融合方能产生巨大的效益。互相地抵触，则会耗散能量。在中国人看来，相济、相成的"和"是社会文化发展的关键。通过不断修正、适度地"中"道，方可使社会文化各安其位、各得其所，达到最佳秩序和状态。刚健有为。人作为社会文化的中心，人人都需要做到负责任地肩负起自己的责任和义务。中华文明中强调的刚健是指坚定性，也就是临大节而不夺的品质。有为则要求人人依照社会文化规范，以完善的人格和自重的气节去履行自己的义务，通过实实在在的行为，自强不息地去完成民族、国家赋予人应该完成的各自的任务。从上述的分析中可以看到中华文明的确具有自身的独特性，而且这种独特的文明自始至终保持着延续，始终对人类社会发挥着细雨蒙蒙的滋润式文化渗透。在全球工业化、信息化过程中，以农耕见长的中华文明声音可能变得很小很小，但是并未因此而变得无为。当人类社会因为过度索取自然资源的历程中受到种种制约后，世人蓦然回首发现真正具有智慧的文明是中华文明，这恰是中华民族值得自豪的文化和文明。

　　在中华文明熏陶下的东方体育，可以说是一种与西方体育不同的文化类型。如果说西方体育是动物体育，那么东方体育则是植物体育；如果说西方体育是物理体育，那么东方体育则是哲理体育；如果说西方体育是追求最大化，那么东方体育则追求最优化；如果说西方体育表现为张扬的竞争，那么东方体育则是表现为内隐的较量；如果说西方体育以规则为主，那么东方体育则是以德为先；如果说西方体育是耗能运动，那么东方体育则是蓄能运动；如果说西方体育是促进健康，那么东方体育则是塑造生命。如此不同的文化，可以说各具千秋。从上述的形象化比喻中，可以看到东西方的体育文化具有互补性，西方体育文化中缺少的要素，东方体育文化可以予以弥补。正是如此，当下的体育文化交流更加的频繁，作为东方体育典型代表的中华民族体育正是在这种状态下得到了前所未有的认同和践行。比如中国的太极拳、摔跤、风筝等。中国民族体育在全球逐渐蔓延，此乃中华民族文化自信的重要源泉。

中华民族体育拥有可以自信和自豪的、博大的技术体系和精神的文化品质。

第一，中华民族体育拥有博大的技术体系。1990年，国家体委挖掘整理出少数民族体育的项目多达676项，加上汉族的301项体育，中国977项民族体育可谓是世界上最丰富的。如此庞大的民族体育技术体系，完全可供人们在日常生活中利用本土民族体育来娱乐、健身和竞技。同时，也可供世人进行异质文化赏析、健身、娱乐和竞赛。这是中华民族长期积淀形成的民族体育文化资源，这种资源具有较为完善的技术结构与功能。这种丰富的资源具有很强的适应性，能够满足不同年龄、性别、职业群体的选择和运用。这种可贵的资源具有很深的文化性，能够通过这些民族体育技术实现文化的平和交流、融合，实现人类文明的共享。

第二，中华民族体育拥有精深的文化品质。中华民族传统体育在中国浓郁的文化底蕴孕育下，蕴含着深厚、独特的文化品质，"健身修心、德技双馨、成己兼善"便是中华民族传统体育的文化品质所在。"健身修心"恰好是中国传统文化影响下，天人合一、以人为本在中华民族传统体育中的特殊化过程，为世间少有的主客合一的文化品质。从事中华民族体育活动，不仅能够强健有机体，更能磨炼人自强不息的意志，可谓身心双修。在客观现实中，中华民族的体质和心理状态在古代是亚洲各个民族中最为强悍和健全的。中华民族传统体育充分体现人的主体地位和价值，比如在重民意识下，民族体育中人成为社会生活中最被重视的主体，体育活动内容皆为人服务，成为塑造纯洁心灵的载体。"德技双馨"是指在道德人本、尚义尊利指导下，通过中华民族传统体育使人在道德水准和竞技能力两方面都得到均衡发展，达到一个至真、至善、至美的境界。尤其是中华民族体育首要的追求是道德修养，将身体行为纳入完善道德水准的系统之中，使人们在从事艰苦的人体文化中历练达到君子人格水准，做到谦德不争，争而有节。即使原初的搏击、改进的技击和升华的技法等肢体活动达到很高的水准，如果没有高尚的品德，依然不被世人所认同。"成己兼善"强调的是每个个体在完善自我的同时，更要以群体和国家的利益为重。在中华民族家国一体的文化环境中，个体所处的地位决定了人要在成己、修己"独善其身"后，更加积极追求践行成人、安人等"兼善天下"的社会责任和义务。通过中华民族体育完善自我，积累报效国家的健康资本和能量，以图完成报效国家的重任，正所谓格物、致知、诚意、正心、修身、齐家、治国、平天下。

"健身修心、德技双馨、成己兼善"作为中华民族体育文化品质，始终发挥着对国人和世人的激励作用，在全球化进程中，这种以塑造生命价值为宗旨的文化品质将会发挥更深远的影响。"文化价值是优化、提升人的生命存在的价值，是促进人'更是人'的价值。[1]"在经历了自然、宗教、社会、经济价值洗礼后，这种关注人本的，尚未被人类普遍认同的中华民族传统体育文化价值是中国对人类文化的贡献，是值得不断提炼、完善和推广的普世文化品质。

博大的技术和精深的文化品质是中华民族体育值得自信的资本。

通过对民族文化自信的分析，从中看到中华民族体育文化具有延伸的价值。但是，目前民族体育文化延伸的程度严重不足，通过本研究，以求得到更广泛的文化理解和更深刻的民族体育文化延伸。

毕竟，人所创造的文化是属于人类社会的，文化与自然的联系仅构成其中的部分组成要素，重要的内容依然在于人的生产活动、社会活动和文化活动，当然还有生活活动。人的特殊性，决定了社会和文化的特殊性。中华民族传统体育在诸多的特殊性表现中，对于生命塑造的特殊性最值得自信和自豪，然而这种有特殊价值的民族体育文化目前却面临着生存的困境。究其原因，我们必须先分析一下人的记忆，以及体育文化的记忆。

第二节　民族体育文化记忆

记忆是人类，乃至生物界重要的自然本能属性之一，人类的记忆更是高于其他生物的一种智能，这种智能在不断积累过程中创造了文化，推进了文明。

---

[1] 孙美堂. 文化价值论 [M]. 昆明：云南人民出版社，2005：84.

文化的发展离不开人类对传统文化的记忆，因为文化的发展需要传承和积淀。

　　传统文化是一个民族的共同记忆。我们可以从人们的价值取向体悟到传统文化对国人的深刻影响，通过宗法制度的作用可以感受到传统文化的巨大惯性。如果说这些文化对民众的影响相对缥缈，那么，我们可以从中华大地上各色建筑物清晰具体地看到中庸、平和、有容乃大的文化印记，北京的故宫集中表现了中正端庄、气势恢宏。另外，我们可以从武术、气功等民族体育项目中生动、鲜活地感受传统文化的天人合一，感受内外兼修的境界。而这些具体的事项不仅印刻着传统文化，更是传统文化的记忆载体。这种记忆载体是人们熟知的书籍记忆、大脑记忆的补充，是文化记忆多样性的具体呈现。

　　民族体育是一种载体，是体育文化的记忆。民族体育是传统文化在特殊环境中塑造出来的文化，传统文化给民族体育留下了极其深刻的记忆。传统文化对民族体育的影响可以从两个主要方面进行分析，第一是自然人文方面，第二是社会人文方面。

　　在自然人文方面，辽阔的中国大地上，不同的自然地理环境在民族体育发育阶段，对民族体育发挥着决定性的塑形作用，比如江河湖海给中国南部少数民族的生产生活以充沛的"水"分，因而在其民族文化中"水"的印迹处处可见，如黎族人为了防水居住在高高的竹楼上，南方民族大多喜欢和擅长水上运动。北方的少数民族终日离不开马匹，在广阔无垠的草原上逐水草而居，深深渲染人们记忆的是马匹和牛羊，历史的刻刀将关于马、牛、羊等词汇嵌入人们的文学、运动之中，哈萨克族人关于马的记载词汇就十分丰富，数量多、分类细，体育运动大都以马上项目运动为主。

　　在社会人文方面，悠久的中华文明蓄积了无限的文化能量，对各种文化事项产生极大的定型作用。比如中国的宗法制所催生的伦理道德，对中国人的人际关系产生无微不至的影响，以至于中国人几乎完全生活在人际关系的网络中，人情世故成为中国人独特的生存艺术，即使是各种学习活动也无法摆脱人情之伦理，在民族体育中的师徒关系表现明显。由于农耕文明始终占据中国文化的主导地位。这种状况使中国拥有漫长的冷兵器历史，冷兵器的广泛使用保障了中华各民族对战斗和战争进行技术总结，以及有充足的精力和时间最终将其归纳和演化为武术。正是这些记忆的共同作用，使中华民族传统体育不同于其他民族体育，成为人类文化中独树一帜的人文景观。

根据黑格尔社会进程的胚胎渐成论观点，人类社会发展的真正意义在于，一开始就已存在的潜在东西慢慢成长、壮大，直到最后显现出来[1]。由此可见，任何一种文化都产生于特定的空间，古希腊文化孕育于巴尔干半岛，中国文化发育于黄河流域。文化对应着生活于斯的特定人群，民族历史发展就是在某个先天胚胎基础上的不断自我分化和变更，在历史的作用下不断地将文化中种种影响民族发展的"基因"加以"遗传"，使之构成民族文化的主要表征。这些表征呈现在文化的各个层面上，记载于民族传统体育中的表征多属于物质文化层面，比如身体技术动作、使用的器材和场地。同时也记录在其精神文化层面上，比如内外兼修的礼化规范。物质层面记载的内容会产生变异、消亡，精神层面上则更能长久地保留在人们的记忆之中。试如，古老拳种、项目的流失较快，然而人们对武术武德、技击性却记忆犹新。

对民族传统文化的记忆不仅是一个对民族文化的认同，更是一个民族、个体对自身身份确认的象征形式。福柯等学者就认为言语是一种权力的表现。当一个人、一个社群、一个民族或国家拥有一定权力的时候，他的语言占据主导地位，拥有言语权。如今在国际上发表学术论文均要使用英文，英语的话语权要比其他语言具有权威性，这是西方主导世界的权力表现。语言是一种十分具体的文化记忆，拥有了这种语言，就能够掌握这个民族的历史和文化，就能够传播这个民族的文化。在这种被巧妙安排的世界格局中，可能存在利益集团充分地利用各种途径和载体施展、展示本民族的文化，从而抑制其他民族的文化。而事实上，其他民族有时会无意识地配合，甚至是主动地放弃自己的文化。目前体育界业内人士中，也同样存在一些格外遵循"国际惯例"的人群。在这些人群的"努力"下，民族体育的部分内容已经不同程度地失去了其原本的特质，披挂着与现代体育接轨后的民族体育外衣，奋力地寻找着自己的时空定位。然而，这种已经失去记忆和身份的文化，在全球化的文化中很难寻觅立足之地。

为什么要苟同，世界本为多元体，人是多元的，文化是多元的，只有多元的文化才能产生丰富多彩的大千世界。如果需要苟同的话，中华民族传统体育中的体育项目，本身具备着竞技，蕴含着竞争，只不过是与现代西方的竞

---

[1] 鲁鹏. 历史之谜求解[M]. 南宁：广西人民出版社，1996.

技和竞争形式不同而已。从人的本质属性来看，只要是人类的活动几乎没有特别大的差异，比如埃及人能够建立金字塔，远隔着汪洋大海的阿兹特克人也能够修建金字塔。人类的文化在不同地域创造如此雷同的文化成就应该归结为人的大致相同的大脑结构，相同的大脑思考问题必然基本相同，不会因为相隔万里，在没有便捷信息沟通的情况下阻碍人们创造相同的文化。在中国，"传统体育产生和发展过程中，传统的体育项目大多充满着强烈的竞争特征，展示着民族文化风采，而且这些项目的可比性早于现代竞技体育运动的产生。"如"以提高检验军事技能为目的的竞技。重实用性而轻竞技性，相当多的项目属于军事技能，或由军事项目演变而来的，如武艺、射箭、御、角力、奔跑等。以展示道德理念为标准的竞技主要以体现'寓教于体，寓教于乐'的原则，竞赛的首要任务不是突出运动竞赛成绩，比赛中并不鼓励争取胜利，而是追求在竞争中实现道德的培养与升华。如礼射、投壶、木射、击鞠等。[1]"对竞争的分析，存在看待问题的角度因素，是站在强势文化舞台上，还是站在非强势文化的观众席，观点自然会产生分歧。如果以西方的竞技体育为出发点，东、西两种文化缺少可比性。不过，还是有可比的成分，如竞争是人类的本能，任何民族的体育项目都有其自身特点的竞争成分。东方的体育是含蓄的竞争，东方人的竞争是与自然、与生命的较量，绝非一朝一夕之能事。西方的体育则表现为赤裸的现场竞技，是在主客两分条件下对人体机能的挑战，可以立竿见影，他们都有各自的优点和不足。如果我们站在强势文化的角度，自然会认为农耕文化、自然的中庸文化、专制的社会制度和形态、文化的早熟与继承性确实在一定程度上制约了中国古代体育竞技性的深入演进。但这恰好更加丰富、全面地诠释着人类竞争，即竞争客观存在的多元表现形式。民族体育是民族文化的因变量，她强烈地受到民族文化的影响和熏陶，难以摆脱社会、文化遗传基因孕育的桎梏。当然，民族体育自身更会产生一些自变成分，在一定程度上影响着社会和文化，不过这种自变量不能达到一定强度时，对社会和文化的"变异"影响力不是很大。从本民族立场看，我们认为中国的文化更像是"老人文化"，与老年人有关的竞争自然要柔缓一些、睿智一些、实用一些。而西方则是年轻人的"英雄文化"，英雄人物需要个性的极度张扬，竞争因此白热化、非实用化。这种文化充满着

---

[1] 王岗，王铁新. 民族传统体育发展的文化审视[M]. 北京：北京体育大学出版社，2005.

朝气和活力，使参与者能够从中感受强烈的竞争激情，由此逐步促使人们养成公平竞争的意识。在这种竞争环境中，老人和年轻人100米竞跑，使用相同的规则，不会因为老人就可以让他先跑出去50米，年轻人再起跑。"老人"的竞争是以智慧、人本为标准，中国典型的民族体育——武术就表现出"武德"下的竞争，没有听说哪个十七八岁的年轻人挑战七八十岁的老拳师的，如果有，年轻人会遭众人唾弃。武术从血腥中脱胎，在睿智的文化熏陶下，武术拥有了人类的理性，理性的变异使之人性化、人本化。相对而言，西方的现代体育项目中还很少有一项表现出高度人性化、体现人本精神的竞争项目，试看西方体育球类运动没有"球德"，田径运动没有"田德"。从这个角度讲，中华民族体育文化是有重大积极意义和价值的文化，是丰富人体文化的重要领域。

在现实中，民族体育文化与异质体育文化存在鲜明的记忆差异。武术与跆拳道普及程度大相径庭，"国产"与"进口"形成强大的反差。《少林寺》电影曾经引发的举国武术热，经过20年风雨似乎已经走到了尽头，跆拳道的道馆却遍布街角。类似于足球、橄榄球的抢花炮，可就没有中国足球的运气，更没有世界足球的关注度。学校体育中，篮球、排球、足球、田径、体操课时被安排得满满当当，武术还奔走呼吁"六进"，欲求通过"六进"进入学校，进入课堂。然而，社会上很少有人知道什么是"六进"，体育界的人士又有几人明白有哪六个领域呢？现实让我们深切地感受到人们对本民族文化记忆的快速淡忘，出现暂时性失忆，这是一种可怕的淡忘，暂时性的失忆会逐步演化成永久性遗忘。两千多年的文明史，两千多年的文化积淀，中华民族传统体育文化的生存能力竟然如此脆弱。

值得记忆和可以遗忘是一个不容忽视的现实问题，也是一个文化问题。值得记忆的内容，一般来说是有价值的。可以遗忘的内容通常是价值的消弱或消失。这是人类生活中普遍存在的现象，人们对于某些事情终生难忘，始终记忆犹新，这是某件事情对人的意义十分重大的缘故。人们对生活中的琐事往往不往心里去，时过境迁之后便不再对此有任何印象。文化事项也有这样的情况，但是文化毕竟是群体、族群，甚至是民族和国家层面的事项，这种状态决定了文化不会按照个体对事物记忆的模式运作，尤其是文化中存在着价值体系，在这个价值体系的作用下，民族和国家不会让人们轻易地遗忘这些具有价值的文化，即使是这些价值对于个体而言意义不大。任何一个民族和国家都会采取各种方式和方法，对国民进行强化民族文化教育，其目的就是形成牢固的文化记忆。比如，国家采取的学校教育就是一种有效传承文化记忆的措施。当然，不是因为国家重视，文化就不会出现遗忘，毕竟文化记忆的主体是个体、群体的记忆，即使是集体记忆可以有效地唤醒个体的记忆，但是如果人们普遍地对某种文化产生了遗忘，国家的作用也显得力不从心。这种情况在某种文化的价值被其他文化事项所掩饰、覆盖的情况下更容易发生。中华民族体育文化记忆的消退、失忆就是一个鲜明的案例。

第三节　民族体育文化失忆

文化失忆是指人们对某个民族文化出现了遗忘，难以完全地对本应在记忆中保存的内容进行有效的回顾和娴熟的运用。在中华民族体育的现实中，大量的案例业已表明孕育、积累、发展了千百年的民族体育被人们无情地遗忘。现在有多少人能够说清楚曾经风靡一时的蹴鞠是怎样的运动方式，有多少人能够娴熟地习练武术。我们在分析产生民族体育文化失忆的原因中，认为主要的原因是文化价值的问题，这的确是一个重要的原因。特别是在诸多文化并存的时代，文化的价值孰优孰劣，可以通过民众是否记忆她进行比较。相对于西方体育文化来说，中华民族体育属于悠然鉴赏的文化，其价值需要人们逐步体悟，在快节奏的社会生活中，其价值如何体现？

中华民族体育的文化失忆不仅是价值体系暂时性被掩饰，还有其本身不思进取，没有跟随时代的脚步形成时尚性文化的问题。中华民统体育没有进一步跟随工业化、信息化的时代步伐，却以"老人"的步履蹒跚而行，从而使我们的学校体育、大众体育到竞技体育无处不是西方现代体育的影子。现今国人和世人更倾心于感官上的享受，喜欢感性的运动，而忽视理性的活动。中华民族体育文化在快节奏下不再具备优势，缺乏引人入胜的魅力。同时，文化发展的轨迹表明，一种文化进程中，她总是沿基本轨迹上下浮动，时而偏向于传统，时而倾向于现代。目前全球整体文化发展轨迹更趋向于现代，受其张力牵引，民族体育文化轨迹开始偏向于现代体育，却没有在保持自身特点的基础上实施现代转型，结果出现了传统不在，现代不及的状态。传统的民族体育项目在吸收西方竞技体育竞赛方式中，不仅将场地和规则进行了改造，甚至有些运动内容也进行了改变。但是这些趋向于现代的变化并没有很好地促进民族体育的发展。人们似乎感觉到这是一种文化堕距。文化堕距是指社会变迁中,互动、交流诸多文化中的一部分落后于其他部分而表现的迟滞现象。在同一类文化体中,由于物质文化的发展速度快于制度、精神文化,当物质文化发展到一定阶段,非物质文化没有跟上其发展进度而产生两者之间的差距。在文化集丛中,往往是互动文化间发展速度不一而出现的差距。在体育文化中,其实并不是传统的东方民族体育文化在"下堕",而是西方现代体育文化在快速提升状态下出现的相对性差异。也正是由于有了这样一种距离,必然有一定的势差,强势文化便借助势差广泛而深刻地对非强势文化产生渗透。另外,文化在传播过程中,西方文化以物质文化先行为文化战略,诱导人们的向往欲望,进而逐渐左右其价值观念,影响人们的生活方式。这一点在体育文化中表现非常突出,西方体育率先将体育场、器材摆放在学校,形成了客观上的存在。而中华民族体育多数项目多自认为可以拳打卧牛之地不需要专用的场地,忽视了物质文化占领阵地的战略。仅此一点,中华民族体育就与西方体育存在着较大的文化堕距。可以试想,人们天天见到的田径场就是一种强刺激,能有效地防止人们的遗忘。看来中华民族体育应该考虑自己的发展战略了,起码应该重视场地、器材等物质文化的建设。其中,是否应该考虑"民族体育+饮食"的发展模式,将饮食与民族体育充分地结合,相互促进,相互借力,相互提携。因为饮食是人类生活中最基本的生活内容,又是最易使人产生文化认同的文化事项,是物质文化的基本要素。以民族体育为主体,加上各个民族特有的饮食文化,可以有效地引发人们的认同,进而将民族体育与饮食等文化整体性注入人们的生活方式,这是民族体育生活化的议题。

  文化失忆的关键所在是人的记忆,特别是体育文化依托的身体,身体机能的消退原本就是一种记忆的消失。体育活动中身体是一个感应器,也是一个效应器,身体不仅要接受外在的信息,更要加工、组织和存储内在的信息,并对此进行技术反应,形成身体记忆。在这个过程中,如果缺失了外在的刺激,内在又没有相关的信息储存,身体所表现出来的技能便会出现变异。武术在当下传统文化日趋被淡忘的情况下,习武者难以经常性受到来自于诸如阴阳、五行、太极等文化刺激和滋养,同时其知识结构中也很少有阴阳、五行、太极等理论的储备。那么,他们对武术技术的反应就会出现偏离传统,走向经常刺激他们身体的西方竞技技术类型,因此武术技术开始向着十字架类型的方向发展，冲拳走了直线，而非原本符合太极理论的弧线。武术套路由原本十分丰富的体系，开始步入标准化的历程，变得简单得不能再简单了。这种标准化、简单化剥夺了可供人们选择的自由，强制地制约了人们主动性的发挥。实际上，这是一种自我遏制文化记忆的社会文化环境，是一种习武者自身原因导致的文化失忆。武术如此，其他民族体育文化也同样如此。布迪厄对文化生产和再生产过程论及人的内在因素中就有"生存心态"[1]，也就是人们常常使用的"惯习"。"生存心态"这种强大的不容忽视的内在结构，不仅有继承，更有创造。在这种内在因素中，一方面倾向于复制客观条件的客观逻辑，另一方面又对客观逻辑进行新的修正。人对信息的加工和处理就要充分接受外来的信息刺激，并运用自身固有的知识和技能对此进行处理和存储，以至于能够进行相应的反应，也就是文化再生产、再进步的重要环节。"生存心态"将历史、经验作为记忆的主体内容，并以此为不断创造的动力和能量。当人的"生存心态"既没有传统的集成成分，又缺乏本土文化的强化成分，将难以进行符合本土文化内涵的再生产。可以说通过人们的"生存心态"可以看到这个群体的历史，更能管窥这个群体的未来。

民族体育文化失忆更为突出的是地域性文化失忆。民族体育地域性文化失忆主要表现在经济、社会、文化综合发展滞后，地域民族体育也随之呈现相对的落后。对于这个问题，可以从两个不同的角度分析，第一是从共时性角度分析，主要表现为全球视野中，可以看到西方文化主导下的非西方文化地域性文化失忆；区域视野下，可以发现同一国家经济欠发达地区的地域性文化失忆。第二是从历时性角度分析，主要表现为长久性的文化失忆，可以看到非主流文化的地域性长久失忆，出现文化断裂；暂时性的文化失忆，可以发现部分文化暂时失去了市场，出现了阶段性文化失忆。从这种时空范围内分析的结果，可以发现文化生存和记忆需要依托必要的社会文化环境，也必须依靠人的自由意志和理性智慧，两者相得益彰，难以割舍。虽然社会文化环境在很大程度上不以人的意志为转移，但是可以在人的意志努力下消除社会文化环境的不利影响，也就是说人自由意志的作用不容忽视。当社会文化环境出现了不利于本土民族文化生存的条件时，绝非仅仅是本土民族文化合理性出现了问题，而是这种文化的生存条件发生了变化。比如，中国的农耕

---

[1] 高宣扬. 布迪厄的社会理论 [M]. 上海：同济大学出版社，2004.

文明，长期奉行着天人合一，人与自然和谐共存。在西方的工业文明作用下，一时间东方农耕理性似乎成为阻碍社会发展的因素而被忽视。当人们在接受工业文明便捷和繁荣的同时，更深切地遭受了人定胜天所带来的自然惩罚，此时此刻人们才意识到东方的智慧价值和作用，暂时失忆的地域文化重新回到世人的记忆之中。如果人类不接受现实中惨重的教训，地球可能会对人类发动更大的报复。2016年10月24日，联合国世界气象组织发布年度《温室气体公报》，2015年全球二氧化碳平均浓度首次达到400万分比浓度（ppm），标志着气候变化进入"新时代"——即使未来几代人采取减排措施，全球二氧化碳浓度也不会回落到400ppm以下。中华民族体育的境遇正在经历着时空中西方竞技体育、地区经济的双重社会文化环境制约，同时还受到了来自民众自由意识的弱自觉、低自信双重制约，因而地域性的民族体育文化失忆表现尤为明显。不过，从目前的民族体育发展情况来看，民族文化的复兴，带动着民族体育文化觉醒，人们逐步开始恢复了民族体育文化的记忆。比如，在云南这样的少数民族聚居地域，民族体育已经成为当地旅游链条上的一个重要环节。在当下健康意识不断提升的阶段，大众选择民族体育为健身手段的自觉性不断提高，国人应该看到民族文化的希望。甘肃省东乡族、保安族和裕固族属于甘肃特有的少数民族，这些民族的体育文化不可避免地存在着民族体育文化失忆的问题。由于甘肃省的社会经济发展滞后，生存于斯的特有民族体育文化可能面临着更为严峻的生存问题。

在现实生活中，人们已经很难看到甘肃特有的民族体育活动内容。在我们的调研中同样没有发现这些特有民族体育文化迹象。而在相关的学术论著中似乎这些特有民族体育文化依然存在，并且在蓬勃发展。这是一种不切合实际的表述。这种现象非常值得警惕，必须引起各级职能部门的高度重视。民族文化失忆达到一定的峰值，可能会导致永久性的失忆。恰如全球二氧化碳达到了一定的峰值需要几代人的努力方可恢复一样，民族体育文化在民族文化的缺位时间过长，必然导致人们对这种文化的永久遗忘。毕竟民族体育文化是依托于身体、技术、动作等为记忆载体，身体记忆是有时间性的，一项技术即使形成了牢固的动力定性，也需要时习之，不然同样会遵循艾宾浩斯遗忘曲线的规律产生遗忘，该规律告诉人们随着时间的延长，记忆的量逐步减少，更不用说几代人没有这种技术的身体体验。

甘肃的民族体育是有特色的民族体育，其中甘肃特有的东乡族、保安族和裕固族拥有着自身独特的文化历史，富有多元文化交融的民族文化特质，至今依然保持着特色鲜明的民族习俗、文化传统和体育形式。这些甘肃特有的民族体育也是西北民族体育文化的重要组成部分，地处古代丝绸之路沿途，原本处于中华民族体育文化的上游，拥有着对中原民族体育输送异质民族体育的作用，流传至现今的民族体育依然蕴含着较强的"竞力"成分，是中华民族体育文化中突显竞争色彩的民族体育文化。同时，通过该地域中华民族体育的对外传播作用更是不可忽视。西北地域中，民族众多，民族间的文化交流不仅有同质交融，更有异质交流，有机地构成了西北地域特色的民族体育文化体系。由于西北地域的经济发展相对滞后，致使多数民族体育依然处在原生状态，这是研究民族体育文化最为理想的地域环境，是管窥民族体育文化的重要内容。对于流传于斯的民族体育文化研究，在当下"一带一路"的文化建设中能够发挥不可替代的文化认同、文化交流、文化传播和文明共享的重要作用。

第四节　初窥文化延伸

一、文化的概念

关于文化，中国语言系统中古已有之。其中"文"的本义指各色交错的纹理，"化"为改易、生成、造化。"文"与"化"并联使用成为"化成天下"和"以文教化"之意。西方各族语言系统中，包含着耕种、栽培、居住、教养等多重意义。随着人的社会化进程不断加深，人的能力，特别是人借助生产工具的能力不断提高，凡是超越本能的、人类有意识地作用于自然界和社会的一切活动及其结果，都属于文化。或者说，"自然的人化"即是文化[1]。

从文化的定性角度分析，其一是"人化"。该观点认为文化是人类活动的产物。这种观点支持行为在创造、改造世界中的决定性作用，且是根本的决定性作用。其二是"化人"，即文化是人被塑造和被肯定的过程，该观点倾向于义

---

[1] 张岱年，方克立. 中国文化概论 [M]. 北京：北京师范大学出版社，2004：3.

化等意识改变着人的行为。这两者之间存在着彼此的相互作用和影响，应该是文化不可分割的两个方面。恰如深山中的大石头，纯属自然之物，当人们搬运回到庭院，雕刻、打磨后成为一件石刻艺术品，这是人化的过程。这个石刻艺术品摆放在庭院中，石头上的字、石头的造型等美学元素对人产生着潜移默化的影响，或激励人的意志，或陶冶人的情操，这是化人的过程。这时候与人产生联系的石头成为文化产品。如此看来文化是具体的、形象的、容易理解的事项。文化界定中有人化，更有"化人"。由于人的主体作用，人对自然、社会改造的巨大成就所表现出来的现实反映着人化的举足轻重的作用。当然，在人化的历程中化人时刻相伴左右。人的活动有些是本能的自然表现，更多的是具有价值和意义的行为，这些行为是积淀起来的、实践意识指导下的行为，这些实践意识中存在着大量的反塑人、肯定人的成分，这些作用具有很强的反馈力。比如，人类开发创造了通信工具，这是人化的结果，时至今日通信工具帮助人们即时掌握讯息，也使人们成为低头族，影响着人类的健康。根据莱斯利·怀特的理论，文化结构的逻辑关系是抽象意识（精神）建立在技术（物质）和社会结构（制度）基础之上的，当然意识具有很大的反作用力，即化人具有反决定性的决定作用。无论是时间上的先后，还是作用力的大小，两者之间的彼此高度相关是毋庸置疑的，即使是化人的过程，依然首先要作用于人的行为，由行为凝结意识，通过意识再指导行为。诚如没有生产过程中马匹的驯服与驾驭、没有征战中搏杀技术的实用与总结，不会出现马上运动和武术运动，更不会产生驾驭和技击意识，以及马术和武术文化。人化和化人复合作用使得文化表现特殊，蕴含特定意识的行为总是通过行为生动地再现文化。恰如具备武德的武术独特地再现着中国的"礼义"、众志成城的龙舟竞渡完美地表现出华夏的"和合"。

  人的意识分别对人、自然和社会发挥着改造的作用，使之产生"人化"效应。在人类之初，人尚不能脱离自然，应该处于完全的自然状态，那时的人形如猿、智如猴，尚未达到"人"的标准。劳动等行为使人逐步改变了自己的形象，尤其是工具的发明、创造和使用，人类四肢分工、语言产生、大脑发育。当人类发展起来了意识和智能系统后，人依靠意识系统，能够开展理解、推理、想象、预测、设计、创造、表达、交流等复杂的意识活动和人所特有的行为体系，这种意识活动和行为体系使人成为"人"，塑造了人的义务、良心、仁爱、情感、情趣、知识、技能、智慧等品质，成为人做人、做事的规范和价值准则。与此同时，人在漫长的对自然进行人化历程中，不断地征服自然、驾驭自然，将自然改造成为具备了人化品质的服务环境。人所聚合的社会，也在人的意识作用下，日趋具备了人化品质结构和功能，使生存于社会空间中的人类更加的自由。从这个历程中，我们可以看到文化具有鲜明的延伸基因。那么什么是文化延伸？

二、文化延伸

根据《辞海》，"延"本意是连续；伸展；引长之意。另外，将时间向后推移；还有搬运的意思。"伸"的第一个意思是展开、伸直。另外还有陈述、表白意思。将这个词结合在一起，便是延长伸展的主意。在文化延伸所借用的延伸基本上是文化的历时性延续，共时性拓展两个层面的意思。根据文化的属性，文化具有历史的延续性，每一种文化都是人类在长期的积累中发展起来的，没有一种文化是不存在历史根基的。文化还具有共时性的拓展，大凡是能够生存的文化，因其所具有的价值和功能，大多拥有类似油点扩布的特性，可以不断扩大服务的人群和领域。如果一种文化不能延续和拓展，这种文化便将很快地消亡。能够延续和拓展的文化可以满足人、社会的需求，推动人、社会的发展，因此是有存在价值的文化。文化自身也是在不断的完善过程中，从一个原点不断分化出节点、支点、衍生点，从而形成文化树，构成文化谱系。这个过程与自然界植物具有相似的成长规律。

文化延伸是不断满足人和社会需求的，具有价值的文化通过时空延续和扩充，完成自身演化和完善的人类实践活动。

文化延伸的"类属"是人类实践活动。人类有意识的实践活动是文化延伸的根本，而非其他生物的本能活动；其"种差"是满足人和社会需要为出发点，也是落脚点，而且是人为地通过时空维度进行价值功能实现的人类活动。

1. 文化延伸的内涵

文化延伸的内涵是文化事项将核心结构要素以复制、变异等形式进行信息传递时所表现出来的具有时空特征的文化向度。文化延伸内涵的核心思想中，"易"主要是指以交换、改变、替代、蔓延等使文化出现转化延续；"变"

则是更改、变化等使文化出现新的结构或形式的延续。"易与变"都是在原有基础上的有效转化，这是文化延伸的机制。"易与变"主要通过复制和变异完成文化延伸。

习近平总书记在《光明日报》（2014年10月14日）撰文分析中华传统文化时指出："中华传统文化源远流长、博大精深，中华民族形成和发展过程中产生的各种思想文化，记载了中华民族在长期奋斗中开展的精神活动、进行的理性思维、创造的文化成果，反映了中华民族的精神追求，其中最核心的内容已经成为中华民族最基本的文化基因。"文化基因是分析文化延伸的重要基础概念，更是文化延伸的核心结构。借用生物学中的遗传理论，可以认为文化延伸如同生物的基因遗传。生物通过遗传和变异产生新的子代，新子代的基因中包含着亲代的基因成分，又具有亲代基因交换信息过程中新基因成分，因而表现出不同于亲代的遗传性状。这种遗传或是优化，或会劣化，一般而言，只要是基因优秀，子代的形状多显优异。常言道："一母生九子，连母十个样。"只要是遗传就会出现变异，变异是不容忽视的特征，是延伸的必然。文化遗传与生物遗传有着类似的地方，生物遗传理论研究表明遗传物质基因的不同组合，会产生不同的遗传信息组合，新的组合意味着变异，绝少相同的基因被完全复制。就以中国传统文化中的"道"这种核心基因为例，她衍生出中国传统文化的庞大体系，从王四达的《从"文以载道"看中国传统文化的价值凝练与体系开展》[1]的观点中清晰可观（图1-1）。中国传统文化基因的复制和变异，总是以"道"为核心，万变不离其宗。可能今天看到的"道"与昨天的"道"有所不同，但是都是"道"的基因复制或变异的结果。因此，"道"是主导中国传统文化的延伸路径之一。这种"道"虽经各种曲折，她依然驱使着中国传统文化成为世上没有出现明显断裂的文化体系之一，可见该"道"的力量和能量的强大。如果使用遗传学的术语，可以说这种"道"的遗传度在很高的水平。当然，这个复制中存在着大量的变异，其中在自然理性基础上，变异出历史理性、社会理性和技术理性等，现实中，我们可以看到的"为人民服务""三个代表""廉政为民"等思想就是"民为邦本"的现代表现。

---

[1] 王四达，董成雄. 从"文以载道"看中国传统文化的价值凝练与体系开展[J]. 哲学研究，2016(3)：113-118.

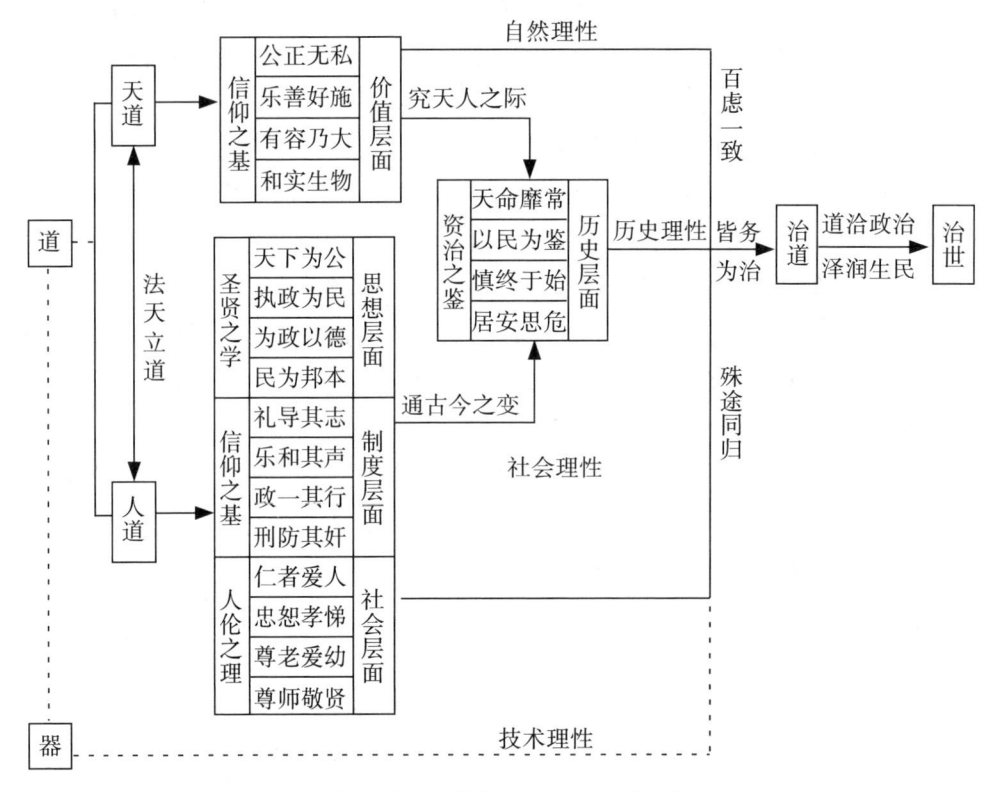

图1-1 中国优秀传统文化体系中"道"的结构示意图[1]

西方文明的文化基因则主要有两组,第一组是希腊唯一真理与基督唯一真神。"真是值得追求的""真是唯一的"成了西方人不自觉的自明之理。"唯一真"的文化基因造成西方人的排他性、扩张性和不接受模棱两可及矛盾并存。在追求唯一真的历程中,人们没有发现"真",却发现了"我"。第二组是"泛人"与"个人"。理性主义的笛卡尔的我,创造了个人的理念,经验主义的洛克把个人的意识建立在经验之上。由此,泛人意味平等,个人象征自由。个人价值和个人自由成为支配现代西方文明轨迹的重要基因[2]。

人类演化遵循着生物遗传的规律不断地优胜劣汰,完成着人类文化的不断

---

[1] 王四达,董成雄. 从"文以载道"看中国传统文化的价值凝练与体系开展 [J]. 哲学研究,2016 (3):113-118.

[2] 梁鹤年. 西方文明的文化基因 [M]. 北京:生活·读书·新知三联书店,2014:73,230.

演化。人创造文化，文化因此也必然遵循人的遗传规律，不断地进行着优胜劣汰的进步。当代达尔文主义者把生物进化的理论直接应用到人类文化进化的论述中，把人类文化的演进视为一种类似于生物进化的过程，并且利用现代基因科学的遗传学说，强化了社会文化进化论学说，"谜米"是在这种背景下出现的一种文化借喻[1]。当然，人类社会的进步，不完全是达尔文式的进化，更是拉马克式的进化，这种进化是以有目的的革新及经过选择的保留为基础上的进化，它克服了生物随机变异的偶然性和缓慢性，使人类社会的进化处于可控的快速进化状态[2]。人类文化的进化，严格地说是人类文化的演化。其根本就是一种原点的文化基因元素通过复制进行延续，当变异的时候节点便出现了。不同的文化节点生长成为新的支点，进一步分化出新的衍生点，如此反复推进，形成一个日益庞大的文化体系。在这个体系中良莠不齐，既存在着积极的文化结构要素，也掺杂着消极的文化成分。总体而言，积极的文化总是具有更充足的能量，被人类所选择和采纳，人类社会因此而不断地前进着。毕竟文化是人本质力量的派生，人类为了自身的利益，趋利避害的心理时刻发挥着纠正作用。

　　文化延伸受到人和社会需求的影响，必须不断地进行改造，以满足人和社会发展的需求。根据莱斯利·怀特的文化理论，人类社会在发展过程中，人类为更好地生活，需要基本的能源保证，文化因此随着人类对能源利用的种类、程度而演进。其"文化发展公式"就可以明了其中的道理：$E \times T = C$。C代表文化发展程度，E代表每人每年消耗的能量数，T代表能量消耗过程中所使用工具的质量或技能。文化发展的基本规律是：在其他因素保持不变的情况下，文化随着每年人均利用能量的增长而演进，或者随着将能量付诸运用的技术手段效率的增长而发展[3]。对此，赵珊鑫将人类的历史分别划定为薪碳、化石和核能源三个阶段。这种分化可以对应人类社会发展的不同阶段，与人类的需要密切吻合。人和社会的需要在某种程度上推动了文化的延伸。伊恩·莫里斯在分析文明的度量时，也认为人类对能源的获取、社会组织、战争能力、信息技术等共同构成对社会发展的"社会发展指数"中，人类对能源的获取居首要地位[4]。可以试

---

[1] 吴秋林. 文化基因新论：文化人类学的一种可能表达路径 [J]. 民族研究，2013（6）：63-69.
[2] 马克·霍华德·罗斯. 冲突的文化 [M]. 刘翠侠，译. 北京：社会科学文献出版社，2013：18.
[3] 莱斯利·怀特. 文化科学 [M]. 沈原，等，译. 济南：山东人民出版社，1988：326-355.
[4] 伊恩·莫里斯. 文明的度量 [M]. 李阳，译. 北京：中信出版社，2015：54-142.

想，当初的薪碳能源效率无法与石油和天然气相提并论，更无法与核能比拟。人类社会每进入一个新的能源阶段便是一个巨大的文化进步。

　　文化自身存在着不断地解构、重构运行特征。文化结构在符合当时存在背景的情况下，其结构表现出相对的稳定性，能够表现出对应的功能。当某种文化发展到已经难以完成人和社会对其的要求时，文化结构由于用进废退，表现出结构紊乱，开始了自身的解构。文化为了维持整体结构完整，向着能够满足人和社会需求的方向进行新的构建。中华武术中的传统武术与竞技武术的演变可以是一个鲜明的案例。解构与重构运行规律使文化的各个组成要素之间存在着无限的、彼此融合的可能性，当一种新的要素组合时便会出现新的结构。比如马车的解构，发动机取代了马匹动力，重构后的汽车满足了人们对效率的渴望和需要。同时，文化所面对的外界世界是丰富多彩的，世界具有巨大的可供选择和利用的资源，只要是文化能够对外界的存在加以认识、选择和利用，便能够产生满足人类需求的新产品。人类对各种矿产的认识，使人类拥有了各种不断延伸的新材料，城市中摩天高楼成为可能便是一个例证。

　　文化能够不断地延伸，在于文化自身的异质相吸，选择渗透和竞争超越等运行机制。在彼此相互吸引的作用力下，文化通过独特的选择性渗透，对自身缺乏、对方拥有的元素通过不断渗透，实现彼此的吸纳和利用，形成了长期、有效的文化交流机制，在这种机制的主导下实现着文化互动、交流和融合。互动过程中，交流双方的文化总是不甘示弱，在文化争雄的推动下，即超越与竞争动力不断地刺激着文化有机体，使之时刻进行着自身的建设和完善，力求最终超越对手。这在体育文化中表现得格外鲜明和突出，运动训练是不断超越自己，积淀超越对手能量的过程，体育竞赛是验证是否能够超越对手的人为形式。异质相吸基础、超越与竞争动力驱使文化选择性渗透的文化延伸机制，在人类的农业传播中看得十分清楚，如果没有这种交流机制，中东地区先进的农业文明无法延伸到世界的每个角落。在日常生活中，人们对于时刻作用于自身的言语要素似乎有些司空见惯，不以为然，甚至是忽视其重要作用，然而言语始终在默默地发挥着作用。正如麦克卢汉[1]认为言语是人最早的技术，借此技术人可以用欲擒故纵的方法来把握环境。因为言语的作用宛如选择显示的网格和过滤器，可以使人、民族将自己的观点公布

[1] 马歇尔·麦克卢汉. 理解媒介——论人的延伸 [M]. 何道宽，译. 南京：译林出版社，2011：65.

于众，改变别人的和其他民族的意识。正如麦克卢汉所言，西方的拼音字母表是导致西方机械主义文化的根源，而且这种文化借助其经济实力在不断地向全球推广，被许多地域文化所接纳。此乃文化选择性渗透的作用表现，且言语的使用频度极高，言语的延伸形式十分丰富，言语符号所携带的讯息渗透力量非常强大，是一个不容忽视的文化事项。体育本身就是一种动态的身体符号[1]，是言语的表现形式之一，竞技体育文化成功地借此符号影响着全球便是一个最好的诠释。

2. 文化延伸的逻辑

文化延伸是人的延伸，是人的身体延伸。人类创造文化，文化塑造人类，在这种辩证关系中存在着一个不容忽视，又是经常被忽视的关键环节，这就是人的身体。首先，身体是感知自身和外界事项的感受器，同时，又是实施行为的效应器。人类通过身体完成了人与自然的联系，实现了人与人的沟通，完成了人与社会的结合。其次，身体是一个复杂的有机体，其中包括着人的感性，更包含着理性。人类用过感性的认知，掌握着各种讯息，通过理性的思维，进行唯人才能做出的价值判断，形成思想后的思想体系。在人类社会中，不同的民族，其身体的构成是基本相同的，所以基本相同的身体所创造的文化是基本相似的。然而，毕竟人种、民族的差异，身体存在着不同，因此人类才拥有丰富多彩的文化。梅洛庞蒂便认为人类的身体是最为本真的、全面的感知体系，虽然身体具有"人们通常不暴露自己的身体，当人袒露他的身体时，有时是处于不安，有时是为了迷惑别人[2]"的特点。但是，身体能够始终发挥着"身体意向性""行为的意向性"和"主体间性"等综合作用，使人类产生相关的意识。正如庞蒂列举人进门的时候，不会先去丈量这扇门，便能够自如地出入，这是人的不需要有意识的行为，是一个身体高度精确地认知后所生成的一系列的行为和意识联动的综合表现。人的身体没有过多的反思，即没有理性的束缚，感性的野马带着人的野性，驱动着文化的前行。而由身体逐步凝练出的意识是在人的身体行为之后的思想的思想，仅是欲求达到梅洛所说的："在进行反思之前，世界作为一种不可剥夺的呈现始终'已经存在'，所有的反省努力

---

[1] 陈青. 动态肢体符号——民族体育 [J]. 体育文化导刊, 2008 (2): 48.
[2] 理查德·舒斯特曼. 身体意识与身体美学 [M]. 程相占, 译. 北京: 商务印书馆, 2011: 78.

都在于重新找回与世界自然的联系，以便最后给予世界一个哲学地位[1]。"身体是否舒适只有身体知道，身体发挥着发明和创造原动力的作用。人类的衣食住行都是以人的身体需要为基准，当一种需要得到了满足，另一种需要便会呈现，如此反复，刺激着人的身体，推动着社会文化的进步。身体是一个欲望和需要的无底洞，特别是身体对于精神的需求可谓深不可测。这又是推动文化延伸的极其强大的驱动力量。所谓仓廪实而知礼节，衣食足而知荣辱。人在生理需求得到满足后，精神需要接踵而至，产生不断推动文化延伸的动力。

既然文化延伸是身体延伸，那么进一步分析，文化延伸应该是蕴含在身体背后的生命延伸。人的生命在不断孕育、成长和壮大中发生着各种改变，每一种改变都伴随着围绕生命而出现的人类活动而改变，文化的改变就是其中的一个主要方面。古今比较，可以看到生命存在方式的差异，导致出生存活率、疾病谱系、寿命等方面的差异。随着对生命的关注，社会、文化为生命提供了越来越多的保障，人类正是在社会为生命所提供的各种保障下，才使人类在自然界占据了顶层地位。在这一切的活动中，人类成功地运用人化力量，通过各种对自然、对自身的创造和改造，凝炼出人类特有的文化延伸体系。比如，人类为了御寒而穿上了衣服、为了取暖而运用了火种、为了避险而住进了洞穴、为了省力而驯服了牛马，这一切就是为人类生命而出现的文化延伸。麦克卢汉将人类的一切活动的发展都归结为人的延伸。完全可以说人类的一切都是围绕生命而产生的活动，是生命的延伸。有了生命，并拥有了建立在生命基础之上的心智，才能成为真正的人。生命对于人类而言是相同的，但是不同人种、地域、民族和国家对待生命的态度、方式和方法却存在着巨大差异，差异所带来的是文化延伸的多样性。恰如弗雷泽在《金枝》中讲述了人类巫术存在的共性原理，也列举了丰富多彩的禁忌表现一样。对于共性原理，弗雷泽说："原始人寻求将自己本身神性的生命托悬于上不着天、下不着地之处，庶几尽可能减少遭受危险事物袭击的可能，避免像人在地面那样，生命陷入危险事物的包围之中。这样，我们就能够理解为什么古今民间巫医都有这样一条规律：不许槲寄生接触地面。[2]"于是维护生命的

---

[1] 莫里斯·梅洛庞蒂. 知觉现象学 [M]. 黄志辉, 译. 北京：商务印书馆，2001：1.
[2] J·G.弗雷泽. 金枝：下 [M]. 徐育新, 等, 译. 北京：新世纪出版社，2006：651.

"金枝"出现了。而有关人类禁忌种类繁多，弗雷泽用了上下两册书也仅列举了他所涉及的各色"金枝""银枝""铜枝"部分内容。

伴随着生命的延伸，人的心智也随之不断地延伸。从原子到细胞，到代谢有机体（植物）、原—神经有机体（腔肠动物）、神经有机体（节肢动物）、神经索有机体（鱼/两栖动物）、脑干有机体（爬行动物）、边缘系统有机体（古哺乳动物）、新皮层有机体（灵长目动物），直到复杂新皮层有机体（人类），都是生命在应对自身和外部环境中，自我延续和完善的过程。在人类成为人的阶段，人的有机体更新速度可谓日新月异，每隔5天获得一个新的胃黏膜、每隔2个月更换一个肝脏、每隔6周更换一次皮肤、每年身体中98%的原子都被替代。这种永无止境的化学更新，便是生生不息的新陈代谢，新陈代谢是生命的标志，更是生命的本质，自然是人的延伸根本。人的心智与此同时也伴随着人的生命更新而不断成熟和发展，从摄受、初步感觉、感觉、知觉、冲动、情绪、意向、象征，直至概念和反思，主客一体的人的有机体，生命与心智如影随形。人的心智活动对应于相应的生命阶段，在达到生命的高级阶段后，这些心智活动趋向于综合。在这样一种复杂的生命活动和心智活动中，推动生命完善、心智健全的动力在于生命所蓄积的能量，以及合理利用这些能量的新陈代谢，由此构成了"物质—生命—心智连续性"[1]。只有人的生命通过新陈代谢，合理有效地实现对能量的积累和利用，才能实现人意识和行为的实施，完成人化自然的任务。当然，绝对不能忽视的是构建在人生命基础上的心智，它通过人的行为创造、主导着人类文化，并不断地推动着文化的延伸。以生命与钟表关系进行分析，可以看出生命是钟表的基础，钟表是生命的抽象延伸。原始状态下，人类依据自然为参照系，根据日月星辰、动植物生长、自身的生命节奏等确定时间。因此，那时的时间是以树木的影子、家禽大小、椰子落地、寿命等自然的生命节奏归纳出来的时间概念。在这个阶段，可供人的有机体进行新陈代谢的能量有限，自然的生命节奏与此吻合。时间对于人们来说是一种无法改变的自然力，人类是自然时间的随从。当人类通过工具创造了丰富的能量物质后，有机体的新陈代谢水平提高了，生命的节奏和质量也随即提升。这时人们的心智开始规定时间，让时间为人服务，于是出现了圭表、日晷、漏刻、漏壶、沙漏、油灯钟、蜡烛灯等计时工具，此刻的时间开始走向统一。晚

---

[1] 李恒威，肖云龙. 论生命与心智的连续性 [J]. 中国社会科学，2016（4）：37-52.

近出现的钟表、原子钟则进一步帮助人类打破了原有的生物性部落生存模式，走向了大一统的人类社会生存格局。计时工具终结了个体节奏和经验计时历史，是实现统一单位抽象计时的标志。钟表将时间切割成细小的片段，促进人在有限生命中合理释放更大的能量，为人类共同体做出更多的奉献，同时精确地计量着人的生命活动频率，精确地制造着人类的文明。由此，人类完成了从被动到主动把控时间的历程。通过主动、精确地运用时间，时间渗透到人类的一切感知生活，吃饭、睡觉顺应了抽象时钟的安排，而不完全是生物体的需要，人的生物性加速让位给了社会、文化性，时间概念成为人类生命的抽象延伸。由此推论，文化延伸就是人的生命基础上的综合延伸。

人类遵循生物遗传规律不断演化，人化推动着社会的进步。在此历程中，人类主要是通过对自然能源的获取，以及获取能源的工具和技术促进着社会发展。每逢文化与时代环境出现不协调时，文化结构开始解构，并为适应新环境而重构。在人类广泛的交流中，异质相吸促使文化互动，在选择性渗透和超越竞争机制共同作用下，实现了文化传播和文明共享，满足了人的身体、生命和心智需要。文化延伸的根本是人通过有效的新陈代谢使生命得以延续，使人得以成熟，进而推动着人的实践，实现文化延伸。

恰如梁鹤年所言，中国学者的研究思路是"起承转合"。一开头就有"点题"，而且是"夫天地者、万物者"之类的大道理，然后绕着这个题目做多方面、多层次的探索，峰回路转，但结论总是以前面的大道理相呼应，是大道理的肯定。这个思路下的讨论是多样和活泼的，但结论是注定的，很符合中国人"万变不离其宗"和"文以载道"的儒家思想。西方学者的研究思路是直线——假设、论证、分析与结论，按部就班、平铺直叙，结论是论证与逻辑的产品。这种思路下的讨论是直线和稳健的，但结论是不可预测的，很符合西方实证求真的思想。不同的学者研究思维各有所长，对焦式的"清"与取景式的"全"是构成真的两个层面，相辅相成。如果想看得清楚些，用逻辑；如果想看得全面点，用想象。因此，本研究力求充分运用两家之长。

我们可以假设，文化延伸会因为原本的基因中存在某种构成元素、基因片段，即使是在间隔一段时间后，依然具有延伸的可能和潜质。因为在人类的文化基因中存在着一个重要的元素就是生命冲动。而这种生命冲动是体育文化的基础，通过有效的身体行为塑造生命是体育文化的核心，对于生命的关注就是体育文化延伸的主体元素。

第五节　审视民族体育

民族体育是指某族群、民族在特定时空中，通过身体行为，以主体的自我对客体自身的合一方式，主动进行生命塑造的活动。

其中的关键词包括特定群体、身体行为、主客合一和生命塑造。这是民族体育概念的核心结构，由此衍生出特定的功能和价值。在这个结构体系中，存在着必然的逻辑关系。借助亚里士多德建立的谓词逻辑理论来确证，在一个"S 是 P"的命题中，谓词 P 对主词 S 表示本质时，符合定义的逻辑是表示本质，并且能够换位就是定义。例如"人是理性的动物"，同样也可以说"理性的动物是人"，这里"理性的动物"是对"人"下的定义[1]。那么，关于民族体育界定换位后：通过身体行为，主动进行生命塑造的活动是民族体育。因此，民族体育的定义是成立的。

每"种"东西有其所"属"和有其所"差"。物的"种"是以其"属"和所"差"而定义的。"属"和"差"就是描述该物种的"本质"[2]。民族体育这种文化属于塑造生命的身体活动，它与本能的肢体活动存在差异，是一种以身体行为为主体的活动；不同的族群采取的方式和方法各异，表现出明显的地域特征。因此，民族体育是特定族群，特定时空中的生命塑造活动。在民族之前，可以通过定语加以界定和限制，比如中华、汉族、苗族等称谓便可界定一个特定的群体。再如，加上远古、古代、中世纪、先秦、盛唐、传统、现代等限定则能够表明特定的历史阶段。对此，民族是一个核心结构。

对于民族体育概念中身体行为这个关键词，早有学者对此予以了关注，但是始终没有引起学界的重视，这是一个必须高度关注的关键词。因为这个关键词是体育与其他人类活动的重要区分点。张洪潭认为："体育这种肢体活动与人的其他各种肢体活动之间又有什么不同？……但最根本的区别只是一条，那就是人的主观意图。人所从事的各种肢体活动均有其目标追求，或劳动成果，或怡情娱乐，或康复病患，或余暇消遣，或祭祀祈盼，或武功备战，唯独体育

---

[1] 刘欣然. 体育本质行为论 [J]. 上海体育学院学报，2014，38（4）：7.
[2] 梁鹤年. 西方文明的文化基因 [M]. 北京：生活·读书·新知三联书店，2014：74.

这种肢体活动不追求任何实用。其目标指向只在于强化体能。"作者没有将肢体活动进一步分析，实际上作者所认为的具有主观意图的肢体活动就是本文将要进行深入分析的身体行为。特别是作者最终认定体育的本质，就是永无止境地强化体能。[1] 在这段论述中，张洪潭虽然说体育是不追求任何实用，但是体育中非常实用的强化体能方式，就是运用身体行为进行长期合理塑造生命的身体行为方式，这种对生命进行塑造的过程是具有强烈实用价值的人类活动。在人类社会文化中，只有是具有实用价值的事项，才能够长久地存在，否则其存在的空间会受到极大的影响。比如，战争的演化，火器的普遍使用，冷兵器遭受了失宠和没落。因此，人类文化延伸的根本就在于实用性，民族体育的实用性也决定了民族体育文化的生命力。

张岱年认为文化就是人化。人类对自身不断塑造是一种自然的人化活动，故体育属于文化。在这个文化体系中主体是有机体的主观意识，客体是人的有机体，通过身体行为将两者有机地融合在一起，实现了主客体合二为一。身体行为具有一定的指向性，是一种专门的系列技术动作，通过这种周期性的、合理的能量代谢水平的技术动作，完成对人的体能不断提高和体质不断增强，实现对人类生命塑造的文化目的，这也是一个化人的过程，进一步说明体育是一项完全的文化活动。从中国的传统文化中，我们可以看出，文化的主体实施者——人从来都是主客一体，没有笛卡尔的主客二分之表现。"我思"必须建立在"我在"的物质基础上，没有"我在"的客观存在，何谈"我思"。从主客合一这一点上，中国的民族体育文化为人类文化做出了重要的贡献，对人的客观价值给予了始终不渝的认可。

由于民族体育特指某族群、民族在特定时空中进行的体育活动。受自然地理、人文社会等因素综合影响，不同地域产生各异的体育，经文化熏陶演化出色彩缤纷的民族体育。民族体育作为体育的重要组成部分，是体育文化的重要根基和分支，表现出浓烈的地域人文特征，拥有不同的文化势能。比如，中华民族体育在主客合一的原则下，将人的一切活动融为一体，没有表现出明显的肉体和精神的分离，因此，中华民族体育表现出浓厚的生活气息，民族体育行为与生活行为密切程度远远高于其他民族体育，以至于导致了如今很多研究成果误将生活行为当作民族体育行为的现象频频发生，而这种情况是人们误将人的生活行

---

[1] 张洪潭. 从体育本质看体育教学 [J]. 体育与科学，2008，29（2）：81-86.

为认为是体育行为，如大众麻将；或误将祭祀活动当作体育行为，比如东巴跳、阿细跳月。当文化发展到一定阶段后，均已自成体系，原本依附于、寄存于这些文化体上的民族体育元素也有了自身的体系，有了自己的结构和功能，现在依然从起源阶段的视角看待民族体育，可能会产生不必要的混乱，从而否定民族体育的文化发展。这个问题的严重性尚未被学者们重视，我们认为这种误解起码对于研究者来讲，是选错了民族体育文化研究的研究对象。对此，我们认为非常有必要对民族体育的结构进行深入分析，对每个结构要素进行甄别。

体育是人类各个族群、民族在不断认识自己的过程中发展起来的。无论是古希腊，还是古代中国，对人的认识都存在种种局限，突破这种认识局限束缚是人类在漫长的，运用各种身体行为完成生命塑造任务历程中实现的。在不断改造肢体活动、提高身体行为的过程中，人化的能力不断加强，人的精神不断升华。从而体育成为人类社会中最能体现人的意志、人的本质力量的文化现象，东方民族和谐修身观、西方民族公平竞争观等人的意志在体育领域得到完整、鲜活的体现，体育是人类对自身进行人化最成功的典范。因此，体育是人类社会中最伟大的文化现象之一。

民族体育是将人本能的肢体活动，进行人为的身体行为转化后而形成的一个活动体系。

一、肢体活动

肢体活动是指人的有机体固有的本能动作。莫里斯·梅洛庞蒂描述并认为"如果将一条用玻璃隔开的蚯蚓放在蟾蜍面前，尽管多次失败，该动物还是执着于各种攫取这只蚯蚓的尝试……那么则应该把这一类行为称作为本能的。"[1] 人类的生物本能活动十分丰富，最基本的走、跑、跳、投、掷、攀、爬等动作，以及我们日常生活中的上楼、洗衣、做饭、看电视、打麻将等均属于肢体活动。肢体活动具有很高的随意性，无需专门的技术，即使是有一定的专门技术，其目的也是具有很强针对性的，如上述的日常生活活动。肢体活动是人维持日常生活的基本活动内容，因此生活化、生产化倾向较为突出。肢体活动是体育的源头内容之一，但是由于肢体活动缺乏体育必需的专门技术性，因此不应该属

---

[1] 莫里斯·梅洛庞蒂. 行为的结构 [M]. 杨大春，等，译. 北京：商务印书馆，2010：160-161.

于体育，充其量为"准体育"。正如玩耍和游戏是人类的肢体活动，它们是体育的源头，但是尚未形成体育的技术性，因此还不能成为名副其实的体育。如今，在学校体育领域有学者极力主张以游戏作为激发学生兴趣的途径，我们怀疑这是否能够真正地激发学生的体育兴趣，形成学生终身可以享用的体育爱好。毕竟体育是沿着玩耍——游戏——竞技的延伸轨迹发展而来，目前的体育已经是具有一个成熟体系的文化事项，这也是民族体育文化的发展规律，决不能倒退。在民族体育活动中，同样存在这样的问题，不能将民族体育曾经寄居的载体当作体育对待，巫舞、祭祀活动、节庆舞蹈、童嬉、游戏不宜被当作民族体育来研究和发展。参考世界卫生组织（WHO）把身体活动（Physical activity）定义为"由骨骼肌肉产生的需要消耗能量的任何身体动作"，由此推论这些肢体活动仅仅是有机体基本生命所必需的活动，难以达到体育要求的"由骨骼肌运动而导致的高于基础水平能量消耗的身体活动"水平[1]。故而，肢体活动难以成为民族体育的主体成分，更不能归属体育。在一定程度上，这些肢体活动尚处于人的自然化状态中，或者是用作他途的人类身体活动。

二、身体行为

身体行为是指在人的意识指导下，有目的的、合理的专门技术动作。可从三个维度理解身体行为的基本内涵，一是在人的意识作用下的动作；二是人体能量高代谢的动作；三是人用来塑造生命的合理动作。

其一，身体行为是在人的意识作用下进行的，为了达到某种有意义的目的，将肢体活动中的部分内容进行专门化改造，且需要长期学习和习练提高的技术动作。身体行为的内容更加广泛，结构更加专一。比如拳打脚踢人人都会用，但是在个人私斗或是军事战争中如何有效地打击对手，就必须经过专门的训练，将本能的肢体活动改造成能够有效利用时间差、把握距离感基础上稳、准、狠地攻击对手，且能够收放自如、攻防有序，这时的拳打脚踢便演变成搏击行为。格奥尔格·西美尔认为人类所有的行为被人的意识动机驱动，该动机面对诸多预期和目的所构成的"目的序列"时，会有意识地选择接近意义目的的有效行为，在体育中，身体行为是一个接近意义目的的有效行为。中国的武

---

[1] 李文川. 身体活动建议演变：范式转换与量的积累 [J]. 体育科学，2014，34（5）：56-65.

术就是在人类各个民族中率先有效地将搏杀的动作完美凝练成行为体系的文化成就,今天的武术所表现的拳打脚踢已经不是原始的冲动,更是一种人类身体技能的艺术。这时,身体行为已不是满足基本生活需要,而是满足人们特定目标的意识行为,这个特定的目标就是卡尔·海因里希·马克思指出的实践所体现出的人的本质力量,而实践的直观活动乃是人的身体行为。"身体行为的实践性是'体育'的存在标志。[1]"体育运动中各种身体行为是人有意识的实践活动,人有意识地运用身体行为,以此来实现和体现人的本质力量。恰如庞蒂所宣称的:我们的身体以及行为是活生生的意义纽结。因此,体育中的身体行为意识指向了其意义目的。

其二,作为专门技术的身体行为,承担一定运动负荷,消耗较高的能量。参照黎涌明等学者的观点,"动作是人体运动的外在本质,能量代谢为人体运动的内在本质。[2]"身体行为虽然表现为技术动作越成熟,能量消耗越节约,但是其能量代谢总体水平却超过了常人的日常生产活动,这是区分劳动、娱乐,以及原始的体育肢体活动等活动的生理指标。在竞技体育中,身体行为的能量代谢接近人类的能量供应极限,可以说是人类最充分利用自身能量的状态。比如今天的竞技武术已经不是一般民众能够从事的专业性很强的竞技运动,一般的套路由四段组成,平均完成时间在1分20秒以上,在这个时间内要完成起伏转折、穿蹦跳跃等七八十个动作,能量代谢水平之高,非常人能够承受,这种介乎于有氧与无氧运动之间的运动代谢水平,相当于急速跑一个400米的水平。民众在选择体育时,遵循着西美尔的社会几何学原理,即距离目标过于遥远或者是轻而易举得到的事物,再有价值也不被采纳。对于民众而言,极高能量代谢的竞技体育仿佛是遥远的"黄金星球",缺乏必要能量需求的肢体活动则相当于身边的空气[3],这两者都不是民众所钟情的运动形式。民众所选择的体育活动,是介乎于两者之间的运动,有一定能量代谢水平的身体行为则是距离恰当的、可供普通民众从事的技术动作。比如民众对太极运动的青睐,一则是该运动缓慢舒展,略高于日常生活的能量代谢,易于习练,有益于健康。二则是悠缓的节奏,便于相互地观摩和交流,有助于增进人际互动。因

---

[1] 刘欣然. 体育本质行为论[J]. 上海体育学院学报, 2014, 38 (4): 7-12.

[2] 黎涌明, 等. 人体运动的本质[J]. 体育科学, 2014, 34 (2): 11-17.

[3] 侯钧生. 西方社会学理论教程[M]. 第2版. 天津: 南开大学出版社, 2006: 100-102.

此，广受民众喜爱的太极运动这种身体行为恰好符合民众对民族体育技术动作的务实需求。通过身体行为合理有效地利用能量代谢，能实现体育的基本目的，实现人类的自我完善。

其三，身体行为对生命塑造而言，具有多重合理性。体育中的身体行为最为重要的内涵在于其对于生命塑造而言的合理性。人类行为中包含着很多成分，就体育而言，可以大致分成本能的活动和人为的行为。以武术为例，原始的武术技法主要是以攻击人体的薄弱部位为根本，那是武术未被人化前的状态。随后，武术逐步趋向于意向性的虚拟攻防，这是被人化后的技术存在主流形式，而这种形式日趋强大和盛行恰好说明人的文明化。马克思·韦伯依社会学角度称人的行为多为社会行为，其中必然存有自然的生物行为。理想的社会行为分成工具性、价值理性、感情和传统行动。工具性行动是人类为了工作而选择的行动，价值理性行动是对真善美、正义等追求的崇高行动，感情行动则是常人日常行动，传统行动是人们长期形成的习惯行动[1]。对这些行动，韦伯格外重视的是行为的合理性，他认为社会行为是有意义的，这些意义是可以解释和说明的。特别强调人类的行为可分为理性和非理性行为，工具性和价值理性这两项可以被认为是理性行为，感情和传统行动这两项则是非理性行为[2]。人类社会的进步正是由非理性向理性迈进的改变。这一点为体育由肢体活动向身体行为的演进提供了理论支撑，也被武术从野性的搏杀向文明化的套路实现演进趋势所验证，存在便是合理。其中，发展至今的武术已经成为人类社会中对生命追求的重要表现形式，特别是内外兼修、德技双馨的技术行为成为民族体育社会行为的典型代表，"外练筋骨皮，内练一口气"的武术是长期以来中华民族对生命塑造的智慧总结，其中包含着较强的合理性。对生命塑造必须采取合理的理性技术动作对有机体进行形体和机能的完善，且通过身体行为实现人性的价值。由此可见身体行为具备多重合理性。

除了典型的中华武术项目外，中华民族体育大多具备强身、修心、守道的品质，因而是具有强烈合理性的社会行为。中国传统文化格外重视人行为的社会意义和价值，通过各种途径培育行为的合理性。"人有气、有生、有知亦且有

---

[1] 黄陵东. 人类行为解读：韦伯与哈贝马斯的社会行动理论[J]. 福建论坛（人文社会科学版），2003（4）：58-65.

[2] 侯钧生. 西方社会学理论教程[M]. 第2版. 天津：南开大学出版社，2006：120.

义，故最为天下贵也。"(《荀子·王制》)此"义"充分体现出人化后人的意义。儒家孝悌之"仁"，墨家人道之"爱"都强调行为的价值。故而，中国古代的体育凝练、推崇具有突出文化价值的合理项目内容，如唐代时称"木射"的十五柱球戏，在陆秉的《木射图》一书中，记载有这项活动的方法：在场地的一端，设置十五个筒形平底木柱。在每个木柱上分别用朱笔写"仁、义、礼、智、信、温、良、恭、俭、让"十字和用墨笔写"傲、慢、佞、贪、滥"五字。在民族地区，少数民族体育同样拥有这样的价值追求，当然其中不乏生活化程度较高，将高远的价值与平凡的生活、生产高度融合，比如勇敢尚武的裕固族人将射箭移植到婚俗中，婚礼上新郎要向新娘射出三支象征吉祥之箭的习俗，这种习俗迫使男儿们在平日里为了能够在婚礼上表现出色，必然是苦练射箭本领，此乃"一箭多雕"。虽然他们没有凝练出华丽的言辞表达这种价值追求，但是实际的行为表明了他们的价值取向。这时的民族体育已经超越了简单的肢体活动范畴，成为人们社会生活的行为体系构成。

达到这种程度的身体行为构成了体育和民族体育的实践核心，部分实现了自然的人化，但是依然还不能被称为体育，身体行为还缺少体育系统的整合和改造。

三、体育内部演进向度

在体育生成和演进中，肢体活动构建了身体行为的结构框架，身体行为承载着人的主观意识，实现了主客体的融合，身体行为将原始的肢体活动元素进行改造、凝练，逐步升华为民族体育。

民族体育遵循由活动—行为—文化步步升华，由随意向刻意过渡的演进向度规律。随意地"看"，可能视而不见，那只是视觉器官的生理活动。只有在意地"观察"，才能明察秋毫，这时才是视觉器官生理活动在意识支配下的行为。当不同的人群根据本土环境，刻意地"审视"，方可明古通今，此刻的视觉器官行为升华为文化。在某种程度上，审时度势可以说是一种文化表现，在一定的文化环境中，这种来源于视觉的文化倾向已经脱离了视觉的生理活动范畴，成为一个个体，甚至是一个群体和社会共同的行为模式。在中国古代，封建制度下当权者的意图成为官宦的指南针，他们必须察言观色、认清形势。在人类社会中，这种状态普遍存在，突破之需要漫长的过程，比如科学宇宙观的

31

形成历经144年，从哥白尼《天体运动论》播种，经伽利略《有关两个主要宇宙系统的对话》浇水、施肥，到了牛顿方才开出了《自然哲学的数学原理》之花。在此过程中，还得到了培根的观察和归纳法，笛卡尔理性与演绎法的抚育。整体过程可谓无比艰辛，期间不乏在自然科学方面有建树之士，可是他们没有做出改变世界的成就，其根本原因就在于他们过于察言观色、明哲保身，不能坚持真理。即使如此，事物的成型、文化的发展规律始终不变，即皆从初级的零散状态，逐步走向高级整合阶段。在体育文化中，活动、行为与文化的界限清晰可见，可以比较射准与射击，奔跑与跑步，前为肢体活动，后是身体行为。最终，具有人化特征的射击、百米竞赛等项目有机构成体育文化。再如，粗野的角力，缺乏技巧，那仅仅是一种较量。当人们不断地凝练后，出现了以巧取胜的摔跤技术，渐成一种身体行为。不同民族对摔跤进行提炼过程中，形成了各具文化特色的摔跤，有机构成了各族群的民族体育文化。还如，私斗、战争的搏杀多为本能的较量，散打、搏击、套路则是对搏杀的技术性总结，武术最终发展成通过技击技术升华，形成了君子之争的中华民族体育。其他民族对该类技术总结的结果则形成了直白抗衡的诸如击剑、拳击等民族体育。总之，民族体育从基本的肢体活动素材不断提取蕴含技术成分的内容，在不同环境的影响下逐渐地形成自成体系的民族体育文化系统。

费孝通认为文化富有"人为"和"为人"属性，民族体育文化自然存在着人为和为人的属性。在体育自成体系初期，不同的民族从各自的生产、生活中人为地对体育基本素材进行加工、整理，创造和发明出各种有益于人类的肢体活动内容和形式，在这个阶段，民族体育的产生和发展都是在人为的基础上完成的。然而，各种民族体育活动面对不断增长的民众需求，民族体育中的肢体活动时常显示出种种不足，难以完全达到为人的目的，于是人们对肢体活动进行目的性更强的改造，使之更加符合合理性、科学性的原则，通过凝练后的身体行为去完成达到更完善地为人服务的使命。正是由于文化具有人为和为人的属性，使得文化发展历程逐步衍生为文化核心属性。麦克卢汉在《理解媒介》中列举了大量的人类社会在漫长发展历程中人为地进行的有关人的肢体、中枢神经系统的延伸实例，这些延伸的目的只有一个，那就是更好地为人服务。因此，麦克卢汉著作的副标题是"论人的延伸"，人的延伸构成人类文化发展的主旋律、主轨迹。

民族体育在生命冲动作用下，对人类肢体活动进行加工和整理，合理地运用身体行为手段逐步完成着塑造人类生命的伟大使命。这是民族体育自身的基本结构，归纳分析，民族体育实质上可以划分成人为与为人结构，比如前述的"木射"，这种结构所表现出来的属性与文化属性高度契合。民族体育原本就是文化的有机组成部分，是文化的身体形态表现，因此民族体育无法脱离文化的范畴。而民族体育成为文化的历程却是一个漫长的过程，从起初的原生肢体活动，到自成体系的身体行为阶段，仅仅是民族体育成为文化构成的素材积累阶段，当民族体育充分融汇了各自民族文化精髓，形成了独具特色的结构和功能体系后方才成为文化。达到这种状态的民族体育必然能够为本土的民众认同，为本土民众自觉运用。

社会事项欲成为文化的有机构成，必须具备文化特有的要素。文化的要素有多种界定，我们认为，马克思主义理论中的实践应该是文化的第一要素，因为在人类社会发展的一切领域，实践是最基本的要素，任何事物发展都离不开实践。民族体育则是人类社会实践中体现实践性的最为充分的领域，通过这种身体实践，才能够充分地体现人的本质力量，才能认知世界，即所谓的身体认知。布迪尔的惯习是文化的第二要素，布迪尔在吸取马克思主义实践理论的基础上，更加具体地认为人类的社会实践具有一定的"惯习"，该惯习充分地反映了人类社会文化的自我定义和被定义[1]。民族体育中的身体行为是一种具有很强惯习表现的行为，是始终伴随人类社会的人类行为，人类文化是一个实践的过程，更是一个实践阶段性结果。假如，人类文化没有了惯习性，每一代人都要从头开始，难以实现积累更难以跨代传承。因此，文化要素的构成主要有两个：一个是实践，另一个是惯习。对照文化要素，民族体育拥有了成为文化的实践性和惯习性这两个最主要的要素。

民族体育文化延伸是在全球化背景下，中华民族体育话语权不充分情况下提出的概念。在这个大背景下，西方的文化话语权始终占据着上风，占据着强势，而其他的民族文化始终处于下风，处在弱势。西方现代文化是以科学为主导的，科学产生的知识可运用于技术，因此科学对社会生活的影响是全方位的[2]。但是，这不能说明非西方的文化是落后的，他们各自有自身的优

---

[1] 罗伯特·C.尤林. 理解文化——从人类学和社会学理论视角[M]. 何国强，译. 北京：北京大学出版社，2005：24.

[2] 罗伯特·C.尤林. 理解文化——从人类学和社会学理论视角[M]. 何国强，译. 北京：北京大学出版社，2005：79-98.

势，只是缺乏必要的经济实力和社会地位，缺失应有的话语权。人类社会、人类文化是否必须沿着一种文化来发展呢？这是一个值得思考的大问题。人类的文化原本是丰富多彩的，格尔兹早就说过，人类文化中存在着数不胜数、色彩丰富的民族文化马赛克，这些民族文化马赛克拼成五彩纷呈的人类文化。而现在我们看到的则是被全球化统一染色的文化色彩。这样是否有利于人类的社会发展，答案一定是否定的。与开篇谈及的植物多样性一样，单一植物即使拥有庞大的种群规模，但是它的抵御能力十分有限，只有多种植物共生，相互之间的制衡，以及相互的借力，方能产生强大的抵御能力。赫伯特·马尔库塞尖锐地指出，科学技术未必是一种社会进步，它仅仅是称霸世界的方言特征。从这一点上来讲，民族体育文化是体育文化的根基，是文化的身体资源之一。面对建立在技术理念上的西方竞技体育文化强势发展的格局，特别是面对竞技体育极端化发展对人类的消极影响，民族体育文化应该本着对体育文化负责的态度，不断地实现自身文化延伸，不断为体育文化输送源源不断的、优秀的身体资源，比如中华民族体育文化对塑造生命的特质就是一个能够矫正过分追求挖潜竭能的竞技运动的有效方式，以此可防止体育文化偏离塑造生命的体育核心，偏离为人的文化核心。

民族体育文化延伸主要是指演变成文化的民族体育项目，在发展的过程中，沿着被文化熏陶的身体行为运作规律，不断创造、更新、升华的人为历程，以求达到更好为人服务的目的的过程和结果。

甘肃地处一个特殊的地域，长期以来就是在多元文化的交融中不断发展的。在这个时空背景下，甘肃的母文化具备了多元共生的文化基因，这是特有民族体育文化多元延伸的基础。在汉文化，以及全球化的影响下，甘肃的母文化虽然没有步入经济发达的行列，但是文化的底蕴并未因此而降低，甘肃母文化恰好在这种经济相对滞后的时空中得到了较好的原生性保存和自在的发展。

母体文化的地位决定着子文化的延伸程度，甘肃现在所处的经济地位、社会地位以及文化地位，都在低位状态。在这种情况下，甘肃的母文化一时间难以具备强大的文化延伸能量。甘肃特有民族体育文化中，东乡族、保安族和裕固族的体育也没有像云贵、东南等地民族体育文化的发展势能强劲。因此，鉴于这种情况，甘肃特有民族体育文化的延伸必须坚持整体性的延伸，而非个体性延伸。也就是说，甘肃特有民族体育文化必须是充分地与其他文化衔接，构成文化共同体，形成一个文化整体，借助文化整体所形成的能量实现共同延伸。

人类社会目前拥有的主流文化给世界带来的是普世知识，而地域性的民族文化则处于个性化状态。在主流文化中以科学带给人们的知识为主导，以技术发展为中介，它全方位地影响人类社会的生活。在地域文化中则以生活常识为主，以人际关系为中介，这种文化尚处于适合于某个地域的空间范围，还缺乏普世性。两种不同的文化发展空间，孕育着两种不同的文化延伸途径。个性化状态的文化欲保持自身的生存，并向主流文化靠拢，这需要更加漫长的时间，以及更加艰辛的努力。恰如水往低处流相对容易，水向高处走需要强大的动力支撑，消耗更多的能量。在文化融合中，面对点的涵化相对容易，点对面的涵化则是一件非常困难的事情，比如奥林匹克运动对中国的影响仅仅百余年的涵化历程便取得了相当可观的成效，而中华武术向奥林匹克的挺进可是艰难万险，收效甚微。特别是在地域文化离散的状态中，文化尚未形成整体，力量是分散的，没有形成合力，即使有动力的支持，但是这种"水"的量和质可能还存在自身的不足，难以达到世人期待的程度。比如，甘肃特有民族体育文化项目的部分内容，自身的体系化程度不足就是一个明显的短板。

甘肃特有民族体育文化拥有自身的优势，这种优势包含着长期以来地域民族文化与汉族体育文化和域外体育文化的共同作用、融合的印记，即多元共存、娱乐互动、生活至上。这种关注人情、生活的民族体育文化是人类永远不能割舍的内容。当代社会，人们逐渐认识到人类的美好生活在于充分地感知生活中的一切，而不是匆匆的过客。高速发展的西方社会已经开始关注慢生活，关注人际交往和人情世故。先进发达的社会也在反思，社会发展是否唯有城市化一条道路，欧美的城郊富人区与城中的贫民区现象已经明确地向人们显现了人类社会的发展格局的转向趋势。社会发展的后发效应正是在人们反思快速发展社会中，回过头来发现后进社会固有的优势，开始重新珍重发展滞后社会经验的文化现象。比如在中国各大城市被雾霾笼罩的这些年中，拥有蓝天白云的城市多是在经济发展滞后的地区。经济不是社会和文化发展的唯一衡量指标，社会发展更要看文化的历史、文化的含量、文化的品位、文化的功效。那么在这种背景下，高度融入生活中的甘肃特有民族体育文化应该具有延伸的可能性，具有人类共享的文化资本。

甘肃特有民族体育文化是生活于斯的民族生活方式的组成部分。生活方式相对于生产方式，是人们生存的基础，生产方式决定了生活方式，影响着生活方式的类型。生活方式反过来强化着生产方式，要求生产方式满足生活方式的需要。在甘肃特有的生产方式中身体是主力军,在生活方式中身体行为更与生活密切联系,生活方式中的身体成为区分族群身份的重要标志之一。比如,在甘肃特有的民族中,好动是他们的行为表现,这一点与汉族的好静形成鲜明的对照。好动的行为,决定了好动的意识,所以他们总是将体育纳入生活之中。我们在对临夏东乡族的科托村调研中,上至古稀的老者,下至蹒跚学步的孩童,都喜欢跳房这类游戏。虽然这类游戏不完全归属体育,却是体育活动的原型,老者们单腿跳踢瓦片时让人捏一把汗,他们却悠然自如地玩耍,可见是日积月累的身体技能。在张掖的裕固族人,人人都会骑马,这种技能似乎对他们而言没有什么难度,而且人们对马匹的喜爱程度是我们无法想象的。参加各种赛马比赛的人,都是自己养马、驯马,没有人赞助经费,参赛就是为了参与,牧民们认为这是生活中的一部分。人的生活方式一旦形成,较难在短期内改变,此乃惯习的作用结果。稳定的生活方式塑造着民族性格,以至于形成其特有的民族意识。行为加上意识的共同作用,强化着这些民族的文化特质。在城市化生活方式汹涌来袭之际,这种原有的生活方式受到一定冲击,目前他们的生活方式虽然没有根本的改变,但是改变看来是迟早的事情。城市化生活方式在一定程度上给人们带来了便利,但是也存在着一定的问题,其中,居住格局的改变,影响着人际互动深度,影响着原有体育活动内容的开展。比如,在张掖肃南退牧后集中居住的裕固族白银乡便看到了这种情景,楼宇周围的健身路径上整齐摆设着冰冷的健身器材,狭小的空间根本不可能饲养活生生的牲畜,牧场在退牧政策下萎缩,今后的赛马活动必然会受此影响。由此看来,生活方式是一种人类社会文化的分割器,具备何种生活方式便能具有特定的生活行为,缺失了这种生活方式,相应的行为和意识将出现改变,甚至断裂。中国古代的田园生活方式在现代生产方式的驱动下,发生了翻天覆地的变化,中国的城市化快速发展,进一步加速了生活方式的改变,这一切无不深刻地辐射影响着民族地区的文化。既然生活方式发生了改变,民族体育也应该相应地随着生活方式的改变而改变,绝不能顽固地认为只有不变才是保持传统,保持本色。世间没有一种传统是故步自封、裹足不前的,只有不断地革新,顺应时代发展,在保持传统文化本质不变的前提下,对不合时宜的内容和形式进行修正、延伸,才是促使文化进步的正确态度。

第二章 文化延伸背景

作为探索民族体育文化延伸的典型案例,我们选择了具有较浓厚原生态的甘肃特有民族体育。

第一节 甘肃特有民族生存背景

甘肃省位于祖国西北部,地处黄河上游,地域辽阔。东为秦岭阻隔与陕西省接壤,南邻四川省,地势险峻,西连青海省、新疆维吾尔自治区,自然环境变化多端,大片沙漠和戈壁将甘肃和内蒙古自治区、宁夏回族自治区连为一体,再往北行,就可以看到蒙古国的边境。甘肃地貌复杂多样,山地、高原、平川、河谷、沙漠、戈壁交织镶嵌。地势自西南向东北倾斜,形成狭长的地带,东西长1655公里,南北宽530公里,全省总面积45.44万平方公里,位列全国第七。我们可以将甘肃地形看成一只爬行的壁虎,好似它很久以来就默默地穿行于中原与西域之间,担负着连接中西文化交流的使命。

甘肃省以甘州、肃州两地首字复合而成,简称"甘"或"陇"。甘肃县的建制要早于省的设置,从春秋时期开始算起,迄今为止已经达2000余年。北宋初,西夏统治河西时期设甘肃军司,出现了甘肃之名。从元代开始,正式设置甘肃省,建省有700多年的历史。

甘肃省所处一个自然、人文交汇的时空之中,地理位置十分特殊。青藏高原、蒙古高原和黄土高原在这里会面;昆仑山脉、秦岭山脉、祁连山脉、岷山在境内相遇;长江源头、黄河源头之水遥相呼应;夏河—临潭—迭部一线是中国的农耕和游牧分界线之一;高山、大河、森林、草原、沙漠、戈壁、绿洲散布其间,甘肃为黄土高原所拥,黄土高原处在沿海向内陆、平原向高原过渡地带,自南而北跨越暖温带、中温带,自东向西横贯半湿润、半干旱区,甘肃以典型的大陆季风气候类型为主。甘肃可谓是汇聚各色自然风光的宝地。自然地理的多样性，引发了气候类型的多样性，这种多样性对长期生活于此的民族产生极大的影响，因地制宜地利用自然资源，造就了各异的经济、社会形态，这是甘肃独特文化的地理基础。特别需要提及的是甘肃境内汉文化、藏文化、伊斯兰文化长期相互交流、相互包容、相互学习，早已成为中华文明的多元文化融合的集散地。如果将甘肃放在更广泛的空间中，我们会发现西北地区临近陆上的"地中海"[1]，甘肃是"地中海"沿岸的一个重要地域。在这个辽阔的陆上地中海范围内，世界上的各种宗教、信仰、文化、商业都曾汇集于此，为西北地区留下丰厚的财富。仅以宗教来说，中原地区的道教、南亚印度的佛教、西亚甚至是欧洲的三夷教（景教、祆教、摩尼教）都在这里驻足。敦煌的莫高窟壁画记载着文化交融的历史。生活在这片神奇土地上的民众，长期以来共同生存和发展，得益于辽阔的地理环境所塑造的甘肃人豪放、质朴、包容的胸怀。人们在彼此的交往中，存在许多支点，这些支点帮助人们交往、帮助人们彼此尊重。试看如今闻名的牛肉拉面，其食材中牛肉来源于牧业，面粉由农业提供，两者有机结合不仅是生产方式、生活方式的融合，更主要的是民族文化的融合。在牛肉拉面的拉动下，回汉民众彼此之间产生了更多的共同话语，有了相互认可的载体，成为一个有效的、融入生活之中的支点。所以，在甘肃的回汉民众关系非常密切。

在人类社会中，影响人类社会发展和民族体育发展的重要外部因素之一就是地理环境。自然地理环境是人类社会初期所有社会活动、文化活动的首要决定因素。在这个阶段，人与自然高度地融合，自然与人混沌未分，彼此依赖，尤其是人对自然地理有一种绝对依赖的倾向，人类缺乏必要的独立性。因此在这个阶段，人类的一切活动都受制于自然地理环境的决定作用。

随着社会的发展，人类的能力逐步增强，人类学会了使用各种工具，能够在一定程度上掌握自己的生活和生产活动，人类的独立性由此建立，特别是拥有了科学和技术后，人的独立性更加强大。正是由于人的能力不断提高，人与自然地理环境的关系发生了改变，人与自然出现平等，甚至出现人凌驾于自然等情况，这时候的自然地理环境对人类社会发挥着影响作用，而非决定作用。

---

[1] 黄达远. 多维视野下的西域 [J]. 新华文摘，2015（3）：58-60.

地理环境对人类社会影响的论点主要有三个：第一是地理环境决定论，第二是地理环境影响论，第三是人地关系论。地理环境决定论的学者以孟德斯鸠为代表。孟德斯鸠认为，一个国家的领土、气候、土壤等自然地理环境因素，对于生存于此的民族的政治制度、法律制度、民族性格、道德面貌、宗教信仰等方面都有决定性的影响。这是自然地理环境对人类社会自然属性的塑造过程。黑格尔从地形地貌的性质上把人类社会生存所聚居的地理环境划分为三种主要类型，即高原、平原和海岸区域[1]。在他看来，这三种不同地理环境对民族性格产生着不同的影响。高原地域特立独行的豪迈性格；平原地区惯常深思熟虑，按部就班；海岸区域勇于探索与征服，表现得机智沉着。地理环境影响论对决定论有一定的矫正意义，伏尔泰认为："意见决定世界。"这个"意见"是指人的理性，也就是说人的理性是决定人类社会发展的主要因素。伏尔泰认为人类进步的动力就是理性，理性的发展是时代繁荣昌盛的标志。到了这个阶段，人们对地理环境的认识开始出现改变。斯大林认为生产方式决定社会发展。生产方式是人类社会智慧的集成，是人类独立后改造世界的现实。社会的生产方式就不完全受制于地理环境的制约，人类社会不是一个单纯生物体系，其自身拥有自主性社会结构，这种结构不完全受外部因素的控制。正是这种社会属性，使人的理性作用表现出强大的力量。人地关系论主要是中国先贤的理念。人本身就是自然的一个组成部分，人必须与自然和谐共处，无论是受制于自然，还是控制着自然，人都离不开自然。中国自古就有先秦的天人合一、汉代的天人感应、魏晋的天人新义等人地关系论说，其宗旨皆为要求人顺应自然，服从自然，在改造自然的过程中应该遵循自然规律和法则。这个论说一点也不落后，时至现代，世人逐步认识到这个观点的先见之明。1972年6月，联合国在斯德哥尔摩召开了人类环境会议，期间发表了《人类环境宣言》，该宣言号召各国政府和人民重视环境问题。在这个宣言中，郑重提出："为了在自然中获得自由，人类必须运用知识，同自然取得协调，以便建设更好的环境。"至此，人与自然地理环境的"协调论"或"和谐论"成为现代社会的人地关系理论。

在辽阔的中国大地上，千差万别的民族体育争奇斗艳，形成这样的格局在一定程度上与中国差异巨大的自然地理环境存在着必然的联系。常言道："北人

---

[1] 顾乃忠. 地理环境与文化 [J]. 浙江社会科学，2000 (3)：133-140.

擅骑，南人擅舟。"概括了中国的民族传统体育的大体格局。在中国这个巨大的地理单元中，温和的气候、肥沃的土地和效力的牲畜奠定了人们的温良性情基础，与世无争、顺乎天命、循章守序、上善若水、安于井里成为中华民族的性格。由此，中原地域所产生的民族传统体育雏形多以五禽戏、八段锦、易筋经、导引术等为主的养生活动，以及以与采集、农耕生产息息相关的追逐、摔跤、踢打和斗鸡等人与牲畜娱乐的游戏活动。在世界地理范围中，我们看到人类在不同的地域创造出各自不同的体育文化。在古希腊由于自然地理环境的制约，这个民族很早就开始了手工业生产，特别是开展了航海以后，商业活动成为他们主要的生产方式。这时他们勇于抗衡、拼搏、竞争的意识显得尤其突出。在这个民族的体育文化中多以竞速、角力为主，充分显示出摆脱地理环境束缚的意向，古希腊的田径运动、美洲的球类运动鲜明地体现着这个意向。在人类社会发展的不同历史时期，自然地理环境对人类社会的作用明显不同。在人类社会的早期，地理环境对人类社会文化发挥着决定作用。在人类社会开始普遍使用高效能源之后，地理环境对社会文化转向为影响作用，而非完全的决定作用。体育文化同样受到这种变异作用的影响。

自然地理环境在一定程度上阻碍着甘肃境内各个特有民族与其他民族广泛、深入交流，在长期自然地理环境中养育的特有民族其体质更适合于本地域，而不易适应其他的环境，这种情况进而形成了风格迥异的民族体育文化格局。比如，东乡族的夹木泗渡仅仅适合于水流并不湍急、河道狭窄的流域。甘肃特有民族大多相对独立地生息于某一空间，迁徙范围十分有限，他们与其他族群在客观上存在着或明或暗的人文地理分界线。为了说明这个问题，我们可以先看看张力仁的观点：

"考察历史时期汉民族与周边民族的交往史可以发现，汉藏民族之间的相互迁移、交流频度要远远低于其他民族。很显然，青藏高原的自然环境条件成为汉藏民族交往的巨大地理障碍。对于藏民族而言，自古生息于青藏高原，形成了耐寒、耐旱，适应低压低氧的人类体质结构：'皮肤厚且致密，毛孔稀少，皮下脂肪发达，是以能耐寒耐燥，而不宜于炎热溽湿地方'。藏民族的这种高原体质，决定了藏民族要走下高原，必然要面临高原下低海拔、炎热、溽湿的自然条件的潜在威胁。而对于习于农耕、适应低海拔地区的汉民族而言，要步上青藏高原，不可避免地要克服和解决高山（原）反应以及高寒气候对农业生产活动的限制。尤其是高山（原）反应，对于缺乏'氧气''气压'知识的古人而言，是不可能正确认识由低压、低氧引起的病态（如晕眩、气喘、恶心、疲乏等）和疾病（如心脏病、肺水肿、昏迷等）。虽然早在汉代，中国古人对高山反应的现象已经有所描述，如《汉书》卷96《西域上·罽宾》记载的'大头痛、小头痛之山，赤土、身热之阪'即是典型的高山病病症的地理描述。后世虽然对高山病也进行了多种多样的解释，如中毒说、鬼怪作祟说、瘴气说等，但都流于表象而缺乏实质性认识，因此也没有找到治疗或对付高山（原）反应的有效方法。高山（原）反应因而成为历史时期汉藏民族交往难以跨越的生态屏障。自秦汉至明清，除唐蕃双方出于政治或军事目的而进行的民族往来外，历史上很少有藏、汉民族之间进行主动的交往。正是由于汉藏民族囿于各自'熟悉'的地域环境，形成了基于地理的、生态的、文化的、民族人口的汉藏人文地理分界线。[1]"

人的体质是在自然地理环境长期影响和作用的结果，难以在较短的时间内改变。中科院的吴天一院士经过长期的研究发现，藏族人的供能系统异常的发达，常见的红脸庞是毛细血管丰富发达的表象，其体内的毛细血管发达程度一定要高于低海拔地域的人群。所以，东乡族、保安族长期定居于洮、夏河流域，裕固族沿着黑河流域繁衍，自然有其道理。进一步推测，其民族体育项目内容不同于其他民族是否也存在着在体质作用下的身体行为差异，这种差异成为导致体育项目各异的主要因素。这个结论可以从世界范围得到验证，黑人运动员所擅长的运动，我们很难突破，比如马拉松运动就是一个明证。可惜现在没有这类研究数据来证明他们的体质与其他民族的区别，今后应该对此领域进行科学研究，为民族体育文化类型寻找科学的依据。

自然地理环境对体育的决定作用有一个容易被人忽视的方面，就是受到人们对食物获取方式的影响。胡小明认为："不同获取食物的劳动方式，决定着是否对体育产生需求，以及这种需求的程度和形式[2]。"这个观点似乎富于想象，但是仔细分析发现人类社会发展的类型多少与之有关，千万不能轻视饮食的类型和方式，前面说过的牛肉拉面是一个值得重视的话题，但凡是通过饮食引发

---

[1] 张力仁. 论汉藏人文地理分界线 [J]. 中国历史地理论丛，2013，28（2）：136-155.
[2] 胡小明，陈华. 体育人类学 [M]. 北京：高等教育出版社，2005：70.

人们认可的事物，随即会产生主导这种饮食的文化被人们深入地认同。不同获得食物的劳动方式是其中一个因素，还有饮食结构对人体能量供给决定着人的活动类型，食肉为主的人群，体质强壮，身体活动多现剽悍，相对而言食素的人群，体质羸弱，身体活动内容相对娴静。在人类社会，大体可以分成筷子王国和刀叉王国两大阵营，他们的文化差异世人皆知、体育迥然无人不晓。而这两大阵营除了地理环境的差异影响外，的确存在着获取食物的劳动方式各自不同，以及各异的饮食结构在发挥着作用。从中看出，自然地理环境和人文环境综合对人类社会产生影响，两者的作用交织在一起，时而自然地理环境发挥重大影响，时而人文环境起着决定性作用。

自然地理环境对于甘肃来说是一种不可逾越的障碍，在一定程度上制约着甘肃特有民族体育的类型。甘肃特有民族多选择水域附近生息，东乡族和保安族生活在洮河、大夏河流域，裕固族生活在黑河流域，这些河流给他们提供了生产和生活的水源，成为文化的滋养源。离开这些水源地，他们别无可选择的聚居地。河流孕育着人类，河流养育着城市，河流的径流量决定着养育人群的数量和城市的大小。河流在干旱地域对人类生存的作用显得尤为重要。比如黑河全长800多公里，是河西走廊中最大的河流，张掖就是在黑河的滋养下成为西北戈壁上一片绿洲。自古以来就有"绿荫丛外麦毵毵，竟见芦花水一湾。不望祁连山顶雪，错将甘州当江南"。可是能够提供给裕固人的空间却非常有限，裕固族自古以来就过着逐水草而居的生活，但是迁移的范围比较有限，黑河流域自然也是他们的主选生息场所。当然，还要受到其他族群、民族生活空间的挤压和争夺，这些特有民族，只能选择人烟稀少的水域流段，集中地聚居在一起，形成一个族群密度较高的小社会。甘肃境内与其他西北地区相比而言，资源相对贫乏。在这片土地上只能生长那几种植物，饲养特定的牲畜，有限的生物群落也是一种不容忽视的因素。这种资源的地域特殊性在人的生产工具和生产能力不足的情况下，的确是一个强大的制约因素。在这样的空间中生产和生活，很多情况下只能靠天吃饭，风调雨顺的年代，他们的生活会好一些，遇到天灾，只能是顽强地抗衡或者被迫迁徙。由此，他们的生产方式可选择的余地也变得十分狭小，狩猎、放牧、养殖、耕种必须是择时、择机交替进行。比如前文说到的获取食物的劳动类型，对于生活于斯的民族，他们无奈地采取特定的劳动方式。这就注定了他们的体育活动类型。比如：

"甘肃河西走廊虽在自然地带上属温带荒漠,由于其南祁连山上有着丰富的冰川雪水资源,直到现代,还曾拥有冰川面积 2062km²,储水量达 1320×10⁸m³,每年通过三大水系 56 条内陆河,可提供近 80×10⁸m³ 的淡水资源,因而在其北麓洪积－冲积扇前缘滋润形成了数百个大大小小的绿洲。拥有可耕农田达 66.67×10⁴hm²,可牧草原达 666.67×10⁴hm²。实际上,如此丰富的水土资源,自西汉以来就一直受到占有这一区域的统治者的青睐。汉武帝占领了河西走廊后,先后设立了武威、张掖、酒泉、敦煌 4 郡,下辖 25 县,并多次大规模移民,又大力兴修水利,实行军屯与民屯,促进了农牧业发展,并为丝绸之路的畅通与繁荣奠定了坚实的经济基础。唐代更是着力经营河西走廊,以致使之成为'闾阎相望,桑麻翳野'富庶之区。从而也使丝绸之路上之商业贸易与文化交流进入全盛进期。然而,到了明代中叶以后,由于河西走廊人口大量增加,除进一步促进了这一地区灌溉农业的发展外,被称为河西走廊绿洲灌溉农业生命线的祁连山森林也开始遭到破坏,到了清朝中期,已有人发现祁连山松林砍伐过甚,造成春末融化的雪水暴涨,易造成水灾。到了夏秋季节,河流水量过小,难以自行流入渠道浇灌农田,又会造成旱灾。因此,呼吁'当永远保护'祁连山森林,以保当地居民之生。到了现代,由于在祁连山区大面积毁林开荒,过度牧放牛羊,以致使水土流失日益严重,绿洲萎缩,土地荒漠化也日益加剧。据最近报载,河西走廊北部的沙漠步步进逼,风沙线每年平均南移 8~10m,致使大片农田荒漠化,600 多个村镇面临流沙埋压的威胁。生态环境恶化的形势十分严峻[1]。"

就甘肃特有民族而言,生产方式的演进速度并不快,在漫长的历史长河中,他们始终使用传统的生产工具,致使生产效率较为低下。东乡族和保安族为了弥补生产供给的不足,采取的是小手工业和经商的方式,其产品的供销途径和范围也较为有限,在这种情况下阻碍着他们体育类型的变迁。中华人民共和国成立后,他们的生产方式得到了极大的改善,特别是农耕生产纳入东乡族和保安族的生产方式之中,较好地改善了他们的生活水平。裕固族的牧业生产也开始了机械作业,提高生产的效率。在这种背景下,民族体育文化受到自然地理

---

[1] 朱士光,唐亦功. 西北地区丝路沿线自然地理环境变迁初步研究 [J]. 西北大学学报(自然科学版),1999,29(6):615-619.

环境的影响开始降低，迎来了民族文化重大变革的时代，民族体育文化延伸具备了一定的条件。

地理环境对体育发展的影响主要在于人类运用生产工具的能力和类型，而生产工具是不同生产方式的表现形式。由此，生产方式则是影响体育发展的主要因素。在此过程中，由于不断增长、增强的人类的主体意识和能力，人类开始征服自然，并在一定程度上驾驭着自然，特别是高效、高能的生产方式在一定程度上掩盖、取代了地理环境的决定性作用，生产方式扮演着决定人类社会发展的主角角色。在人类生产方式中，还掺杂着劳动、教育、战争、宗教、娱乐等人类活动，由此发挥着集合功效，进一步强化着生产方式的作用力。这些人类活动从不同的侧面对体育活动进行了梳理、归纳和提升，使体育活动更加自主，逐步摆脱了自然地理环境的强大制约，也使体育活动逐步走向了独立。当社会发展到现代，人类的创造能力以及使用工具的能力得到了前所未有的体现，在体育活动中也出现了非地理因素限制的活动内容，比如汽车运动、滑翔运动、电子竞技运动等体现人的智力的体育活动内容，这是甘肃特有民族文化可供借鉴的因素之一。

自然地理环境对人类社会文化的影响，还有一个不容忽视的社会因素。当一个地域的人群聚居类型处在分散的状态时，他们的生活方式强烈地受到自然地理环境影响，当这种聚居状态发生改变后，人文环境开始发挥更重要的作用。根据菲利普·鲍尔"群体行为内在法则"理论，个体行为往往难以预料，当个体数量达到一定程度时，群体的行为反而表现得有章可循，于杂乱中显现秩序和稳定。[1] 人类社会成员彼此之间存在种种联系，构成一定的社会网络。社会网络大体可以分成随机型和规整型，以及介于两者之间的类型。在社会网络中，人与人的联系主要依靠的是熟人关系，用连线将他们联系在一起，可以绘制不同形状的网络图。在这些网络图中，人们总是极力克服须严格按照花时费力的"循规整网图"寻找熟人的路线，而是想方设法地找出更直接的路线，由此构成社会网络的随机图，这种随机并不是杂乱无章的，恰好是富有便捷性。这有点像地铁网络，规整的地铁线路总是花费大量的运行时间，而站点间采取直线连接的网络运行距离最短，所以世上很少有方方正正的地铁网络。

---

[1] 菲利普·鲍尔. 预知社会——群体行为内在法则 [M]. 暴永宁, 译. 北京：当代中国出版社, 2010：282-298.

通过捷径建立起来的随机网络，熟人之间容易建立密切联系，因为在熟人之间存在"六档距离"原理，即熟人的人际关系之间通过6个人就可以建立，所以世界很小。在这个很小很小的"小世界"[1]中可以表现出这样的特点：人们虽然分成很多组群，但各个组群之间又连接着大量的捷径，于是导致较小的平均特征路径长度，这个长度大约为六档距离，这是一个社会结构基础。这时候，大家会发现，小群体中熟人之间的意见一般不易完全一致，熟人们各自都会有自己的想法，都有自己的行为方式。似乎熟人之间更倾向于彼此的尊重，尊重对方的个人感受和行为，或者是情面上不好要求对方严格按照自己的意愿去行事。在每个熟人网络中虽然都有一个意见领袖，大伙儿多听从他的意见。由此，出现了社会网络中诸多小群体意见常常纷繁复杂。比如开小会意见难以统一，开大会很快能够达成共识。在社会大网络中，小群体的意见必须服从大群体的意见，小群体的意见被掩盖或忽略，比如国家的、政权的、领袖的、教义的意见，从而意见相对统一，社会行为也表现出趋中态势，小群体也会审时度势地随大流。这种行为状态，可以说是在社会成员们集思广益基础上达到了"平均人"行为状态。下面引述一段内容，会更加明显地看出平均人，以及平均行为在社会整体运行中的作用。

"既然社会的'存在和延续'显然是人们所需要的，那么，我们的平均行为便是'正确的'行为了。就这样，凯特莱的社会物理学并开始建立在了"平均人"的概念之上。'平均人'的种种参数、物理性质乃至道德和审美观念，都代表着应当为所有人追求的完美平均情况。平均的就是出色的——一个人能够在某个时间内集中表现出'平均人'所有品行的人，他此时就代表了人类所有的优、善、美。[2]"

动物界存在诸多的如蟋蟀不约而同协调一致地啁啾、鱼群步调一致快速游弋、候鸟方向一致遨游蓝天、角马纪律严明地统一迁徙……动物们尚能达到平

---

[1] 康奈尔大学学者史蒂文·斯特罗格茨和邓肯·沃茨在20世纪90年代末开始对社会网络进行研究，起初他们关注的并不是人类的社会结构，而是动物如何协调自身行为，如一群蟋蟀何以能够同时步调一致地啁啾。随着研究的深入，发现了人类"小世界"的社会网络图。

[2] 菲利普·鲍尔. 预知社会——群体行为内在法则 [M]. 暴永宁, 译. 北京：当代中国出版社，2010：48–49.

均行为，何况人乎？在这些生灵单独活动时，其行为相对自由，行为无规可循。不过，恰好是在这个阶段自然对其的威胁随时可能发生，且发生的几率会高于群体行动，为了避免遭遇不测，动物们会本能地抱团。人乃自然生灵中一种，必然与此相似。所以当一个特定时期、特定地域的人群数量有限，聚居分散的状态下，小群体或个体多会各自为政，行为力量单薄，极易受到来自于自然地理环境的影响。甘肃特有民族从人口的数量，到聚居的规模均尚未到达大社会的程度，故其民族体育文化更易受到自然地理环境的影响，而且人文环境的作用显得相对薄弱。特别是裕固族的人数在全国的少数民族中更属于少数之一，有研究表明[1]，虽然裕固族的人口近年来有所增长，但将会在2030年前后开始负增长。人口数量制约着民族体育的社会影响，其表现也出现相应的变化。比如，南方的族群人数较多，居住更集中，初步达到了大社会的程度，其民族体育活动多以集体性娱乐项目为主体，北方的族群人数少，且居住分散，他们的民族体育活动则侧重个体性角力项目。这不是偶然的，是一种人类在对抗大自然过程中所形成的必然结果。北方民族在分散的生产活动中，必须通过各种手段蓄积与自然抗衡的力量，这些有利于力量蓄积的活动内容自然成为首选的体育活动形式。换一个角度看，动物界中大型的、凶猛的动物，多特立独行。在人类社会中，勇猛、剽悍的民族也表现出这样的特征。这些民族的平均人特征与其他民族相比，平均行为形成的阶段会略晚一些，其表现状态会具有其特殊性。但是，这些民族一旦进入平均人的状态，他们所表现出来的遵从、团结趋势则尤为突出，从中国北方民族的历史中可以得到明证。

郑也夫在《文明是副产品》一书中阐述了外婚制、农业、文字、造纸术、雕版印刷、活字印刷的起源，认为在这些具体的文化产生和发展过程中，人类无意中创造了文明。在人类与自然地理环境抗衡的过程中，为了生存，人们不得不进行各种各样的生产活动，起初的生产活动目的性很强，只要是能够保证人们生存，任务就完成了。可是在人的欲望不断增长时，这种仅仅满足生存的产品显然不能满足人们的欲望。随之，人们开始想方设法地进一步摆脱地理环境的制约，充分地发挥人的主观能动性，借助外力，特别是相应的科学和技术

---

[1] 杨琰、杨小通（1998）在《民族研究》撰文，通过英国海外经济发展委员会和马来西亚经济发展机构联合开发的人口预测软件，采取了三种方式预测了裕固族人口的变化趋势，三种方案均显现裕固族人口将在2029—2040年开始负增长。

来实现人们的欲望。郑也夫所谈及的各种文化产品应运而生。但是文化并不等于文明，比如战争是一种人类的军事文化现象，可不是文明，没有人说这种人类自相残杀的文化是文明。文明是一种建立在文化基础上的，对人类普遍有益的文化。战争显然无益于人类，因此，战争不是文明。郑也夫所谈及的这些文化产品，在经过了长期的积淀后，不断地升华，对人类的生存，特别是发展发挥着极大作用的文化，通过逐渐演变，方才成为人类的文明。所以文明是文化的副产品，不是人类一开始就能够创造的。

农业不是人类目的性行为的产物。农业生产的诱因是圣米，是上天的给予。这一给予太过丰厚，堪称不能承受之重，乃至彻底改变了获取者的行为。首先是令他们改流动为定居。定居带来了始料不及的生育提高和人口增长，这便导致了对更多粮食的需求，乃至最终锁定于农业，不能返回采集。继而农业带来或强化了阶级的产生。这一连串的改变中，微观的层面中似乎包含当事者的意愿和目的。但宏观地看，却受到丰厚给予的驱动和控制。日后的"好好种地"其实是宏观被动下的主动选择。对这一宏观上被动的最好说明是：这一丰厚的给予日后带给大多数人的是极度的辛劳。采集和狩猎要比农业轻松惬意得多。当然，农业文明也造就了日子惬意的上等阶级。农业所启动的人类文明要走过极其漫长的岁月，才能让农民整体生存状态优于采集时代。仅从农民的生存质量即可看出，农业不是他们的目的性选择，是一种"给予—接受"的副产品。[1]

从中对我们的启示是，甘肃特有民族体育项目内容和形式是特有民族在与自然地理环境抗衡中，自然给予，特有民族接受的副产品，比如马匹原本是狩猎的工具，作为体育活动的马上运动是生产中产生的副产品。在接受这种民族体育运动形式后，人文的因素逐步开始发挥越来越强大的作用，使得一项信马由缰的赛马活动演变成各种表现人的驾驭能力的马技较量。其中人的影子越来越丰富，越来越强大，马匹进而成为人们玩耍、竞技的附庸和工具。既然现有的民族体育活动内容多为自然给予的副产品，现代的自然环境和生产方式等给予的内容和形式均已发生了改变，那么，民族体育活动是否可以进一步接受这些时代给予的内容，民族体育顺应时代，对原本的内容进行延伸改造？我们认

---

[1] 郑也夫. 文明是副产品 [M]. 北京，中信出版集团，2015：291.

为答案应该是肯定的。

　　地方不仅仅是一个自然空间概念，没有人存在的地方可以说是非地方，加入人的因素的地方才是地方。一个地方经过了人文作用后，特别是人文地理过程后才使这个地方具有了人气，成为地理学的概念。在人文地理过程中，最重要的要素是人口迁徙过程、经济聚集—扩散过程，其中城市化和土地利用是最直接的空间表达形式。从最基础的要素到最直接的空间表达形式，可以看出人的因素是地方概念的核心，离开了人，地方完全是自然空间。与自然地理过程比较，我们可以更加清楚地明确地方的概念，在自然地理中主要是以物理、化学、生物过程为主体，这些过程使得陆地表层系统实现了地理过程变化，最终呈现给世人的是我们现在看到的自然景象，地理过程仅仅给人类生存、享受和发展提供一种可能，是否能为人类提供生活、生存以及发展的空间则要依托于人文地理过程。如同石头在自然状态下被风蚀雨淋，形成一定的形状，虽然看起来具有美的价值，这属于客观的自然存在，在被人雕琢后实现了文化过程后的石雕则成为供人欣赏的艺术品。只有"人为"后的自然客观存在才能"为人"服务。岩洞是自然形成的，当被人改造成居住的洞穴后，成为人类曾经居住的穴居之所。自然界的各种矿物，在人为地合成后，形成了合金，由此发挥着原有形态难以产生的功效。在这个过程中，突出地表现为人对自然的空间改造和利用，并与此同时实现了时间的延续。比如开篇所谈及的人工烧林就是一种人为的自然干预，其目的是为了长久地保护森林，达到植被生长的不断循环。甘肃境内诸多自然形成的片片绿洲，在人们长期的改造中逐步适合了人类的生存，为河西走廊的居民提供了世居的可行性。因此，自然存在对于人类而言，是否有益于人类的生存和发展，关键在于人化的过程。那么人文地理过程实际上就是人化自然空间的过程。在人文地理过程中，包含着人口空间，主要指人口的迁徙；经济活动聚集和扩散过程，主要指各类生产活动方式；基础设施网络扩散过程，主要是各种基础设施的建设；社会文化空间过程，主要涉及人类的各种社会活动[1]。在这些人化过程的实施中，推动了某一自然空间为人服务可能性向可行性的改造和转化，使之便于人类的生存和发展。人文地理过程最直接的可行性改造主要表现在城市化与土地的利用，在这个要素的作用下，甘肃的境内各个人口聚集的城镇及其周边村落主要集中在自然地理能够提

---

[1] 刘慧，等. 人文地理过程内涵辨析与模拟讨论 [J]. 人文地理，2010（4）：7-11.

供水源的地域，特有民族也围绕水源地生息繁衍，表现出甘肃省人口密度区域性差异。

一方水土养一方人，一方人创造一方文化。甘肃特有民族在不同的地理环境中逐渐形成了独居特色的民族文化特征。下面从东乡族、保安族和裕固族各自的生存和发展空间看看其具体情况。

第二节　甘肃特有民族概况

一、东乡族

东乡族主要分布在甘肃省南部洮河以西、大夏河以东和黄河以南这一山麓地带，聚集于临夏回族自治州的东乡族自治县和临近的广河县、和政县、康乐县及临夏县、积石山自治县等地。此外在兰州及宁夏、新疆地区也有部分东乡族人口。东乡族之族名，以其居住河州东乡而得名。中华人民共和国成立后，根据东乡族人民的意愿以"东乡族"为其族名。

东乡族有本民族的语言而无文字，语言属阿尔泰语系蒙古语族。东乡语中有60%的词汇与蒙古语相同或相似。

东乡族是13世纪初到14世纪初由定居在东乡这一地区的不同民族融合而成的，至今已有700多年的历史。关于东乡族族源问题，由于东乡族没有文字，汉文又缺乏记载，所以众说纷纭。从历史记载来看，自元朝以来，东乡地区作为河州的一部分，融色目人和蒙古人，共同组成屯戍军，过着"上马则准备战斗，下马则屯聚牧养"的生活，并逐渐纳入当地社会生活，其行为习惯相互影响，渐趋相似。其首领一般由蒙古族人担任，这种特权地位反映在语言方面，蒙古族语就成为屯戍军中通用的语言。而且，在东乡族形成的过程中，除了受蒙古族文化的影响外，不断有蒙古族人加入他们的行列，这也是东乡族使用蒙古语的一个重要原因之一。

东乡族族源中还有汉族、藏族的成分，这是因为这两个民族是当地的老住户。他们在东乡地区生活的时间，要比东迁的蒙古族人更早。东乡语中有40%的词汇是汉语借词，这一方面说明东乡族与汉族在政治、经济和文化上曾发生过密切联系，另一方面说明汉族人也通过各种途径融合到了东乡族中的情况。

藏族在唐代已移居河州，元代曾在这里设吐蕃宣慰使都元帅府，任命藏族人担任都元帅。在此之后藏族融入到东乡族中的几率增加。

东乡族的农业生产占比较重，在农作物中主要有小麦、青稞、大麦、谷子、马铃薯、玉米等。其中，马铃薯的播种量较大，是东乡人的主食之一。由于地少人多，加之土地相对贫瘠、干旱等原因，越来越多的东乡族农民（主要为男性）外出打工或经商，其结果导致妇女成为农业生产的重要力量；畜牧业在东乡族的社会经济生活中也占有重要地位。牲畜主要有骡、马、牛、羊等，且以羊为重。近年引进的宁夏滩羊发展很快。这种羊适合在东乡地区干旱山地饲养，毛长皮薄，是制裘、制革、毛纺和制毯的好原料。东乡族的手工业生产以擀毡、织褐子最为著名。

东乡族擅长经商。历史上东乡族商人的足迹遍及四川、陕西、青海、新疆等地，特别是与汉族进行商品交换的贸易中发挥了重要作用。近年来，越来越多的东乡族人到城市从事建筑、长途贩运、餐饮等行业，如著名的"东乡手抓羊肉"餐馆已经开到了临夏、兰州、北京等地，受到民众的喜爱。

以前，由于东乡族有语言而无文字，也没有书面文学作品，其书面文学是在新中国发展起来的。最能代表东乡族民族特点的文学形式是民间文学。对于一个历史上没有文字且又缺少史料记载的民族来说，东乡族民间文学以它特有的艺术风格，从不同角度反映了东乡族人民从古至今各个历史阶段的社会实践、美好理想和民族心理状态。

东乡族艺术包括音乐、美术、书法、雕刻等。东乡族花儿韵的曲令非常丰富，有六七十种之多，如《河州大令》《河州二令》《白牡丹令》等。东乡族花儿音乐多具有与歌词相配合，有一曲多词和一词多曲的特点。

二、保安族

保安族是我国少数民族中人口较少的一个民族，是甘肃特有的民族之一。保安族主要分布在甘肃省积石山保安族东乡族撒拉族自治县，还有少数散居在兰州、临夏及青海、西藏、新疆等地。保安族自称"保安人"。过去，历代统治者不承认保安族是一个民族。中华人民共和国成立以后，正式命名为"保安族"。

保安族有本民族的语言，不过其文字数量较少。保安语属阿尔泰语系蒙古语族，与同一语族的蒙古语、达斡尔语以及裕固族的恩格尔语有一定的亲属关系，而且同土族、东乡族的语言也比较接近，很多词汇相同，语法结构也大体一致。他们在说话的时候，时常会有倒装句形式出现。由于和汉、回等民族交往密切，所以保安语中大约有40%的汉语借词。

保安族主要聚居的大河家和刘集乡两个地区，位于积石山自治县。这个区域，地势西南高而东北低，从积石山麓流淌而下的河溪滋养着保安族。保安族人也以农业生产为主，他们种植小麦、大麦、玉米、豆类、荞麦、大麻、甜菜等农作物。保安族从事副业和手工业生产，特别是以制作多种多样的"保安腰刀"闻名于世。保安族擅长经商，保安族商人的足迹遍布甘肃各地。

保安族信仰伊斯兰教，清真寺是保安族进行宗教活动的中心，也是其文化生活的中心。保安族迁居甘肃后，最早见于记载的清真寺是清同治年间修建的大河家清真寺。

保安族以汉语为载体的书面文学，始于20世纪50年代。在这些书面文学中主要是诗歌、散文、小说等，内容多反映保安族生活、民族性格与民俗文化。保安族的民间文学具有神话、传说、故事、歌谣、谚语等内容，其中民间故事内容非常丰富，从这些故事中可以管窥保安族的生活历程。有能够激发共鸣的，反映自然地理风貌的《妥勒尕尕上天取雨》故事；有各民族团结和睦内容的《三邻居》故事等。保安族民间故事中还有雷公大神、山神、仙人、龙王等内容，此乃保安族民间文化的独特之处，反映出保安族文化的多元背景，以及保安族在发展中必然的多元融合倾向。

在保安族经济生活中，冶铁手工业占有相当地位。过去，由于人多地少的经济环境，造成保安族除经营农业外，还兼营商业和冶铁业等副业。至今，仍有许多保安人经营冶铁手工业，其中以从事腰刀生产者为多。另外，为了生产和生活，保安人还打制镰刀、斧头、铲子、剪刀等工具。独特的手工业艺术被保安人祖祖辈辈地传习着，成为保安族民间工艺的精华之一，特别是保安腰刀最为著名。保安腰刀的制作经过不断发展，其品种、工艺及其样式不断改善，在打坯成型、加钢淬火、刻花刺字、镶嵌抛光等方面都有长足的进步，而且品种日趋丰富。保安腰刀作为生活用具、旅游纪念品、装饰品和馈赠品，畅销于西北各省区，并远销境外，倍受人们青睐。

保安族人音乐素养比较高，他们的丝竹乐演奏和宴席曲的即兴歌唱极具特色。这些音乐融合不同民族的元素，表现出独有的音乐风格。体育活动是歌舞、音乐的孪兄弟，在保安族的身体活动中，部分吸纳了蒙古族传统特色的刀术、骑射、摔跤，这也是保安族与其他民族不尽相同的方面。

三、裕固族

裕固族不仅是我国人口较少的民族之一，更是甘肃的特有民族。90%以上的裕固族分布在甘肃肃南裕固族自治县，其余居住在酒泉市黄泥堡地区，总体上约有96%的裕固族聚居在甘肃省，生活在外地的裕固族人很少。裕固族曾经自称"尧呼尔"，其称谓的变化反映着该民族艰辛的发展历程。在历史上，裕固族有过各种称呼，比如"尧呼尔""尧熬尔"等。1954年，肃南裕固族自治县成立时，经过裕固族人的充分协商，最终一致同意用与"尧呼尔"音译相近的"裕固"，这个称谓还兼有汉语富裕巩固之意，至此裕固族作为该民族统一的民族称谓。

裕固族人数虽少，但不同地域的人使用不尽相同的语言。肃南西部地区的裕固族使用尧乎尔语，这种语言属于阿尔泰语系突厥语族；而居住在肃南东部地区的裕固族使用恩格尔语，归属蒙古语族；在酒泉市黄泥堡的裕固族更多的是使用汉语。如今，汉文是各地通用的文字，人们普遍使用汉语进行交流。

关于裕固族族源问题，虽然中外学者有不同的说法，根据史料记载、民间传说及语言方面的材料已经得出了较为一致的看法，即裕固族源于我国古代北方古老的民族回纥（回鹘），且与维吾尔族同源，至今已有1300多年历史。高自厚撰文认为："元代以来一部分蒙古人同撒里畏兀尔住牧于共同地域之中，是形成裕固族的重要时期。自元初至明初，经过一个多世纪共同生活，相互交往，促进了裕固族的形成，而共同东迁，正是裕固族形成的重要标志。[1]"这个历史年代与裕固族历史年代存在出入，其中主要问题应该是裕固族产生计算的起点不同，如果从788年有了回鹘称谓开始计算，其历史年代也至少1200年以上。

裕固族以畜牧业为主。绝大部分裕固族人都以畜牧业为最主要的经济来源，饲养的牲畜主要有牛、马、羊等。裕固族牧民逐水草而居，携带帐篷等生活资料，夏秋季迁到地势较高的灌木带草场放牧，冬春季则到地势较低、气候温暖的地方放牧，定居、半定居的牧民除经营牧业外，还从事其他事业。在黄泥堡

---

[1] 高自厚. 撒里畏兀尔东迁与裕固族的形成 [J]. 西北民族研究，1986.（00）：106-120.

地区，裕固族以农业为主，其耕作技术、经营方式与当地汉族基本相同，农作物有小麦、糜、谷子、洋芋、青稞等。裕固族传统手工业以家庭为单位，主要是织褐子、袜子、捻毛线、搓毛绳、擀毡、熟皮子、缝皮衣、缝帐篷等，产品多为日常生活用品，极少用来交换。

裕固族主要信仰藏传佛教。除藏传佛教外，裕固人的宗教信仰中还包含有很大比例的原始萨满教信仰的成分。

裕固族的现代书面文学主要是用汉文创作的，这些作品多产生于20世纪50年代。在裕固族的文学中，最具民族特色的是其丰富的民间文学，其中有神话传说、叙事诗、格言、谚语等。由于裕固族在发展过程中失去了自己的文字（回鹘文），所以只能靠口耳相传的民间文学形式将他们的历史记录下来，使之代代相传。这些如民间传说故事《裕固人东迁的故事》及民歌《西至哈至》《我们来自西至哈至》《路上的歌》《说着唱着才知道了》等，主要反映了明朝中后期撒里畏兀尔人东迁的历史事实。

裕固族民歌的演唱直接构成民间音乐。演唱本民族的传统民歌，已经成为裕固族人表达民族感情的一个重要途径。如唱歌敬酒，是裕固族人执著、热情招待亲朋好友的重要方式。

第三章 文化延伸图景

人类登上太空，俯瞰我们生存的星球，一个全新的视角展现在眼前。从地球倩照中可见，这颗星球是如此的美丽。换一个角度，从太空拍摄的景色会给人一种全新的感觉。通过无人机的摄影，成为人们近来经常使用的一种审视我们生存环境的新视角。对于人类文化，我们是否可以通过不同的图景来审视和展示。通过这种方式，可能会发现人们司空见惯的现象背后存在着很多人类对自身，对生存环境认知的空白。换换视角，重新构图，重新对焦，以求发现我们的文化新容。

文化本身就是一幅绚丽的画卷，民族体育文化更是这文化画卷中最为生动和鲜活的篇章。对文化画卷的审视，可以通过常规视角，自然也可以通过更换视角的方法加以重新审视。在众多的视角中，从高空俯瞰是一种能够获得全景画面的视角，更能够通过这个视角，与其相邻的文化进行宏观比较。格尔兹、本尼迪克特等学者通过地方文化审视后，仿佛登上太空，发现了人类文化的相对性一样。

下面依次通过对甘肃特有的三个民族体育文化进行梳理，进行甘肃特有民族体育文化图景分析。

第一节 东乡族体育文化图景

东乡族体育作为中华民族体育的重要组成部分，它的产生和发展是与中华民族传统文化有着千丝万缕的联系，表现为同质性。同时也具有其发生和发展的独特性，显现出异质结构。东乡族体育是甘肃文化的一个窗口，通过这个窗口可以窥视独具特色的东乡族民族体育文化，赛马、压走骡、拔棍、顶杠子、顶牛、当尕打、别烈棍、击三连石、踢毛丫等项目不仅是民族体育的身体表现，更是民族文化的人体再现。

拔棍：拔棍是东乡民族特色的一项传统体育项目。据说，起源于东乡族牧童放羊时的夺鞭杆。拔棍、放"炮嘎"和温"花儿"，是牧童们主要的娱乐内容。在这些娱乐活动中，牧童们很喜欢夺鞭杆的游戏，毕竟是男孩们的天性，争强好胜的活动逐步演变为成年人们普遍接受的比试智慧和力量的项目。

拔棍，对柔韧性、协调性和对抗性等素质要求较高，属于竞力项目。如今，拔棍逐渐有了比较完整的竞赛规则，彼此的较量已发展成双人单手拔、双手拔、双手坐地蹬拔；多人拔；男女混合拔；演艺表演等多种形式。广泛开展的拔棍，在一定程度上体现了东乡族粗犷豪放、机智灵活、敢于拼搏的精神和诙谐幽默、豁达淡泊、苦中求乐、直面现实的性格。

别烈棍：别烈棍又称打"地骨都"。"别烈"就是长尺余的木棒，手握一头是圆把，击球一头略扁，用木块削制成长约3厘米、直径约1厘米的梭形"地骨都"作为被击打的"垒球"。这项活动分攻、守方，攻方用"别烈"打出"地骨都"，守方在远处接或捡"地骨都"。如果能够通过接杀攻方被淘汰，以连杀三人就要交换攻防，也就是换庄。这有些近似垒球比赛，但场地与垒场有别，场地分前岗、后岗、防守区。换庄时，守方让攻方憋气跑完一定的距离，喊着"啦素"，不得断气，断气就会被拍打。

赛马：历史上东乡族以勇敢、刚强著称，而且以善骑射闻名，故赛马成为东乡族人民的历史使命、地域乡俗、民风惯习。赛马的方式有竞速、花样、追逐、难度等竞赛方式。各种竞赛方式重点是比赛骑手驾驭能力，当然更要看马的形态、奔跑和协调能力。

压走骡：压走骡是选手驱赶骡子以"竞走"方式进行的比赛。比赛前，人和骡子先要装饰一番，鞍鞯一新，骡子披红戴绿，盛装后的人和骡子精神抖擞。比赛时划定距离，或追逐赛，或同时起步，关键是要看骡子走姿，以跨步大、重心稳、四蹄交替频率轻快判定胜负。

击三连石：这是一种竞准的竞赛。人站在规定的距离外，手持三块约30克的石头，连续向目标抛击，以是否击中目标来判别胜负，要求快速、连发、准确。

拔腰：这是摔跤项目的前身。角力的双方面对面站立，左右相互错开，两人的上体前躬，用手相互抱住对方的腰，保持静止状态。裁判喊"开始"后，双方同时发力，尽力将对方提起，使其脚离地面，脚一旦离地便为输。抱腰方式有两种，一种是单手抱，另一种是双手抱。两种抱腰的方法，都以便于发力为前提。因拔腰简便易行，即兴则拔，此项活动随处可见。

抛嘎：抛嘎是东乡人经常玩的活动。抛嘎用一根绳子，中间有装石子的窝儿，绳子大约1.5米长。抛嘎时，将绳子的一头套在中指上，拇、食指捏住另一端，窝儿里装上约30克的石子，预摆环绕数周，瞅准目标，适时地松开一端绳头，石子飞向目标。打抛嘎比赛分比远、比高、比准等形式。

踢毛丫：毛丫可将一撮山羊毛插入鸡毛杆固定在铜钱上，并用布条扎牢，制作成毛丫。人们更多的是用鸡毛制作毛丫。毛丫比赛有单人赛、集体赛。踢毛丫的主要有正踢、反踢、脚尖踢、足底踢等20多种动作，这项活动深受少年儿童和女性喜爱。

摔跤：东乡族青年中流行的摔跤有"死跤"和"活跤"。比赛时，角力双方以"花花腰"形式搂抱好对手，然后开始摔绊，臀部以上着地就算输，这是"死跤"。"活跤"自然是没有角力前的搂抱，可以灵活地伺机进攻，以摔、绊、拉、抱等方法致使对方臀部以上着地。

下方：流传于民间的棋类形式有四路、五路、七路、七路八、围和尚、叉叉裤等形式，少儿喜欢规则简单的四路、五路、围和尚、叉叉裤，青壮年乃至老年人则钟情于规则复杂、方招多变、趣味性很强的七路、七路八等斗智。比如，下方中的七路，是在棋盘上画出纵横交叉的七条线，使用石子或小木条作方子。下方通则是，双方每一步都要设法抢占有利位置，方子布满有利位置，并尽快地组方，同时要破坏对手的成方，直至对方无力成方抗衡为输。

拉牛：拉牛不是人与牛的角力，而是一种人与人的较量。将一个环形绳套在脖颈上，两人面对面站立，拉直线索，不仅依靠全身的力量，更多的是颈部力量将对方拉到自己一边，对方脚越过了规定界线便输掉了这场角力。拉牛，还可以两人坐在地上进行，看是否能把对方拉动。

以上的东乡族民族体育活动是长期以来被人们认为理所当然的项目内容，而这些内容哪些属于民族体育，应该根据我们对民族体育、生存条件和社会环境等的认识重新进行梳理。

一、文化涡旋隐喻

在人类社会浩瀚的文化事项中，各种事项汇聚在一起，共同构成了人类文化。如果我们将文化看成一个同心圆，会发现文化在其核心有一个发挥支撑作用的要素，这是某种文化区别于其他文化的主体内容，围绕这个核心，汇聚了诸多的文化要素，构成一个文化体。周边的要素是文化核心的资源，抵达核心地带的要素合成为该类文化的主体。文化是运动的，其中的一种运动方式是自身在不断地旋转，并产生涡旋力，将处于外围的文化要素吸引进入核心地带，自然也会将部分要素抛出这个文化同心圆，恰如水之旋涡，形成文化涡旋。中华民族文化，实际上就是处于始终旋转之中，多元民族文化逐步凝聚形成华夏文化核心，同时抛弃部分边缘文化要素的运动过程。这个文化涡旋主要是通过文化内力产生的旋转力而不停地转动，同时还有外力作用维持其旋转。如果我们从要素外力作用来看，还可以不恰当地将多元一体的中华民族文化比作一个旋转的陀螺，要使这个陀螺不停地旋转才能使陀螺持续站立，需要有外力作用在陀螺上，就像用鞭子不停地抽打陀螺才能使陀螺旋转，保持站立。那么，作用于中华民族文化陀螺的外力，便是各个少数民族文化以及异质文化，它们作用于中华民族文化陀螺上，相当于抽打陀螺的鞭子，对文化陀螺施加着不同的力量。如果少数民族文化或异质文化没有作用力，陀螺可能会逐渐减缓旋转，出现摇摆。文化涡旋和文化陀螺相互依存，相互作用。内因是变化的根本，外因是变化的条件。中华民族文化内力作用巨大，我们重点以文化涡旋为依据，同时兼顾文化陀螺因素对中华民族体育文化进行剖析。

在文化涡旋中，能够进入文化核心的文化要素一般而言是具有强大势能的文化。构成文化要素势能的因素主要包括：文化拥有的人口数量、文化拥有的先进程度、文化拥有的普世化程度、文化拥有的持久性程度、文化拥有的渗透能力、文化拥有的新颖程度等。拥有这些属性的文化是否能够成为文化的核心成分，还要看这种文化是否通过一个半透膜。根据文化交流理论，两种文化在接触的初期，彼此之间或明或暗地存在着一种类似半透膜的文化界线，文化双方彼此选择对方文化中的某种要素，被选择的文化要素被允许通过半透膜，到达对方的文化领域。即使是同一文化类型，处于边缘地带的文化要素欲求进入文化核心地带，也需要通过这种半透膜。这个半透膜具有一定的选择性，犹如生物体内的细胞膜，细胞膜中的离子通道对不同离子的选择性渗透就是一种选择。

文化半透膜实质上是一种以文化认同为"开关"的文化价值体系。人类文化的宏大体系中，民族文化是人类文化的结构性组成，全球众多的民族都拥有自身特点的文化，由此构成人类绚丽多彩的文化图景。各个民族文化依据自身的价值体系对异质文化进行辨析，通过认同完成对异质文化的认识和接纳，此过程实际上是一种对其他民族的文化价值认同过程。在同一文化圈内，外围的文化要素与核心地带的文化交流，同样需要彼此进行文化价值的辨析、允许、通过、接纳等认同流程。

二、文化认同开关

两种文化相遇，能否进行深入的交流，有一个很重要的因素，这个因素是民族认同。可以说，民族认同是文化深入交流的前提。第一，血缘认同。在民族认同中，血缘认同是根本。这种建构在家族血亲基础的认同最为根本，民族是在此基础上发展起来的。当一个文化、社会、经济和政治共同体的族群或民族出现后，血缘依然从中发挥作用，对共同体中成员的相互关系产生凝结作用。这种血缘认同勾画了民族间的界限。所谓民族同根，就是血缘之根。在族群或民族产生之初，人们是以血缘关系维系的，当一个氏族不断地发展壮大，氏族成员的血缘之树逐步枝繁叶茂，根系发达的共同祖先之根，始终供养着血缘之树，这种印记并没有在民族形成后消亡。第二，图腾认同。在民族发展的过程中，由于各个氏族的交流、合并，众多族群或民族出现在世间，根基深厚的血缘关系逐步由清晰走向模糊，发挥凝结作用的替代物逐步由具有象征意义的符号来担任。在此阶段，族人最直接的是用一种特定的符号来标识自己的归属，自称、图腾、禁忌大多在这个时期产生和发展起来。其中，常常被人忽视的民族体育类的身体符号也是一种图腾。这种身体符号，很容易鲜活、生动地将本族群或民族与其他族群或民族相区别。如蒙古族的搏克，维吾尔族的且里西，彝族的格，藏族的北嘎等形式的摔跤。同为摔跤，但起源和发展的族群或民族不同，所表现的形式各异，具有符号标识作用。这种由自然血统而派生出来的图腾认同同样具有强大的凝聚力，且容易使人识别不同的民族。第三，文化认同。文化的产生、发展是一个民族在人化过程中产生和发展起来，人化分别创造物质、制度、精神和行为等文化结构，这些结构构成一个巨大的网络，将民族成员牢牢地笼罩在其中，时刻发挥着化人的作用，化人的结果使得民族成员对该文化产生普遍、强烈的认同。毕竟是自己创造和发展的文化，蕴含着自己的智慧和辛劳，岂有不珍惜、不认同的理由。在不同的认同层级中，民族认同的更高级表现形式就是民族文化的认同。民族文化在相对封闭的生产、生活中逐渐产生独特的风格，成为一个民族的象征，一个民族的认同标志。如一个民族特有的节日、礼仪、宗教、生活习惯、建筑形式、服饰、风俗等均可使人以此来识别民族。民族体育在民族文化认同方面具备活态的形象意义。同为摔跤，东乡族与裕固族就存在认同上的差异，寓意上的区别。同为拉爬牛，裕固族与藏族也存在情感上的区别，象征性的区分。同为赛马，裕固族与蒙古族的感受上的迥异，追求的价值有别。这些民族体育项目内容在方式和方法上有基本相似的成分，但是在细节方面每每印刻了民族文化的印记。而这种印记多源自于民族的自我。

认同的根本正如查尔斯·泰勒所言："我们应把我们最深层的道德本能，我们有关人类生命应得到尊重的、根深蒂固的知觉，当作我们走向世界的模式。"[1] 道德本能、尊重生命是人类认同的最为核心的价值，无论是远古时期，还是现在社会，人类认同的基础始终没有发生本质上的偏移，出现的变化仅仅是表现形式的不同。现实生活中，什么事情是值得尊重的，能够达到人类的共识，似乎唯有道德本能和尊重生命亘古不变，具有普世性。究其根本，可能这两个价值恰好是人类的人性所在。在这两种价值为核心的价值体系作用下，人们的认同"机关"会产生相应的认同状态，对人类文化中符合这些标准的价值和行为予以认可，被文化接纳，被文化推崇。然而，人类文化丰富多彩，每个民族都有自己的道德向度和尊重生命的方式。因此，文化半透膜如何认识这些各异的表现就成了文化认同的关键。

文化认同不仅要具备识别价值意义的能力，还需要具有相应的价值认同标准，这一切与认同水平息息相关。民族文化认同由人的认知水平决定，在认知水平较低的时期，民族文化认同具体而狭隘，认知水平提高后，人对民族文化的认同才发生重大改变，民族文化观念得到充分的认识。人对客观事物的认识是一个由浅入深的过程，在此过程中，人们的认识领域也在不断拓展。由于人的认知发展规律性造就了人的价值观念、思维方式的不同。在人类社会初期，人们的认知水平有限，人的价值观念和思维方式体系更多的是依托于血缘内部的认识，随着社会的发展，人的认知水准得到提高，其价值观念、思维方式逐渐向着地缘、业缘方面转移。在这一阶段，民族文化的认同已经

---

[1] 查尔斯·泰勒. 自我的根源：现代认同的形成 [M]. 韩震，译. 南京：译林出版社，2001：11.

从开始的个人认同向着群体认同的方向转移。群体的认同具有更全面、客观、合理的成分，并且逐渐形成一个群体认同体系，它对个人而言是一种有效民族文化认同的参照系，个人的认知会跟随群体的认同发生变化，尤其是在文化大融合的情况下，个人的认同趋向基本保持与群体一致。当民族融合、发展至国家形态时，政体的认同趋向又成为人们认同的指南，国家作为整个民族的利益代表，它的认同在大局上是整个民族意识和利益表现，因此这时个人的、群体的认同又保持着与政体认同的一致。同时，民族文化认同一经形成，就会成为稳定的要素积淀于一个民族意识和价值体系之中。民族体育文化的认同同样表现出这种趋势，例如，在新疆柯尔克孜族是一个以畜牧业为主的民族，自古以来该民族就生活在马背上，是一个"马背上的民族"，骑马就成为该民族成员必备的技能，孩子出生之后父母就要把他放在马背上走一段路，象征他将来成为一名善骑的勇士。这种个人的认同是从以家庭为单位开始，对个人从小进行本民族生活习俗的认可。民族体育活动"刁羊"可谓是群体认同的一种表现形式，每逢节日、乔迁、丰收、婚嫁等都要举行刁羊活动。与其说刁羊是柯尔克孜人喜爱的民族传统体育项目，不如说是该民族对本民族文化的认同仪式。裕固族在婚礼中，新郎向新娘射出的红柳箭，与其说是一种婚俗，不如说是该民族对本族文化的标识举动。中华人民共和国成立后，国家组织的民族运动会为各个民族提供了展现本民族传统体育文化的舞台，也使各个民族在中华民族共同认同的基础上将本民族文化的认同融入民族大家庭之中，形成一个合力强大的中华民族认同体系。文化认同对社会成员的行为具有强大的影响力。因为，文化认同的形成是在自觉基础上的，对文化全面、深刻、深情、主动地体验、认知后产生的。而且文化体系决定了认同必然与文化具有对应的体系，体系化的认同包含了文化组成的各个层面。其中，精神、思想、意识在体系中占据重要地位，富有强大的指导、引领、统摄的价值。

  作为文化认同的根本，伦理道德的方向性、对生命的尊重这种具有核心价值的内容，在不同民族中，日积月累地成为一种具有本族特色的民族文化，形成了以此区别于其他民族文化的核心文化。在中华民族的道德体系中，伦理的方向明确，是各民族共同认同的价值取向。在生命尊重体系中，"知命"的目标明晰，是各民族共同奉行的价值准则。中华民族中的各民族在华夏民族核心文化的影响下，这种伦理道德的方向性，对生命的尊重理念强烈地左右着各民族的价值体系，使之趋同性不断增强。当然，在各民族的文化中也保留着自身的文化特色，比如甘肃特有民族在尊老、守道的伦理道德取向中，表现出高度一致的取向，又表现出各自的特点。以东乡族为例：

"中国古代有'天命有德'的传统观念，而中国伊斯兰教认为'能保守明德者，方称穆民'而这'明德'的其一，就是指'孝'。伊斯兰教的伦理观是叫人们孝敬父母，这是每个穆斯林的道德修养和精神文明的重要内容之一，因为在人们的生活中生儿育女最为不易，尤其作母亲的更是辛苦。所以伊斯兰教把孝敬父母提高到'天职'的高度来看待，甚至与拜主相提并论，如《古兰经》第十七章第二十三节：'你们应当崇拜真主，应当孝敬父母'《古兰经》在这方面的指令是很多的。中国汉族的文化系统内极其讲究孝道，被视为一切道德规范的核心和母体。东乡族也非常注重善待双亲，终生报答父母的养育之恩。伊斯兰教主张孝敬父母是有条件的，即不是在任何情况下都要言听计从，也就是说如果父母促使你干坏事时，你完全可以不听从，这不能认为是不孝，如《古兰经》第三十一章第十五节指出：'如果由于你无知，他俩强迫你作恶，你就不要服从他两个。'伊斯兰教规定父母有养育子女的责任，子女有赡养父母的义务，在这一点上，东乡族的伦理与中国的传统文化毫无二致。东乡族的孝悌观念很深，子女要孝敬父母，弟弟服从兄长。东乡族民间传有'不孝顺父母的人，自己踏进了垛子海的大门'的谚语。'垛子海'指的就是火域，可见不孝的罪孽之大。"[1]

再看保安族的伦理道德方向：

"首先是家庭伦理道德观念。在保安族家庭伦理观念中最首要的是孝顺父母、尊敬长辈。以此为道德准则，认为无孝心的人是罪人，会受到世人的谴责。在伊斯兰教经典中都十分强调孝敬、服从和尊重是子女对父母应尽的义务。这种'孝顺'的思想观念，不仅贯穿在保安族的家庭教育、道德规范中，而且在保安族的许多民间文学作品中也表现得栩栩如生。

---

[1] 石生泰，陈青，苏振普. 甘肃特有民族体育文化[M]. 北京：人民体育出版社，2013：50-51.

其次是'行善''和为贵''真诚'的伦理道德观念。保安族人民在为人处事和社会生活中恪守'行善''和为贵''真诚'的伦理道德标准。即使是生活中的一件微不足道的小事也要讨得有关人的同意（'要口唤'）方可行事，否则认为是不道德的行为。这种'要口唤'显真诚的行为在保安族婚礼中也有体现。新婚夫妇在洞房之夜相互问答要'口唤'的礼仪，表现出夫妻平等、互敬互爱、真诚忠厚的行为规范。与这种'真诚'的伦理道德观念相同，又表现了'行善'——善有善报、恶有恶报、扬善弃恶的伦理观念与'和为贵'——团结和睦、待人为善、友好互助的道德准则。

还有朴素辩证思想观念。在人常生活中，保安族人民更是重视做事一定要深入细致地进行调查了解，一定要把握分寸和做事的行为规则，因此，与周边民族建立了和睦相处、团结共存、友好往来的关系。"[1]

裕固族的价值观十分朴实：

"裕固族信奉藏传佛教，民族体育也被附上了封建伦礼的文化框架，以'宗教礼仪'为中心的生活方式、思想观念、道德规范、民族信仰和社会理想，构成了民族体育文化的模式。但裕固族传统文化有一个显著的特点：以藏传佛教为指导思想，把人生理想和对理想的追求与日常生活紧密结合，在生活中体现宗教礼仪与理想追求，并贯彻运用。所以，裕固族民族民俗中的体育，都与宗教礼仪规范紧密联系，是有特殊意义的。裕固族人在人际互动中，比较重视'人伦''宗教礼仪''重和谐'，比较轻视'利与力'。反对功利主义、致力于人格的自我实现，重义轻利，以礼仪制欲，这种人文精神给裕固族民族增添了灿烂的光辉。"[2]

从甘肃特有民族伦理的道德方向性中可以明显地看出中华民族的道德方向不仅规定了各民族的道德向度，同时各民族的道德丰富和强化着中华民族的道德走向。在这种价值体系作用下，规定了中华民族的精神方向，决定了衡量国民生活的认同标准。有了这种价值体系作用下的认同标准，人们的生活和行为

---

[1] 石生泰，陈青. 甘肃特有民族体育文化 [M]. 北京：人民体育出版社，2013：50-51.
[2] 石生泰，陈青. 甘肃特有民族体育文化 [M]. 北京：人民体育出版社，2013：132.

便会呈现特定的趋势，恰如泰勒所言："认同规定着我们在其中生活和选择的性质差别空间。"[1]

前面重点分析了价值体系的道德本能方向性，还有一个对生命尊重的重要因素必须进一步分析，以便于进一步明确认同机制。人类对生命的尊重是至高无上的，这一点毋容置疑。对生命尊重的理念，又是民族体育文化中最为关键、突出的价值之一。对生命的尊重是建立在人的生命冲动基础上的，在生命历程中不断关注生命存在的方式，关注生命质量的框架中，不断进行生命塑造的综合表现。

伦理道德是人的理性，生命是人的非理性，这是人类具备的两个重要的属性，这两个相得益彰的属性不能忽视或偏向其中任何一个。笛卡尔的二元论曾经将肉体和灵魂进行了区分，强调"现在自由意识本身是我们所能拥有的最崇高的事物……除了自由意识之外，没有别的什么能够给予我们最伟大的满足。"[2]该论断似乎过于绝对化，人的有机体是灵魂的载体，没有了载体，灵魂寄生于何处。有生命的道德是鲜活的道德，有非理性的理性是真实的理性。笛卡尔忽视了体育，体育恰好是完美地将肉体和灵魂有机地结合在一起，特别是在伦理道德的影响下，方能对生命进行着有意义的完善和塑造。如其不然道德和生命将走向沦落，失去了应有的价值。比如，违反人类伦理的婚姻，可能会产生重大的社会紊乱，春秋前中国曾经出现过这类现象，引发了孔子等先哲们痛心疾首地感叹社会处在礼崩乐坏状态，开始努力推行克己复礼的文化策略，遏制了中国文化的倒退。竞技体育中的兴奋剂的滥用，是一种违背公平竞争道德准则的表现，长期从事这种体育运动，实质上是对生命的残害。可见，道德向度与生命塑造之间关系密切。在儒家思想的作用下，中华民族体育这种有生命的道德向着伦理的向度前行，成为举世无双的伦理体育文化形态，这是人类文明的成果，值得向全球推广。

生命冲动是有机体的本能表现，生命冲动是社会文化发展的动力源泉。从生物学的角度，有机体的生命冲动引发持续的生命活动。在人类社会文化中，生命冲动克服了人的惰性，不断实现着自我改造、发展的历程。在柏格森看来，宇宙间的一切，都是由生命直接或间接冲动所派生的。事物的千差万别就是各

---

[1] 查尔斯·泰勒. 自我的根源：现代认同的形成 [M]. 韩震，译. 南京：译林出版社，2001：41.
[2] 查尔斯·泰勒. 自我的根源：现代认同的形成 [M]. 韩震，译. 南京：译林出版社，2001：220.

异的生命冲动派生万物的方式所致。概括地说，生命冲动是一种本能、自动创造的过程。生命冲动的创造性，是人类文化得以延伸的生物学基础，有了此自动创造，人类文化得以日趋丰富和繁杂，特别是在人类走过了生存阶段后，其创造力得到了非功利化的演进，表现出满足人的精神享受、发展需要的派生物越发丰富。马克思说："人有现实的、感性的现象作为自己的本质、自己的生命表现的对象；或者等于说人只有凭借现实的、感性的对象才能表现自己的生命。"马克思在这里强调"表现自己的生命"。[1] 生命冲动的派生方式中主要有两种类型。一种是生命冲动的自然运动，既生命冲动的向上、向前喷发，产生一切生命形式；另一种是生命冲动的自然运动逆转，即向下坠落，或者是倒退，产生一切无生命的物质事物。这两种倾向根本对立、互相抵制，其间所形成巨大张力深刻地影响着人类的生命存在状态。在人的有机体过了青春期后，向上的喷发张力开始逐步减弱，而维持这一张力的外力多由合理方式的身体行为赋予。生命冲动在派生过程中，每每要与内外表现形式相结合，在内在表现形式中，主要表现的身体形态、身体行为、身体技能及生活状态。在外在表现形式中则是异常的丰富，这主要是外界的事物本身存在的形式多元。另外，是生命冲动在派生这些形式的方式也极其繁杂，可以说凡是与人有关的事项都是人生命冲动的外在表现。在这里，本研究重点谈及的是生命冲动内在的身体与外在特殊行为的结合方式，这就是体育。生命冲动创造了体育，体育始终伴随人类，不离不弃。究其原因便是体育是人类生命冲动与身体表现的高度完美的结合方式。人不仅有理性，还有非常重要的非理性，两者相得益彰，其中非理性的生命冲动克服了理性的束缚，将人的本能冲动充分地展示出来，或者是在一定环境中被激发起来。当非理性的生命冲动出现偏离人类社会轨迹的时候，理性则站出来发挥着调节的作用，规范和引导着非理性的冲动沿着理性的轨迹前行。在中国古代社会中，理性的作用十分明显，这种理性至上的文化氛围，对非理性的压抑比较明显，比如人们司空见惯的"玩物丧志"便是一种典型的理性压抑非理性的表现。在这种氛围下，中国的民族体育发展受到了一定的影响。时至今日，在部分民族地区，不仅有来自于传统文化的制约因素，还有来自宗教、习俗等方面的制约因素，在某种程度上对人的非理性生命冲动产生了不小的影响。课题组在对东乡族和

---

[1] 陈军. 生命冲动与美感 [J]. 中国人民大学学报，1996 (3): 78-83.

保安族的实地调研中便发现该地区竟有人认为从事民族体育是不务正业的行为，民众不愿意被认为是无所事事的游手好闲之徒，他们没有抗衡那些来自于社会规范的力量，所以在这些地区原本的民族体育几乎是无人问津、无人从事。这种局面的背后，还有当代的社会时尚、娱乐方式，以及经济驱动等因素综合地叠加在一起遏制着原有的民族体育健康发展。但是，课题组却发现，在这些地区，民众对篮球的喜爱程度达到令人匪夷所思的高涨，村落自主组织的篮球赛，其激烈程度不亚于国内的专业赛事。参与其中的球员有来自于国内知名球队，甚至有来自于海外的球员。观众千里迢迢来到赛场，将篮球场围得水泄不通。这种现象或许说明一个问题，那就是民众的生命冲动需要满足，当本族的民族体育受到遏制的时候，生命冲动无法压抑，人们便另辟蹊径，篮球成为人们对生命冲动的宣泄途径。可见，非理性因素的强大作用。理性与非理性都是人生命构成中的重要组成部分，不恰当地比喻，理性是睿智的瘸子，非理性强壮的瞎子，瘸子虽然看得清楚，但是行走不便，瞎子看不清方向，却浑身是劲。只有将两者有机地结合在一起，发挥各自的优势，人的生命才会达到辉煌的状态。对此，我们看到的民族体育目前的发展状态，完全依托于非理性的生命冲动作为其延伸发展的动力还远远不足，必须将睿智的理性运用到民族体育的延伸之中，方能使之有序发展。

关于生命的议题中，有一项至关重要的因素，体育始终发挥着其他文化事项无法替代的作用，那就是对生命的塑造。人的生命是顽强的，但是人的生命又是柔弱的。当人类社会在薪碳能源时期，那时的脑力劳动与体力劳动比例是1∶9，人们的体能相对而言是强悍的。到了化石能源阶段，这两者的比例开始发生逆转，人们的体能逐步下降。进入核能源阶段，脑体关系倒挂为9∶1，人们的智力水平不断提升，但是人的体能每况愈下。即使在生活质量不断提高，医疗服务水平不断提高的情况下，人的生命质量还是受到了极大的威胁。中国的青少年体质持续下降，中老年人疾病谱系不断扩张，世界性的营养问题不断蔓延，全球化的健康状况持续下滑，人们不禁要问，随着快速发展的社会，人类社会难道要人们付出昂贵的生命质量代价吗？刘峻骧曾经提出人类文化发展经历了生殖文化时代，物质文化时代和生命文化时代三个阶段。人类社会的确要思考的是如何克服前两种文化的消极影响，尤其是第二个文化阶段所带来的对人生命的忽视，尽快进入生命文化时代。可喜的是人类社会已经进入生命文化阶段，那么该时代唯一的价值取向就是对生命的尊重，对生命的塑造。恰好在这个阶段，体育再一次挺身而出，为拯救人类，体育发挥着生命塑造的作用。所以，各国政府出台了各种促进全民健身的政策，中国也将全民健身不断推向前进，在向着健康中国的方向举国家之力而为之。民众自觉的健康行为、健康意识在逐步地被强化。关乎人类生命质量的健康已经成为人类新时期的价值取向，自然也成为人类认同体系中的重要因素。

多元民族体育文化融合后的中华民族体育，具有西方体育文化所欠缺的对生命塑造的巨大优势。中华民族体育在悠然自得、以农耕为主的特定环境中，鉴于生产方式、人种体能、饮食结构等因素综合作用，产生了世间稀有的养生、修身类型的民族体育文化。冯友兰就认为中国人对自然有一种理想化的憧憬，他们格外敬重自然、尊重生命。具体到养生、武术等实践活动中，有很多成分包含着对自然的模仿，仿生的目的就是为了有效地顺乎于自然，以求塑造自身的生命。养生中的"导引术""五禽戏"就是将动物的姿态和行为加以改造，用于人类的养生，从"熊经鸟伸"后来演变成"狼、猿、燕、蟾、龙、虎、鹿"等四十四术势，遵循由简及繁，由易至难的成熟轨迹。对动物的模仿可以减缓人类不良的姿态和行为方式的消极影响，有效地弥补人体运动不当或不足所造成的病患，"人体欲得劳动，但不当极耳""养性之道，常欲效劳，但莫大疲及强所不堪耳。且流水不腐，户枢不蠹，以其运动故也。"（《备急千金要方（道林养性）》）从而预防和治疗部分疾病的发生。武术运动中，仍然有大量的像鹰拳、螳螂拳、蛇拳、猴拳、地犬术等仿生套路。未使用动物名称命名的形意拳，同样包含对自然的仿生，以金、木、水、火、土为依据的劈、崩、钻、炮、横，无不显示出武术技法乃自然的衍生。以龙、虎、猴、马、龟、鸡、鹞、燕、蛇、骀、鹰、熊为模板的十二形拳更是自然模拟和超越的典型。对自然的崇敬，深深地印刻在民族体育之中，武术技术中还借用自然界规律性的东西指导技术，长拳力求符合动如涛、静如岳、起如猿、落如鹊、立如鸡、站如松、转如轮、折如弓、轻如叶、重如铁、缓如鹰、快如风的运动节律，从而表现出武术的独有韵味。这种仿生性不仅可以保持人类的自然化状态，避免人类过快、过多地人化，防止人化过程中常常出现的过度自然的人化和异化。必要的自然化，可以将人的生物本性得到应有的重视，克服文化本性对人过分的规范和要求，充分实现人的自然化，从而达到顺应自然的生命完善和塑造。由此看来，民族体育文化是人类社会的重要组成部分。正是如此，即使民族体育遭遇国内某些人的轻视、蔑视，但是民族体育始终与国人伴行。体育活动中人类可以得到较为彻底的本性回归，充分地张扬人的生物本能，使主体的自我发现作为客体的自身存在，实现了人的主体与客体高度的统一。

三、民族体育甄别

对东乡族民族体育活动进行甄别时，我们有必要重温民族体育的概念，只有是在为了塑造生命目的等人的意识作用下的，通过本族群常用的有一定能量代谢水平的竞技化身体行为，才是民族体育的文化构成。这个概念合理地阐明了民族体育的内涵，是甄别民族体育的核心标准。对于这个内容，本书将在后续的分析中专门论述。这个标准可供研究人员以此慎重地去看待和分析东乡族等民族体育活动体系。当然，除了这个核心标准之外，什么样的身体行为能够成为民族体育的结构构成，还需要分析这些活动的社会成分，以及认同体系对此的认识程度。

影响民族体育文化认同的社会因素中主要包括：能量获取、社会组织、战争能力和信息技术。这些因素是根据伊恩·莫里斯[1]的社会发展指数理论选择出来，以此作为民族体育文化认同的社会因素。上述四个因素是决定社会发展、文明程度的四个主要指标。这四个指标不仅是社会发展和文明程度的象征，也是一个文化认同的社会制约因素，正是这些因素决定了某种文化事项的成熟状态，具备这些因素的文化事项，大多是具备了一定的文化能量，易于被各类文化接纳。

占据这些因素是人类社会进步的重要基础，是人生存的根本。莫里斯根据库克的计算方式，将食物+非食物（燃料、原材料）作为人类能量获取的计算公式，全球平均数现在大约为每人每天 50000 千卡，以指数中每人每天 920 千卡得 1 分，换算成莫里斯社会发展指数的能量获取数，西方经济核心地带的美国

---

[1] 伊恩·莫里斯提出"社会发展指数"理论，结合考古论据、历史数据、现代社会数据等，从 4 个特性衡量社会发展和文明程度。该理论对上一个冰川世纪结束以来 16000 年东西方国家进行全方位地扫描，使用突破性的社会发展研究数据对比了不同时代、不同地点的社会发展状况，其结论对民族体育文化研究有积极的参考意义。

最高的指数至今也没有超过 250 分这个所谓的"硬天花板"[1]。能量获取是人类有机体生存和发展的根本，是体育活动的物质基础。所以，在民族体育发展的历程中，这个指数关系到民族体育从肢体活动到身体行为，直至升华成体育文化的最为关键因素，也可以说是体育元素转化成体育文化的重要因素。试想，较低的能量代谢仅仅可供人们从事一些游戏类的肢体活动，一旦体力不济，游戏随即停止。而需要调动身体潜能的，需要持续意志维持的，实现生命塑造的身体行为，则需要更多的能量代谢，这些能量代谢依靠的就是食物供给。不同民族能量获取能力不同，能量消耗的状态也不一样，这个不容忽视的因素在很大程度上影响着民族体育发育类型。比如，甘肃特有民族中，多以牛羊肉及其奶制品为食谱，其能量获取的水平自然高于农耕为业的汉族，所以这些民族的体育多以角力为主。

莫里斯所言的社会组织是第二个非常重要的指标，社会组织是一种文化能否进入核心地带，或者成为交流方被允许跨越文化边界的强大制约因素。城市化是人类社会发展的重要衡量指标，莫里斯就是使用城市规模的量级，以及城市人能量供给的水平为计算方式对人类社会进行评估。他认为："只有当能够达到某种水平的能量获取（每人每天 7000~8000 大卡），最大定居点的规模才会开始明显增长；然而一旦某个社会跨过了这个门槛，能量获取预算边缘相对较少的变化，就能对可用于组织较大的社会能量数量产生巨大影响。"在国家出现前的农业社会定居点能够供养的人口在万人之内，农业社会达到 10 万人，农业帝国 100 万人，工业社会则可供 2500 万人以上。[2] 据此，我们可以发现，东乡族由于生产类型影响着人均能量获取水平，所以定居点的人口数量必然受到限制，在第六次（2010 年）全国人口普查中，东乡族人口 621500 人，较 2000 年的 513805 人，增长了 107695 人，增长速度是历史最快的一个阶段。甘肃各少数民族人口为 2410498 人，占甘肃省常住人口的 9.43%。同 2000 年第五次全国人口普查相比，各少数民族人口的比重上升了 0.74 个百分点。虽然，东乡族的人口数量在不断增长，但是离达到能够独立地以单一民族定居的工业化时代的城市人口数量差距巨大，因此甘肃特有民族人口在一定程度上影响着其民族文化传播的范围。

---

[1] 伊恩·莫里斯. 文明的度量 [M]. 李阳, 译. 北京：中信出版社, 2014：56-138.
[2] 伊恩·莫里斯. 文明的度量 [M]. 李阳, 译. 北京：中信出版社, 2014：167-172.

"元末明初是东乡族形成的初期,也是东乡族传统体育的孕育时期,当时东乡族的经济生活主要以手工业、畜牧业和商业为主,农业为副。手工业在当时的经济生活中占据着重要的作用,如伊哈赤(钉碗匠)、免古赤(银匠)、妥木赤(铁匠)、坎池赤(麻织匠)、'赤'在东乡语中是匠人的意思,这些地名的来源与元初在蒙古军队中服役的东乡祖先民'撒尔塔'匠人多从事手工业生产有关,这也从一方面反应了东乡先民'撒尔塔'人的一些职业特征。商业也是元末明初东乡族从事的主要行业之一。斡脱是元代特种商人的名称,在东乡以"斡脱"及从其衍化而来的'窝妥''科妥'等命名的地名就有16处之多,说明元代东乡族从事的职业中商业也占有重要的地位。东乡族形成初期的畜牧业生产主要是为满足蒙古军队对马匹的需求,当时在东乡境内的养马场就有6处。而元代的东乡农业则处于开垦阶段,尚未形成规模。从元末到明初,以东乡族所从事的经济生产领域来看,当时他们的经济活动方式与中亚地区传统的经济生产十分相似,注重手工业、畜牧业的生产,善经商,相对而言轻视农业。而汉族地区的传统经济生产方式对东乡族经济生产的影响尚小。但从明初以来,汉族传统的农耕经济生产方式的影响逐渐扩大,到20世纪中叶达到顶峰。其实从明代开始,农业生产已经影响着东乡族聚居地,'屯田'、屯寨的规模扩大对东乡族的生产方式产生了不可忽视的影响。而明代的商业活动由于河州茶马司的设立有所发展,东乡地区由于地处汉族的农耕地区和藏族游牧地区的交汇地带,加之善于经商的民族特征,参与当时的茶马交易可以说得心应手。随着商业交易的发展,东乡族的畜牧业尤其是养马业有了较稳定的发展。在整个明代,东乡族的经济依然以商业、畜牧业为主,农业地位在不断提高,手工业的地位略有下降。在清代农业地位继续上升,但商业贸易活动由于茶马司的取消而衰退,对商业依赖性较强的畜牧业和手工业也随之衰落。清代东乡族商业衰落,与茶马司取消有关,但最主要对东乡经济带来破坏的是清廷对东乡族施行的歧视、仇视性政策及其残酷的'善后'政策。至民国时期东乡经济状况才有所改观,商业开始重新繁荣,农业、手工业和畜牧业也有了一定程度的发展。中华人民共和国成立初期至20世纪60年,东乡农业生产有了长足发展,但商业活动被当成'资本主义尾巴'被取缔,经济形成单一的农业生产形式,农耕文化对东乡族的经济生产影响达到了前所未有的程度。纵观东乡族从形成至20世纪60年代,其经济经历了一个从商业、手工业为主到农工商并重到重农轻商,最后至单一的重农过程，这也是农耕文明对东乡族经济影响日益扩大的一个历程。改革开放后，东乡族的商业活动以空前的速度开始迅速发展，世世代代繁衍生息在东乡这块贫瘠土地上的人民开始走出家门，单一的经济生产方式也已经开始向以农业、商业为主，工业、手工业、建筑业、养殖业为副的多样化格局发展。纵观东乡族经济生活发展历程，不难发现畜牧业、农业、手工业、商业对东乡族不同时期的发展有着举足轻重的作用。"[1]

另外，东乡族社会组织类型作为东乡族民族体育的商业化重要依托，是导致该地区体育活动商业倾向的因素之一。临夏地区高水平的乡镇篮球赛是商业与体育结合的突出表现形式，在这种具有影响力的商业思维作用下，由于该地区民族体育项目没有篮球运动的社会影响力强大，所以很少有商人投资民族体育。

在社会组织方面，还有一个比较重要的是性别因素。东乡族在男女性别平等上存在着差异，可谓是男女有别，不同性别的人从事的事情是有区别的。在日常生活中，家中来了客人，男人出面接待，女人不必陪同。在劳动中，男人们外出做工，女人们在家操持家务等性别分工在很大程度上表现出来的是人类共同具有的一个身体化的社会关系。布迪厄在《实践感》中通过介绍油橄榄的采摘过程，男人们上树采摘橄榄，女人们在下面递凳子、弯腰捡散落在地面上的果实。这个人们司空见惯的例子，发现了人类通过让女人做一些低下的、需要俯首服从的、细致的、琐碎的、平常的事情，布迪厄幽默地说狮子从来不会捡蚂蚁，使人们看到主导与从属的社会现实基础，以便于牢固地树立男女有别的社会等级。"使身体操练的基础动作，特别是使这一操练之本义的亦即生理上预先构成的性行为方面负载过多的意义和价值，这无异于灌输身体空间和社会空间之间的等价意识，灌输这两个空间内各种位移（比如上升或下降）之间的等价意识，从而使一个集团的最基本结构扎根于身体的原始经验之中，而人们知道，激动之下，身体会把隐喻看得过于认真。"[2] 这种现象在信奉伊斯兰教的民族中表现得比较明显，随着与其他文化的融合，这种情况虽然发生了改变，但是这种性别的差异至今依然影响着妇女的社会活动，绝大多数的民族体

---

[1] 石生泰，陈青. 甘肃特有民族体育文化 [M]. 北京：人民体育出版社，2013：44-45.
[2] 皮埃尔·布迪厄. 实践感 [M]. 蒋梓骅，译. 南京：译林出版社，2012：101.

育活动，女人们是不能参加的，当然有些游戏活动妇女是可以玩玩的。如此说来，东乡族在民族体育传播方面的人口基数则会减半。

莫里斯还对战争能力进行量化分析，这个社会指标对民族体育文化而言，具有强劲的影响。在冷兵器时期，战争的胜负更主要依赖于士兵的体能、阵战中的合作能力、游击战中驾驭马匹的能力及使用兵器的能力。进入到火器时代后，军事战争虽然更加依赖于武器的威力，但是士兵的精神、体能依然是决定战斗的重要因素。为了能够在保家卫国的征战中获得胜利，兵民一体的民众平日里的身体活动便显得尤为重要。卡内提在分析权力的论述中专门提及伊斯兰教的教徒：

"伊斯兰教和加尔文教信徒渴望神的武力，因为单单是神的权力还不能使他们满足，神权太普遍、太遥远，留给他们的余地太多。这种持续的待命对于彻底沉湎其中的人影响深远，并且也在他们对待他人的态度上造成了最为严重的后果：它造就出士兵型的信徒，对他们来说，战争是生命最精确的体现；他们身处战争而不惧，因为他们永远觉得自己是在战争当中。"[1]

信奉伊斯兰教的东乡族人在不断的迁徙历程中，征战也与其他民族一样相伴而行，为此他们始终重视对族人的体能训练，这是影响其民族体育竞争类型的一个不容忽视的因素。下面案例便可略见一斑：

"1900年，在东乡自治县红泥滩的马福寿、巴苏池和马忠孝的组织下，千余名东乡族士兵在北京英勇地抗击了八国联军。东乡族英勇顽强的战斗精神，被俄国将领所认可，认为是'一支勇敢的部队。'在这次战斗中，马忠孝等100多名东乡族民众英勇就义，为了维护国家安全而捐躯。在抗日战争中，东乡族的马长寿连长与马彪师长挺进鲁豫皖，严惩了日本帝国主义侵略者。"[2]

关于莫里斯提及的第四个信息技术指标，是以民众普遍的读、写和计算能力为基准的量化指标，正如莫里斯强调的："人类与所有其他动物不同的是，能

---

[1] 埃利亚斯·卡内提. 群众与权力[M]. 冯文光，等，译. 北京：中央翻译出版社，2003：200.
[2] 马福元. 中国东乡族[M]. 银川：宁夏人民出版社，2011：39.

够随时间推移，通过积累信息、观念和优良传统来实现文化进化。"[1] 东乡族由于没有自己广泛流传的文字，在文化发展过程中便缺少了强有力的积淀载体。东乡族人为了能够弥补这一缺憾，对历史的记载，文化的传承必然更注重使用动态身体符号。同时，在日常生活中，东乡族广泛采用的异族语言，不仅有阿拉伯语、还有波斯语、蒙古语，更主要的则是汉语，丰富的语言给他们奠定了文化融合和传承的基础。而且，得益于长期的经商经历，东乡族人的计算能力很强，善于提炼其文化精华。所以，东乡族在信息技术方面借助动态身体符号较为完整地拥有了信息技术的基本元素，以此为记载民族文化的有效载体，这是造就东乡族体育能够延续的基础之一。在某种程度上，动态身体符号是民族体育传承的重要载体，它要比文字、计算机等媒介保留文化的价值高，正所谓活态文化是文化传承的根本。

东乡族并不是完全没有文字，只是文字的普及率仅有 14.44%。这个论点来自于阿·伊布拉黑麦·陈元龙的研究成果：

"东乡族有本民族文字，这就是用阿拉伯字母拼写东乡语的一种拼音文字——东乡族"小经"文字。它产生于 17 世纪之前，主要用于记录民间文学、作札记、通信等，是一种社会应用的文字，现今仍在流传，至少已有 300 年以上的历史。东乡族的'小经'文字共有 35 个字母、9 个附加符号和 3 个标点符号。"[2]

综上所述，我们将构成文化半透膜的价值和认同体系中的主体内容进行了逐一分析，可以概括地总结为，决定中华民族体育文化半透膜通透渠道的价值是伦理道德和生命塑造，发挥开关作用的认同机制是民族体育项目符号和身体行为。

通过理论与实现的梳理、比对，会发现图 3-1、图 3-2 中的内容多是以游戏形式出现的，充其量是一种肢体活动，尚未达到为了满足生命塑造目的而进行的身体行为层面，更难升华为体育文化形态。所以，东乡族的民族体育项目内容逐渐被凝炼为：拉牛、摔跤、拔腰、顶杠子、赛马、压走骡、拔棍等内容。

---

[1] 伊恩·莫里斯. 文明的度量 [M]. 李阳, 译. 北京：中信出版社, 2014：219.
[2] 阿·伊布拉黑麦·陈元龙. 东乡族的书面语言——"小经"文字 [J]. 西北民族研究, 2015. (4)：61-68.

第三章 文化延伸图景

图 3-1 别烈棍 东乡科妥村

图 3-2 东乡科妥村跳房

这个结论符合课题组实证调研的结果。课题组进行多次的实地调研过程中，东乡族民众熟悉且有所习练的项目内容主要是拔腰、摔跤、顶杠子、拔棍和赛马等内容。而这些体育活动内容又多出现在节庆活动中，平日里很少有人去主动地采取这些内容进行健身和娱乐。尚未能够进入东乡族民族体育的内容，且多为游戏类型。很多游戏类的活动，是在老年人的诱导下，中年人才逐步地回忆后模仿着游戏，而少年儿童几乎不玩这些内容。图 3-1 就是东乡科妥村村民在自家院落中展示的别烈棍游戏。导致这种结果的原因有很多，其中附加因素中很多因素制约着东乡族民族体育元素转化为民族体育文化。比如，东乡族的民族体育元素中符合时代审美的新颖程度便存在一定问题，至少难以吸引青少年的眼球。

纳入东乡族民族体育文化的拉牛、摔跤、拔腰、顶杠子、赛马、压走骡、拔棍等内容，（表3-1）至今尚未进入中华民族体育文化的核心地带，能否进入中华民族体育文化核心地带，需要通过项目自身改造，以及改良生存环境。因此，东乡族民族体育亟待不断进行人为地延伸。

表3-1 东乡族民族体育文化认同示意图

民族体育元素	民族体育文化半透膜	民族体育文化
拉牛、摔跤、拔腰、顶杠子、赛马、压走骡、拔棍。踢毛丫、抛嘎、击三连石、别烈棍、下方、捏泥人、画暗码、当尕打、顶牛等。	认同构成： 1. 体育本体 2. 价值体系 3. 社会因素 4. 辅助因素 肢体活动 意识状态 身体行为 能量代谢 生命塑造 道德方向 生命尊重 能量获取 社会组织 战争能力 信息技术 人口数量 先进程度 普世程度 持久程度 渗透能力 新颖程度	拉牛、摔跤、拔腰、顶杠子、赛马、压走骡、拔棍。

第二节 保安族体育文化图景

保安族体育文化内容较为广泛，其中既有竞技体育类项目，也有游戏类运动。这些活动一般在冬闲或春节、传统节日时举行。保安族虽地处相对封闭的环境，但是历史原因导致他们的文化保留了一些与中亚民族相似的习惯，如喜爱摔跤、好枪、爱刀、善骑、喜射、乐游等，封闭的环境使他们更好地保留了自己的传统体育活动，比如赛马、压走骡、打红五枪、抹旗、骑马围猎、徒步野猎、夺腰刀（保安族称"什都乎班勒"）、拉屎狍牛（现称"大象拔河"）、拔腰、拖棍、举重、爬山、打石头（保安族称"打杠"）、打地米俩（保安族称"玩麻查板板"）、甩抛尕、皮筏渡河（有牛皮筏和羊皮筏两种）、牛皮袋渡河、民间武术、跳方、踢毽子、下方、顶牛、木质响铃操等内容。

夺腰刀：夺腰刀是保安族人在生产与生活过程中形成的娱乐活动习俗。比赛时甲乙双方各将一把有鞘的保安腰刀藏在身上，在一块约12平方米的空地上，或进或退，左右移动，相互探试，藏刀部位，护自己的刀，夺对方的刀，展开了一场伴有撕、拉、推、摸、摔、打跟头、翻巴朗、滚蛋蛋等动作的搏斗，最后以先夺到对方腰刀者为胜。在规定的时间内双方都夺不到刀为平局。一般三局二胜。这是一种耐力、力量，更是技巧、灵敏的对抗。

打石头：打石头在保安族也叫打杠，是保安族青少年喜爱的一项活动。该活动是在15平方米左右的空地上进行，比赛用石分"打击石"和"被打击石"。"打击石"用厚约1厘米、平面约5厘米的扁圆石，"被打击石"为一块高约20厘米，长和宽各10厘米左右的石头作"靶"。击石距离比较随意。比赛时，将靶立于一端，再将打击石放在脚背上，在指定的地点击打靶子，或头、肩顶石，走到被靶前一定距离外抛击，或双脚夹石在一定距离跳起抛击，以不同形式击中被打击石的次数多少来判定胜负。

抹旗：骑手驾驭飞驰的骏马，在百米距离内完成5个方向挥旗动作的竞赛项目。旗杆用四五根竹子，用黑布缠绕、捆扎制成，保安人称之为"纂竹"，长度分三等，有267厘米、300厘米和3.34米不等。比赛令下，骑手翻身上马，急驰而去，同时手握旗杆末端，以惊人的臂力，敏捷地连续完成从右到左、从左到右、从前到后、从后到前，最后挥过头顶的5个方向的挥旗动作。最终以先到达终点，并圆满完成挥旗动作者为胜。因挥旗时要求挥5个方向，故又称抹"五门旗"。到达终点前，先挥完五个方向旗子者为第一名。抹"四门"得第二名，以此类推。这是一项比骑技、赛灵敏、较臂力的活动。

打红五枪：保安族人用它们自制的土枪，在飞驰的马背上和规定的200米距离内从装火药、扣压引火帽、射击完成"打红五枪"任务。比赛时，骑手们持枪上马，站于起跑线上。号令一下，骏马奔驰，骑手们两腿紧夹马腹，左手持枪，右手装药、取装引火帽、射击，动作敏捷、娴熟。由于距离短、马速快，规定的射击任务又多，故比赛异常紧张、惊险、激烈。最后以先到达终点，并完成射击任务者为胜。

射箭： 保安族的弓箭有其独特之处。弓用劈开的大竹竿做成，2~3片扎成一股，134厘米左右长。弓的两端套有水牛角，为了保持弓的柔韧和弹性，会在弓面粘附牛角或羊角。弓弦由几根拧在一起的牛筋绳或者是牛皮做成，箭杆选用光滑的直木，箭头为三角形的铁质箭头。使用这种弓射箭，其射程一般在百米左右。每逢农闲，青壮年男子举行射靶竞准、竞远比赛，比赛结束时，宰羊庆祝优胜者。

抻棍： 只要有一根1米左右长的粗棍就能进行比赛。比赛时，双方面对面坐在地上，两腿并齐伸直，脚掌对着脚掌，手臂伸直横向握住木棍。可以彼此相隔抓握，也可一方抓握棍中间，一方抓两边。比赛号令一下，双方用巧力抻拉，以拉动、拉起对方者为胜。

拉爬牛： 这是一项类似拔河角力的运动。用一条5米左右长的粗绳，两头各挽成一个结扣。双方将结扣套在脖颈上，骑跨在绳子上，背对背四肢撑地附身趴下，保持静止。比赛开始口令一下，双方分别向各自的前方用力拉，被拉过两人之间的横线者为败。这项比赛与藏族同胞的"大象拔河"相同。

抱腰及拔腰： 保安族传统体育项目。比赛双方在攻与守的对抗中力争双手抱住对方的腰部直到双脚离地，这种比赛叫抱腰。

拔腰是比赛双方面对面，然后弯腰相互从右面抱住对方的腰，比赛开始，各自用力拔对方，使其双脚离地，先被对方拔起、且是双脚离地者为输，这种拔腰比赛可分为单手拔和双手拔两种。

竞渡： 保安族人将整张羊皮加工后扎结两头，充进气体，将若干个整羊皮连在一起制作成皮筏子，人们常常以此为舟进行单人、双人或多人的横渡、漂流等竞渡活动。

在东乡族的民族体育文化分析中重点对文化认同进行梳理，这些分析同样适用于保安族民族体育文化，因为两者的相似性太高了。在对保安族的民族体育文化分析中将重点对文化认同中的附加因素和其他问题展开讨论。

一、相似的环境，不同的文化

保安族与东乡族地处相邻的地域，自然地理环境有很多相似之处，几乎没有本质上的区别。但是，必须看到微小的自然地理环境改变影响着一个民族的生存方式和文化发展。

保安族主要聚居在甘肃省西南部，临夏回族自治州西北的小积石山东麓等区域。整个区域东南与临夏县接壤，西北与青海省循化县、民和县毗邻，东北与永靖县以黄河为界。境内西南部为高山寒阴湿地区，地势较高，中部为二阴山区，东北部则为高寒干旱山区，地势相对较低。这里处于典型的大陆性季风气候区，而且还伴有山地、高山综合气候特征。受地势影响，全县气候差异很大，又具有小区域性气候特征。保安族集中的大河家、刘集等区域。一年只有十几天的夏季，冬季较长，冬春、秋冬季几乎相连，分季不明，农闲时间较长。保安族的传统体育一般在农闲时举行，自然活动时间充足。这可能是孕育丰富的民族体育活动内容的因素之一。

保安族所聚居之地，属黄土高原的丘陵地区，由梁峁、沟壑、川台、河谷四部分组成，海拔1735~4309米，平均海拔在2816米。此地域的山脉是由西北向东南横亘全县，成为全县群山中枢的是小积石山，其他山丘纵向延伸到黄河谷地。自治县北临黄河，境内河流还有清水峡河、刘集河、吹麻滩河、银川河等，这些河流都属黄河水系的小支流。有源出积石山麓的三条峡水，分别是崔家峡、大峡和大墩峡，峡水以其巨大和不懈的冲击力，冲击出羌滩、峡滩、吹麻滩、甘河滩等滩地。西北部的积石峡内，有被称为西北黄土高原上的"西双版纳"的孟达天池，西南部积石山高峰上有著名的达里架天池，还有九眼泉、神泉、五眼泉等山泉。[1] 在这个自然地理环境中，保安族人民长期与藏族、土族、回族、蒙古族、汉族混居，多民族的混居使得保安族融入了汉族、蒙古族、藏族等文化色彩，构成其独特的农耕混合生产方式和游牧屯聚的生活方式。在这两种生产和生活方式的合力作用下，缔造了与众不同的、传承至今的保安族体育项目。可以概括地认为，保安族所聚居的地域在自然地理环境方面，有较多的自然地理优势是东乡族所不具备的。比如河流的众多，水源的充足就是东乡族缺乏的一个重要自然资源。东乡族只有河滩镇是唯一濒临黄河的镇，也是东乡族自然地理条件唯一优越的乡镇。较为优越的自然地理环境促使保安族的生产方式较东乡族更早地进入农耕，生活方式多以定居为主。自然地理环境仅是一个影响因素，保安族

---

[1] 马少青. 保安族文化形态与古籍文存[M]. 兰州：甘肃人民出版社，2001：2.

民族体育主要是受到人文因素的影响，逐步发展成有别于东乡族的民族体育格局。

细微的自然地理环境对人文作用发挥着不容忽视的作用。其一，自然地理环境对保安族体育孕育成型的积极作用。特殊的自然地理环境使保安地区的自然生态、物种出现特殊化，特化的生态和物种允许保安族人们生存范围和方式相应产生特定的变化。持续的特化使保安族体育文化形态从起源开始就形成一种雏形，在发展的过程中该雏形不断得到特化环境的影响趋向稳定，最终成型。正是由于这种生存环境的影响，保安族体育与其他地区民族的同一类项目相比，明显地带有自身特征。如保安族的射箭，不仅有射准，还有竞远。这种看射手功力的射远，还对弓箭的制作有着严格的要求。另外，制作刀具的手艺是每个少数民族共同的技艺，可是在保安族的手艺人眼中，保安腰刀已经不是简单的生产或生活用具，刀具被他们演化为艺术品。面对河流，他们运用了就地取材的方式，不仅解决了交通问题，还衍生出相应的皮筏子竞渡的竞赛。其二，自然地理环境对保安民族体育发展的消极制约。地域上的相对封闭性，一方面保护了保安族体育的本真和完整，使部分项目内容至今还是原样。另一方面，这种影响也使得保安族人的生活范围偏于一隅、特立独行，离开这个空间，保安族的生活方式就会受到影响。在这种环境中所创造的代代传承的抹旗、打红五枪等体育项目都深受自然环境的制约，离开了这个特殊的环境，必然会发生适当的变异，甚至在顽固的、僵化的文化生态影响下，会导致部分项目消亡。其三，在自然地理环境作用下生产方式对民族体育的影响力。在保安族的生产方式中，长期以来主要是以手工业为主，手工业的生产需要相对稳定的生活环境，与商人相比手艺人的心态更加平和，更加专注。

"到1225年成吉思汗回师河西（指黄河以西），军队中大量补充了从中亚诸国强征的信仰伊斯兰教的色目人，他们的身份是士兵、随军工匠、艺人、商人以及宗教人士。成吉思汗1227年灭西夏国，占领河州、西宁州和积石州（辖现甘肃积石山，青海循化、同仁、贵德等地）。"[1]

---

[1] 宋濂，等. 元史：第一册[M]. 北京：中华书局，1976：24.

为了稳定和巩固新开辟的疆域，蒙古军队新建了一支由保安族先民工匠为主体的特殊部队，这支"探马赤军"，驻防于现在的青海省同仁县保安地区，他们既是战士，更是工匠。至此，保安族的生产方式基本确立，并长期保持这种状态。在这种生产方式的作用下，保安族的民族体育活动出现了较多持械、用器活动内容，比如射箭、抹旗、打红五枪、竞渡等，这与他们生产劳动中熟悉的工具或产品存在很大的联系，生产劳动是民族体育的重要源头之一。

二、相似的文化，不同的演绎

在同一文化圈中，民族文化具有相似的文化结构及表现形式。但是，对文化演绎却会随着自然、社会等因素的影响，出现各异的表现。对文化实施的演绎可以简单概括为"化人—人为—人化—为人"的动态过程。在自然地理环境对人的影响下，处于化人的状态，特别是在远古时期和族群刚刚形成的阶段，化人的作用非常明显。然而，有些顺乎自然地发展的化人事项并不能完全满足人的需要，在人的需要不断扩充中要求人有意识地"人为"来完成能够满足人的各种需要的事项，人化开始发挥作用，而且这个过程的作用越来越明显，试如人类在科学与技术的高速发展将社会加速推动向前，现代社会成为人类诞生以来发展速度最快的时期，人类社会的发展曲线陡然上升。通过化人，特别是通过人为的人化方式来达到为人的目的，保障人类的生存、享受和发展，这条文化演绎的逻辑过程完成了人类的文化历程。那么在保安族的民族体育形成初期，相当于处在化人的状态，保安族所处的自然地理环境、人文地理因素对其产生深刻的影响，比如保安族的手工业传统，便对民族体育的特殊转化产生极大影响。即使是相同的民族体育活动内容，由于他们在生产和生活中的感受，也会影响他们对民族体育的认识和实践。随之，保安族人生存和发展的能力得到提高，与此同时，人化则是完全根据人对自然、人文环境的感悟而实施，使保安族的民族体育出现特化，犹如世上没有两片相同叶子一样的道理，保安人自己创造和发展的民族体育一定是自己生产和生活的写照，充分显示出人化的力量。因此，在保安族的民族体育中有许多的内容从名称和表现形式上与东乡族等民族几乎相同，但是在具体的文化演绎中，却出现了不同。如拉爬牛、赛马、竞渡等内容。藏族的拉爬牛多称为大象拔河，或押架，竞赛时有严格的体重对称要求，保安族的拉爬牛并没有严格的体重限制。蒙古族的赛马对赛场要求较高,保安族的赛马则在山坡、原野随性进行,竞赛方式相对自由。竞渡在苗族的祭祀活动中充当着重要角色,保安族的竞渡则是生产和生活的必须。从中明显地看出文化演绎的具体作用。

文化演绎是一种在价值取向作用下各异的行为表现。虽然人类的大脑和神经活动基本相同,但是神经活动的方式和方法每每不同,总会出现人化结果的差异。比如,埃及人修建的金字塔与玛雅人建造的金字塔都是金字塔,都运用高超的数学、天文知识于建筑中,试看埃及金字塔的高乘10亿之积等于地球与太阳的距离;塔高的两倍,除以塔底的面积,等于3.1415926,与圆周率数字相同;金字塔利用4∶1的比率,形成52°的锥角,这是自然塌落现象的极限角或稳定角。玛雅的金字塔较埃及的金字塔稍矮,由巨石堆成,整个金字塔是灰白色的,不完全是锥形,塔的顶端还有一个祭神的神殿。玛雅金字塔周边有4座楼梯,每座楼梯有91阶,4座楼梯数加上最上面1阶共(91×4+1=365)365阶台阶,这正好是一年的天数。玛雅人非常重视天文学数据,因此在建筑中处处体现着天体运行规律的数字。埃及和玛雅人建造的金字塔有很多相似的数学知识得到完美运用,但是金字塔使用目的大相径庭,埃及人的金字塔是法老的墓冢,玛雅人的金字塔是祭祀的高台。古代埃及人对神的虔诚信仰,使其形成了一个根深蒂固的"来世观念",他们认为人生如白驹过隙,仅仅是一个短暂的居留,而死亡后方得永恒。因而,埃及人把冥世看做是尘世生活的延续。在"来世观念"价值的影响下,古埃及人在有生之年,就开始为死后做精心的准备。当然,只有法老等权贵阶层有能力修建来世居住的大型宫殿。玛雅的金字塔主要是祭祀活动的场所,玛雅人的活人血祭可谓是当时最为典型的祭祀仪式,只有用活人来祭祀,方能得到神灵的认可,因此他们不是将金字塔作为他们来世的宫殿,更是通过在金字塔的祭祀祈求神灵保佑在世的生灵。

在文化演绎过程中,相同的演绎出发点,则有不同的运作方式。即使是人的价值取向基本相同,人的行为方式依然会出现各种变化。比如人类社会至今依然思考人之初善与恶,不同的民族对此观点存在较大的差异,其民众的行为方式自然表现各异。持有基本相同的观点,不同的民族行为方式同样出现较大的差异。其中,在认为人之初性本恶的价值取向中,不同的人群对抑恶扬善的方式和方法各有不同。比如基督教教徒:

"相信耶稣的复活就产生了教会和基督神学。要掌握这一信仰的力量,我们必须了解它不单单只关注了一个有价值之人的命运。它的主张延伸到善在宇宙中的地位,坚持善是最强大的。"[1]

再如佛教教徒:

"涅槃,佛陀用这个词来命名生命的目标。从词源学上讲,它的意思是'吹熄'或者'熄灭',不是及物性的,而是像火停止燃烧了。没有了燃烧,火就灭了,这就是涅槃。对这样的意象,很多人会推测说,佛陀所知的灭绝是完全、纯粹的消灭,但是并非如此。我们需明确灭绝是什么,它是有限自我的界限。从消极面来说,涅槃乃是私人欲望的一捆柴烧尽了的状态,把一切限制无限生命的东西都耗尽了。从积极面上说,它是无限生命自身。"[2]

在日常生活中,人们的行为表现更加多姿多彩,同一价值取向下的不同行为表现实属正常状态,毕竟人是活生生的人,其有机体运行的方式和方法不可能像机械产品完全一致。

人类对身体的文化演绎更是表现得淋漓尽致。人的有机体是异常复杂的,存在着生理结构的不同,更有生理机制的差异,就身体形态而言人类就表现出极大的差异性,更不用说人的身体素质了。在这种状态下,人身体的复杂性和差异性便奠定了身体文化演绎的多样性。

杨东亚、戴玉景[3]在20世纪80年代对东乡族、保安族、回族、汉族等进行了人体测量学的体质中52项特征的测量和分析,通过主成份分析PCA的方法,作者发现了这些民族或群体的体质特征存在差异。而保安族、东乡族与甘肃汉族、回族的相似程度较大,与藏族、维吾尔族、蒙古族及陕西汉族相异

---

[1] 休斯顿·史密斯. 人的宗教 [M]. 梁恒豪,译. 海口:海南出版社,2014:289.
[2] 休斯顿·史密斯. 人的宗教 [M]. 梁恒豪,译. 海口:海南出版社,2014:96-97.
[3] 中国科学院的杨东亚、戴玉景在《人类学学报》1990年第1期撰文《甘肃保安族体质特征研究》。作者对保安族的208名三代均为保安族的居民进行了52项体质特征的测量,同时将此数据与东乡族、回族和不同地区的汉族进行聚类分析,发现了各个民族之间存在着体质特征的差异,主要表现为民族间或族群间体质特征差异是有地区性的。

程度较大。这个研究结论至今依然具有重大学术意义。杨东亚根据欧式距离得出的聚类图结果,发现保安族男性身高平均在1.63米,与东乡人身高相近。这是两个民族的体育项目重合度较高的体质特征的原因之一。

体质特征是身体行为的基础,在具有差异性的身体形态下,身体行为必然存在差异。比如身高体壮的大汉,他不易完成灵巧的木铃操,身材瘦小的男子摔跤能力会受限制。体质特征在很大程度上影响着人们从事的民族体育活动,应该强调的是,相似不等于相同,同属一个聚类图中体质特征不能被认为是体质特征相同,其中依然存在着差异。在民族体育活动内容中,我们的确看到了保安族的民族体育内容多于东乡族,且相同活动内容的具体运作方式存在差异。恰如跑步这种最基本的身体活动,人与人之间存在的差异很大。世上没有一项肢体活动是完全相同的,身体行为更是如此,由此演化出来丰富的体育文化。其中的原因,应该从身体体验和认知开始分析,人类的身体承载着人的神经系统,承载着人的感知、认识、思维和知识,而身体体验和认知是人对自身和外部世界最直接、全面和深刻的途径,由此形成的本真认知、知识和技能。在这种身体认知的作用下,人的身体行为随之表现出相应的形式,正如梅洛·庞蒂所认为的人的行为大多是一种无反思或者是很少反思的表现,表面上不容易看出潜在的意识,不过即使这样,我们依然能够进行各种行为。比如在演讲时,人们不会对每句话字斟句酌,射箭、打红五枪选手不会过分关注如何开弓、射击。如果人将注意力放在细节的深思熟虑上,那么将无法顺利完成演讲、运动。无反思的行为在庞蒂看来是最真实的身体体验和认知,应该是系统意识形成的最可靠基础。这种无反思并非没有思考,只是这种意识状态非常短暂,刹那间以至于不能形成清晰的感知。就感知而言,这种状态相当于无意识。但是,身体行为则是最完整的印象,没有一丝懈怠再现着身体认知。大卫·休谟认为,一切知识都起源于感性知觉,知觉分为"印象"和"观念",区别两者的"边界"主要在于生动、强烈和深刻程度不同。某一事物对人产生印象,这种印象是指一切比较生动和强烈的知觉。如同听见、看见、触到、爱好、厌恶或欲求时的知觉,这些印象大多是由身体的各知觉器官来单独或共同完成,综合后的知觉是一切思想的来源和材料。观念则是上述各类印象在心中被深刻理解后的印记摹本,是印象在记忆、想象和思想中的再现,人到达这个状态便开始进入意识阶段。亲身体验过保安族人生活的身体认知和身体行为,是进入意识状态之前进行文化演绎的关键阶段。保安族的体质特征与其他民族存在着天然的区别，在这种难以短期弥合的区别力量作用下，他们的身体体验和认知所依托的身体造就了他们认知的特殊性，从而使得其身体行为随之变异。这种现象不以人的意志为转移，难以被人为左右。但是，在人为的意识作用中，有一种身份认同因素，则是在人的意识作用下的有意为之的现象。简单地说，身份认同可以理解为对身份的辩识和承认。身份认同是一个关乎人的存在的重大问题，对一个民族而言则是关系到一个民族的存在问题。20世纪30年代德国心理学家埃里克·埃里克森提出认同概念之后，将社会普遍关切的身份问题提到了学理研究层面。从历时性来看，身份认同就是个体历史建立的过程，其中个体的身体性和与之相关联的感性感知世界的方式是认同的核心。从共时性分析，身份认同又是一个社会建构的过程。"一个认同总是通过你的宗教、社会、学校、国家提供给你的概念（和实践）得以阐述，并且这些概念还通过家庭、同辈和朋友得以调整。"[1]无论是从纵向，还是横向分析，身份认同的根本就是人的自我，没有人会对自己是谁这个问题掉以轻心。一旦"我是谁"出现了模糊，或者危机，可能引发无谓的混乱。当代社会，认同窘迫、危机迫使我们必须深入地分析在后现代社会状态下如何认识自我，关心自我。[2]这个问题则在民族生存和发展的过程中，始终被人们无意识地强化着，没有一个民族对自己身份是否能够被承认而置若罔闻。在无意识，或者是有意为之的诸多强化方式中，民族体育则是一项重要的内容。对于保安族而言，他们需要肢体活动、身体行为和民族体育文化这个生动、鲜活的动态符号作为本民族的认同符号。因此，在他们的文化建设中，人们会有意识地进行相同民族体育项目的文化演绎，使其向着本民族文化的方向发展，不断强化本民族的文化含量。夺腰刀衍生和演绎成为一种兼容竞赛和表演的体育活动，成为当代保安族民族体育文化中的一个象征性的项目内容。制作腰刀是其他民族少有的传统手工工艺，将这种特色文化从手工业生产延伸到民族体育便是一种有意义的文化认同演绎。

身体文化演绎追求民族文化个性，文化个性是民族文化识别的标志。在一个文化长期的积淀过程中，不仅受到来自于自然地理环境的洗礼，更有来自人

---

[1] 夸梅·安东尼·阿皮亚. 认同心理学 [M]. 张荣南, 译. 南京：译林出版社，2013：36.
[2] 赵静蓉. 文化记忆与身份认同 [M]. 北京：生活·读书·新知三联书店，2015：1-26.

文社会的孕育影响，这些因素对人产生综合作用。人对这些刺激因素采取吸纳和融合的方式将符合自身需要的内容进行组合，逐步形成了具有自身特点的文化。人对各种刺激的反应虽然基本相同，但是人们也具有强烈的追求文化个性的倾向，人们不愿随波逐流、趋炎附势，对个性的追求则需要人们有意识地将自身和外界事物进行特殊方式和方法的组合，以便于由此而形成特殊性的文化特质。正如齐格蒙特·鲍曼的观点，自我的身份认同只有在本质上借助"自我指向"才能完成。也就是说，应该在寻求与众不同、独一无二，建立唯一的个性方面下工夫，不能将身份认同的希望寄托在对群体中的其他人保持距离和制造差异的基础上。自我指向十分重要，备受各民族的重视。保安族与东乡族的聚居地山水相连，处于同一文化圈之中，相濡以沫，难以彼此保持地理和心理上的距离。然而，两个民族对民族文化认同的强烈动力，需要两个民族进行各自文化的个性化发展。保安族对民族体育的个性发展使其在项目上向着自我指向的方面发展，表现出了很多的特色，同样是马上运动项目，保安族人演绎出了抹旗、打红五枪等内容。自我指向的民族体育个性化发展非常具有感召力，民族体育多是在大庭广众的场域且多于节庆团聚之际进行，社会影响力油然而生，对民族文化认同发挥着强大的凝聚效应。自我指向不仅区分了自我，完成了个性化，更是一种有效将本民族与其他民族进行了恰当的文化划界。在民族体育的自我指向以身体行为为基础，身体行为又是在人意识作用下的行为，所以在行为表现中必然显现意识的倾向，保安的夺腰刀便孕育着浓厚的民族文化意向。

"手工业是保安族依附于农业的重要副业，也在保安族经济生活中起着重要作用。其手工业主要是金属加工业，有刀子匠、锁子匠、剪子匠、铜匠、银匠等，多以家庭手工业的形式进行。

居住在青海同仁地区时，保安族铁匠主要制作土枪、弓箭、刀具、战马铁掌、马嚼等军用品，还制作铁勺、铁盆、菜刀、剪子、锥子、铲子、锄头等生活用品和生产工具，特别是制刀业有了一定发展。迁徙到甘肃积石山后，由于人多地少，为生活所迫，大批保安族人纷纷加入打刀的行列，以便从周边各族群众中换取他们需要的农牧产品。据《裕固族保安族社会历史调查》中记载，新中国成立前，今积石山县刘集乡的高赵李家村共有110户，其中有铁匠44户60人，占总户数的40%。据《保安族简史》记载，新中国成立前夕，保安三庄（大墩、甘河滩、梅坡）从事打刀业的有110余户120多人。这使保安腰刀的制作工艺有了长足的进步，造型日趋美观，品种不断增加，逐步增加到10多个种类30多个品种，产品远销青海、宁夏、新疆、四川、西藏、内蒙古、云南等地，有的还远销国外。"[1]

  从保安腰刀的生产历程到夺腰刀项目的创作、流行，无不反映出保安族人对器物文明的重视，对身体行为的青睐。保安族人将手工工艺与民族体育结合，力图将传统手工业这一保安族人安身立命的手艺延伸到文化的各个层面，特别是延伸到身体行为中，他们认识到只有身体认知和身体实践才是有效保留、传承民族文化的最为实际的载体。这种朴素的意向表现出值得称赞的先进性。保安族夺腰刀活动是一种将对手所持武器缴械的象征运动。在战场上士兵的武器被缴，就意味着其使命的终结，将这种意象转换成体育活动，再传达到社会生活中，生动地倡导着人生在世、不可夺志的顽强拼搏精神。同时，这种身体行为没有思想意识系统的文化对立，仅仅是体育项目内容和形式的差异，发挥着文化标识的作用，不会因此引发民族文化之间的冲突和对立。特别是在同一文化圈、比邻的地域内，如何避免文化冲突具有现实意义。在不同的文化圈中，或相距遥远的文化间，民族体育文化虽然不易引发文化的冲突，但是不同的民族体育文化毕竟代表着异质文化，仍然会引起文化冲撞的涟漪，恰如中西体育文化之争至今没有中断。具有鲜明自我指向性的文化是有价值的文化，只有这种文化才会在交流时拥有吸引力，在文化传播中具有影响力，在文化融合时富有主导力。西方竞技体育对于相对封闭的中国人来说是一个新异的事物，容易被人们关注。当然，个性化的文化特质也必然会延长文化间融合的时间，西方体育进入大约用了百余年，这还是在西方经济的推动下，甚至不惜动用战争手段强行推行的结果。保安族的人口在第六次全国人口普查的数量为20074人，与邻居无法相比，在人口少的情况下，文化的自我指向性更加显得珍贵，只有各个方面都有标识民族身份的成分，便能够很好地树立民族文化形象，取得民族文化的深入认同。保安族的民族体育刻意地追求特色发展，有利于民族文化认同。

---

[1] 石生泰，陈青. 甘肃特有民族体育文化 [M]. 北京：人民体育出版社，2013：89-90.

三、雷同的流动，各异的系泊

保安族有很长的一段时间处于迁徙流动状态，他们十分渴望稳定。流动意味着挑战、不确定，稳定则意味着安全、确定。流动和稳定可以比喻为流体和固体，这两者的区别十分明显，俗话说水无常形，稳如泰山。只有在稳定的社会状态中，文化才能得到体系化的发展，个性更易形成。特别是保安族人口数量有限，他们对稳定生活的渴望程度更高。下面的片段可以管窥保安族的流动历史。

"'保安三庄'四周邻庄均为藏族或土族的部落，俗称'保安十二族'，是指保安地方的十二个以藏族、土族为主聚居的部落。保安地区早在明朝洪武年间就由明政府建立了'保安堡'。到万历年间扩建为保安城，隶属河州卫，置都指挥管理'保安十二族'。清乾隆年间，保安地区增设营制，改属循化厅，改都指挥为都司，保持了较为完整的行政建制。

后居住在同仁地区信奉伊斯兰教的保安族人被迫进行了举族迁徙，其主要原因有三种说法：一是清同治元年，麻巴部落头人联络保安地区统治者，迫使保安族人迁走；二是保安族人与当地尕四东因水渠问题引起纠纷，保安族人被迫东迁；三是同仁信奉佛教的统治者，强制信仰伊斯兰教的保安族人改信喇嘛教，保安族人被迫迁徙。保安城和城外下庄的保安族人首先被迫外迁，在迁徙的途中，藏族郎加部落让出一条路让保安族人通过，同时劝阻追击保安族人的其他藏族部落，使保安族人顺利通过多曼山和郎加部落的辖地，到达循化地区。

居住在尕沙日的保安族人，随后也在附近土族哈仑那卡部落的帮助下，迁徙到循化。保安族人迁到循化后，受到同是穆斯林的撒拉人的帮助和款待，并被安置在当地生活。在循化居住三年后，因暂住地人多地少，保安族人无可耕之地，生计无着，便商议继续东迁。在与邻近积石关内的大河家地区取得联系后，保安族人又举族沿黄河南岸东行，穿过积石峡，来到大河家。

在新的定居地，保安族人仍按同仁的习惯，尕沙日的保安人聚居在大墩村，下庄的保安族人聚居在干河滩村，保安城的保安族人聚居在梅坡村，形成新的'保安三庄'。还有部分保安族人定居在柳沟的尕集村，刘集的高赵李家村。从此，保安族人就在甘肃大地上繁衍生息，发展至今。"[1]

流动的生活虽然迫于无奈，但是流动使人思想开放。开放的思想能够为流动文化提供无穷的思想能源，为民族体育文化提供丰富的养分。这些思想能源和养分是帮助处在流动中民族屹立的重要因素。在流动文化背后，必然存在着一系列能够支撑流动文化的稳定或固定的系泊处。系泊原指是由高强度系绳连接到移动物体以便于移动物体的稳定或固定。在这里我们借用这个概念比喻不断迁徙、渴望稳定的民族文化所寻找的稳定文化依托。由于文化事项无法看到与系泊处相连的系绳，因此可将系泊处想象为航空线路上的空港，飞机在飞行中，需要地面空港的调度和指挥，无数个雷达构成的监控体系是保障飞机飞行安全的重要支撑点，无线电波相当于系绳。保安族在长期的流动中，得到了无数系泊处的支撑，这些系泊处分别是宗教、手工业、农耕、经商等，支撑点与流动的文化之间存在千丝万缕的联系，有些联系可以显现，更多的联系则处于潜在状态。宗教信仰是保安族人生生不息的动力源泉，引导着保安族人克服重重困难，在不断地迁徙中保持清醒的头脑，始终遵循着自我的信仰。手工业是保安族安身立命的手艺，通过这些手艺养家糊口，同时高超的手艺体现自身的价值。农耕则是他们生存和发展的重要支撑，迁徙所到之处，农耕都为他们带来了发展的希望。经商则使他们不断地与其他民族交流，也是保障他们生活的基础。能够提供系泊的支撑点与流动文化之间存在天然的联系，这是该文化原本结构的组成环节，除了这些因素，还有在流动过程中不断得到的新的系泊处，这些系泊点多为异质文化，或新异支撑点，一旦与新的系泊处建立了联系，流动的文化便有了更为广泛的稳定依托。随着系泊处的不断增加，一个文化的稳定程度便会开始呈现，恰如保安族历经两次主要的大迁徙后，现在已经有了稳定的聚居地。系泊处有主动与流动文化建立联系的，也有流动文化主动联系系泊处的，无论哪一种，在一个民族流动过程中，总是从较少的系泊处发展到多元的系泊处后结束流动。保安族正是在长期的流动中得到了多元的系泊处的支撑，获得了多元文化的滋养，比如藏文化、蒙古文化、伊斯兰文化，以及汉文化的影响，最终得到了汉文化的系泊处的强大支撑。有研究表明：与保安族人同质性最高的群体是蒙古族，关联度

---

[1] 石生泰，陈青. 甘肃特有民族体育文化 [M]. 北京：人民体育出版社，2013：82-84.

和认同度最高的是回族[1]。在此过程中，保安族得益于其他民族文化，其民族体育呈现出与藏文化相同的拉爬牛、与蒙古文化相似的赛马、与伊斯兰文化一致的摔跤、与汉文化相似的竞渡等。流动文化受到的系泊处支撑大小，与系泊处原本的文化能量有关。伊斯兰文化、汉文化和西方文化是当下三个强大的系泊文化，对保安族的民族体育产生重大影响。这种影响在一定程度上消弭着保安族民族体育自身的特色，也在一定程度上映衬着民族体育文化的特殊性。前文提及的保安族民族体育现在已经很少能够在民众的日常生活中找到，强大的系泊文化影响作用不容忽视，特别是具有强大文化涡旋力量的汉文化，以及西方竞技体育文化。课题组在刘集乡看到的篮球比赛场面非常震撼，足以看出系泊文化之一的西方竞技体育文化的魅力（图3-3、图3-4）。在研究民族体育文化中，深入地关注系泊文化的影响是解开民族体育文化失忆、失位、失语谜团的重要因素之一。

图3-3 刘集乡篮球赛参赛队伍

图3-4 刘集乡篮球赛现场

文化存在着强弱之分，文化的强弱主要依据于拥有某种文化的人口数量，以及该种文化的时代先进性。从人类历史中可以看到，四大文明古国拥有人口数量的优势，同时拥有农业生产的先进性，这决定了他们引领人类文明的发展。随着人类对能源获取方式的改变，这种格局已经

---

[1] 营志翔. 从保安族的群体身份意识变化看族群演化机制［J］. 西南民族大学学报（人文社科版），2007（8）：19-24.

发生了改变，文化的先进性占据主导地位。相对于汉文化和西方文化，保安族的文化处于弱势状态。文化在交流过程中，一般是强势文化对弱势文化的渗透和影响，弱势文化多接受或采借强势文化。完成这一过程的一个重要环节便是强势文化提供系泊，但凡是愿意提供系泊的文化，每每谋求自己的文化被对方采纳，不断地扩大自己的文化影响力，或者是愿意实施文化共享。而弱势文化本身渴望着能够有一个自身发展的稳定环境，又苦于缺乏必要的文化先进性，特别是符合时代先进性的文化，于是两种文化存在系泊与融合的必要。以保安族的手工业为例，与工业化大机器流水线的生产相比，虽然手工工艺凝练着艺术性，但是生产的工艺和质地的确亟待改进。如今，德国的"双立人"刀具充斥高档商场，保安族的"什样锦"刀具仅仅在农贸市场能看到。因此，保安族人应该系泊于德国刀具生产技术和经营理念，以不断提高保安腰刀的制作水平。在体育文化方面，由于受到强势文化的综合影响，西方的竞技体育表现出保安族民族体育所难以达到的水平和状态，该差异和距离提升了竞技体育的文化势能，无形中也促使保安族的民族体育主动向系泊文化伸出求助之手。保安族人本身也在长期的迁徙中培育出了善于接受新事物的素养，于是保安族人开始了创编木质响铃操，这是一种有益的民族体育文化延伸的探索。这种体育活动内容，实际上就是一种手持木质的响铃进行的体操活动。但是，仔细分析，其中保安族原本的民族体育元素能够保留多少？再次回到保安族聚居地的篮球热现象上，这个热潮的兴起是系泊文化所提供的强势西方竞技体育文化所驱使，加上保安族人善于接受新异文化缘故，篮球热成为保安族休闲文化的突出特征。这种现象与汤林森在《文化帝国主义》[1]一书的封面照片异曲同工，这幅照片汤林森解释是澳大利亚塔纳米沙漠边缘的一家人坐在油皮鼓上收看电视，由此展现着和平时期文化帝国主义的现实。这些系泊文化具有一定的先进性，符合时代的审美，符合时代的时尚，因而被极力地推崇。但是其中是否存在文化帝国主义无孔不入的渗透意味？的确，令人深思的是民族体育，特别是处于弱势状态的民族体育如何借助于系泊文化的力量来强化自我。

---

[1] 汤林森. 文化帝国主义 [M]. 冯建三，译. 上海：上海人民出版社，1999：1-3.
  汤林森以这张照片为切入点，开篇便讲述由这张照片引发普遍存在的文化形态问题，据此展开了全球化中强势文化对弱势文化冲击的讨论，从而总结出强势文化在某种程度上已经构成了霸权，成为文化帝国主义。

前面从三个方面分析了保安族与东乡族的民族体育相似与差异的情况。下面本文将分析保安族民族体育活动中哪些内容能够进入其自身构建的民族体育核心文化地带。

我们还是从文化涡旋隐喻分析保安族的民族体育文化，保安族民族体育活动中的诸多构成元素中有哪些内容能够进入保安族民族体育自身的文化核心？文化核心半透膜的通道对哪些内容开放？

首先，我们可以将保安族的体育活动内容进行一个大体的分类。保安族民族体育活动中，摔跤、抱腰、拔腰、拉爬牛、拖棍等属于以竞力为主的内容；赛马、抹旗、打红五枪、射箭、甩抛尕、竞渡等是借用专用器材的竞技活动；夺腰刀、木质响铃操则开始向着竞艺类型发展；其余的活动内容多为游戏性质。体育文化在发展的历程中，使用人的本能肢体活动进行玩耍、游戏，逐渐衍生出有一定技术、规则、场地、器材要求的活动，从事这些活动必须拥有必要的意识和特殊的行为，否则难以在较量中取胜，尤其是在体育诞生的初期，体育多以竞力为主。完全的竞力不能充分地体现人的能力，于是人们开始了的专用技术的挖掘和提升，竞技为主体的内容逐步占据了主导地位。随着人们对专用技术的不断演化，高超的技术引发人们的审美，鉴美的技术被不断地放大，形成了竞艺的体育形式。从竞力、竞技到竞艺历程可以说是一种渐进的过程，也可以说是齐头并进的过程。如果说是渐进的过程，主要是指在民族体育文化漫长的发展中，人类使用体育作为玩具、工具和器具是渐进的过程。如果说是齐头并进，则是在民族体育发展至今，已经拥有了大量可采借的元素，可以在短期内凝练形成新的民族体育项目。对于保安族民族体育文化来说，上述的三种分类仅仅是为了便于分析而人为地划分，在民族体育实践活动中，这三种类型的内容交织在一起，某种项目本身即包含着竞力，也固有着竞技，同时可以竞艺，更何况这些内容彼此可以相互转化。比如摔跤，不仅有力量素质的要求，更有灵敏素质的需要，达到技能娴熟状态的选手，身如绞龙、步伐敏捷、把位准确、摔法伶俐，达到出神入化的状态，这种较量给人美的享受，充分地体现着人的本质力量。因此，一个成熟的体育项目是容竞力、竞技和竞艺为一体，能够满足人们以此为玩具、工具和器具种种需求的项目。

既然对保安族的民族体育进行了分类，那么接下来就要看保安族的民族体育崇尚何种文化，其价值取向和对生命尊重的类型。这决定着保安族体育活动元素通过半透膜的具体项目内容。

保安族深受伊斯兰文化的影响，认主唯一。伊斯兰文化是一种包容性和独立性很强的文化，虽然，伊斯兰文化倾向于重天启而轻理性，认为人类独立获取的理性知识是容易出现谬误，所以应该用天启来匡正理性中的谬误，保持理性的纯真。伊斯兰文化在成长过程中从来没有拒绝过异质文化，而且是异质文化的接力者，曾有学者认为伊斯兰文化是古希腊文化的传承者，如果没有阿拉伯人的接力和传承，欧洲的文明会被中世纪所毁。在这种文化建构中，理性的知识有机地充实着伊斯兰文化。自然，具备伊斯兰文化基因的保安族会在系泊的中华大地，在中华民族文化的熏陶下，使其价值倾向于中国化。

"伊斯兰教要求人们要言行一致、诚实忠厚、不虚伪狡诈；要谦虚谨慎，不趾高气扬、夸夸其谈；在逆境中不畏缩、不悲观、不怨天尤人，要坚韧不拔、经得起考验；对人对事要宽容大度、虚怀若谷；遇到矛盾不要回避、要敢于秉公调停、主持公道、排难解纷，'该出手时就出手'；对穷人要乐善好施、慷慨解囊，但不沽名钓誉；在群体间要团结合作、群策群力，而不要挑拨离间、互相拆台；要求人们在人生的大舞台上，要时时刻刻与私欲作斗争，与嫉妒怨恨、诽谤背谈、挑拨离间、侦察隐私、互起绰号、阿谀奉承、行贿受贿等种种陋习或恶德作斗争，不断涵养品德，增强修养。"[1]

"一把手"腰刀的名称便是保安族铮铮铁骨、不畏强暴、爱憎分明价值的具体体现。榜样的力量是无穷的，这不仅可以弘扬民族共同遵循的价值，更能放大和强化人们推崇的价值。"一把手"腰刀讲的是腰刀制作人不畏强权，宁可断手，不可夺志的故事。这种鲜活的榜样，感人的案例鼓舞着保安族人在日常生活中秉承浩然正气。故事可能遥远，谚语却在耳边，质朴的"腰刀老藏在鞘里，刀刃上要生锈。"谚语不断提醒人要勤奋，要不断努力，好日子不是等来的，而要靠自己的努力。这种贴近生活的告诫，耳熟能详的谚语强化着保安族的价值体系。这种谚语与中华民族追求的君子自强不息价值引导可谓是殊途同归，相得益彰。

---

[1] 熊坤新，于潜驰. 保安族伦理思想面面观 [J]. 新疆师范大学学报（哲学社会科学版），2007，28（2）：37-43.

保安族的成员作为伊斯兰教的信徒,他们在信仰中出生,在信仰中归真复命,在接受人文大环境的中华民族系泊文化中,秉承了中国人对生命的充分尊重。他们的生命已经超出了个体的范围,真主的使命需要他们去完成,他们必须珍惜真主赋予他们的生命。伊斯兰教不只是一般意义的宗教,而且是一种经济制度、社会制度和法律制度,同时更是一种具有广泛影响力的社会生活方式与文明方式[1]。因此,穆斯林平时非常认真地善待生命,从每日大小净的生活方式中,可以看出他们对身体的呵护、对生命的关爱。而且真主喜欢强健的穆斯林,"强壮的穆斯林比起虚弱的穆斯林,在真主看来更好更可爱。"因此,无疾之外,更应强壮;要能够适应和承受任何艰难困苦,要随时准备面对各种险恶的环境和突如其来的灾难。同时,中国传统文化氛围为保安族对待生命的态度逐步具备本土化倾向,在此中国传统文化中对生命的尊重强化着这种本已经凸显的生命观。

"作为从社会规范中净化出来的个体,自我不同于德性的主体,而主要展示为一种生命的主体。与儒家注重德性的完善有所不同,道家对个体的生命存在表现出更多的关切。在他们看来,个体之为贵并在于其有完美的德性,而在于他是一种独特的生命主体,对个体价值的尊重,主要就是保全自身。道家对个体处世方式的设定,正是以此为原则:'为善无近名,为恶不近刑,缘督以为经,可以保身,可以全生,可以养亲,可以尽年。'(《庄子·养生主》)不是德性的升华,而是生命的完成,构成了自我首要的价值追求。为了'养其身,终其天年',主体即使'支离其德'(德性上不健全),也应给予理解和宽容。"[2]
(《庄子·人世间》)

有了对生命尊重的价值向度作为民族体育文化的方向性保障,民族体育的发展方向就会产生特定变化,因此保安族的民族体育呈现出争而不烈、习而强身、练而娱心的特征。

从价值体系的两个主要方面,可以看出保安族民族体育中部分内容符合民族体育文化的价值向度,与其价值架构属于同质,易于通过民族体育文化

---

[1] 吴云贵. 伊斯兰宗教和伊斯兰文明 [J]. 阿拉伯世界研究, 2009 (1): 3-11.
[2] 张岱年, 方克立. 中国文化概论 [M]. 北京: 北京大学出版社, 2004: 313-314.

的半透膜。然而，这仅仅是渗透通过文化半透膜的前提基础，能否完全通过文化半透膜还要看保安族民族体育元素的其他情况。下面本文将从两个层面重点分析保安族民族体育元素在通过民族体育文化半透膜过程中的具体情况和条件。

四、通透因素

民族体育诸多构成要素结构中，存在着大量的准元素、元素等内容，是否能够有效通过半透膜，成为民族体育身体行为构成，需要这些内容符合通透的条件。

其一，体育自身因素。从民族体育自身来看，保安族的民族体育元素中有意识地进行身体行为内容较多，比如竞力类、竞技类和竞艺类的内容。今后如果有可能进行的保安族民族体育活动的能量代谢水平研究，那么就能更加科学甄别上述三类民族体育内容的能量消耗水平，看出其是否符合民族体育的科学化标准。从人为的分析角度来看，这三类内容，除了第三类竞艺项目的运动量略显不足外，其余的两类项目的运动量能够达到在常温下微微出汗的状态。可以借用健身活动中体育人口每次活动强度的标准，也就是微微出汗的标准对这些内容进行诊断，发现这些项目符合这个标准。这个标准具有一定的科学性。李文川撰文梳理了对于身体行为的能量代谢方面的论断为此提供了依据。依据之一，世界卫生组织（WHO）把身体活动（Physical activity）定义为"由骨骼肌肉产生的需要消耗能量的任何身体动作"。依据之二，美国卫生部确认的身体活动是指由骨骼肌运动而导致的高于基础水平能量消耗的身体活动。[1] 身体行为如果低于这个标准，便难以达到对健康的促进，更无从谈起对生命的塑造。当然，在人类的体育活动中，特别是东方体育中，有些内容要求人为地降低新陈代谢水平，比如气功、太极运动、瑜伽等。这类人为比慢、比静的内容也是一种对人潜能的发掘，其特殊的活动形式对生命塑造同样是有意义的。这类活动堪比剪短蜡烛的捻以延长蜡烛燃烧的时间，使之尽可能长地为人们提供光明。对于人类的有机体而言，这类活动可以减少无谓的能量消耗，促进生命在有限中向着无限延续。这种方式和方法对于有机体的生命运动具有一定帮助，但是

---

[1] 李文川. 身体活动建议演变：范式转换和量的积累 [J]. 体育科学，2014，34（5）：56-65.

不能完全提高人类的生命质量，在生命旺盛的阶段，即使减少无谓的能量消耗，也难以长期储存这些能量，如何合理地促进有机体的能量供给，建立合理的新陈代谢状态则是更有益于生命质量的关键所在。因此，世上大多数体育活动多为比快、比劲的内容，保安族的大部分民族体育当属此类。

其二，文化涡旋的局域感知。作为本民族的民族体育文化核心是一个具备向心力的文化力量，这种力量能够产生对周边文化元素的吸引力。一旦周边的文化元素被吸引，某一元素的行动会带动周围元素的共同行动，向着核心文化运动。因此，民族体育元素之间具有局域感知能力。这种局域感知是一种临近元素之间相互吸引，并驱使人行动走向一致的表现。

"克雷格·雷诺兹（Craig Reynolds）1987年悟出一个概念：局域感知。一只鸟儿不可能预知同一群体中所有同自己一起飞行的鸟将要做的，也无法紧跟所有其他同类当前的行动。不过，它还是有能力迅速对自己近邻的行为作出反应。所有证据都表明，鸟群的运动必定是每一只鸟儿各自按照自己对世界的局部理解行事的结果的总和。……雷诺兹在实验中的粒子起名为'笨头'。'笨头'（boid），意思是'死板的小鸟'。每只'笨头'都只对离它在一定距离内其他同类产生反应，而且一个不漏。不妨称由这一距离决定的范围为'局域球'。作用的具体定律是这样的：每个'笨头'都会以位于'局域球'内所有其他同类的平均运动速度运动；它会移向整个群体的质心；它会避开其他同类不与之相撞。对速度和方向定理的约定保证了群体的存在：它们决定了所有的'笨头'会在运动时彼此靠近；与此同时，它们又不对整个群体提出任何要求——不要求全体一端的成员直接影响另一端成员的运动。"[1]

雷诺兹的实验证实了他的感悟，也与现实中的生物和人类行为情况基本吻合。鸟儿群的翱翔、蜂群的飞行、鱼群的游弋、马群的飞奔等群体行动从来不会发生混乱。人群在拥挤的人行道、商场、车站、码头、机场相向而行，不会发生冲撞；球迷进出赛场、大型团体操的队形变化，也井然有序等。这些都得益于生物之间，人与人之间存在着不同的身体距离，也有学者称之为身体

---

[1] 菲利普·鲍尔. 预知社会——群体行为的内在法则 [M]. 暴永宁，译. 北京：当代中国出版社，2010：97.

空间[1]，并能够根据活动内容的不同，即刻感知其距离的远近，随时地进行调整，以便行动一致，防止过于密集或过于疏远。在公共空间距离过近，人会感觉受到威胁，人与人的距离过远有失礼仪。当陌生人之间这种调节主要是依靠与临近的个体之间的距离来衡量，即局域距离而产生的局域感知。这种局域感知帮助人群彼此效仿，尽可能保持行动的一致，避免出现身体碰撞，此时集体行为出现了。尤其是在人类智慧的大脑主导下，可以有意识地进行预判、预测，以便提前做好行为的调整，除非出现了能够导致产生混乱的额外刺激，比如巨大的声响、强烈的震动等，犹如磁化与非磁化存在着一个-273℃临界温度，相变就在这一温度上发生。人与人之间的身体空间一旦出现了超过一定时间的过密或过疏，都说明出现了两人情感的变异。西方人的见面礼，相互的拥抱仅仅片刻之举。由局域感知而产生的人际身体距离是社会良性互动的安全阈。

从另一个角度分析，局域感知可以强烈地影响周边的人和人群。在大社会中，人口数量达到或超出一定的范围，该效应可能不甚明显，但是在小社会空间内，小群体彼此之间的相互模仿，信息的传递，与局域感知关系密切。现实中，大家都认为老夫老妻会出现夫妻相，他们的言行会产生同质化倾向；一个社区的人们言谈举止也会产生相似的情况；社会的时尚也因为局域感知而得到强化，随大流的从众心理引起种种群体性社会现象等，都是群体行为的具体表现。民族体育的流行与传承，特别是在口传身授的时代，民族体育的身体行为多依靠与局域感知所引发的互相模仿而趋于同质。保安族的民族体育之所以能够产生与临近的东乡族相似，应该有这样的因素影响。保安族自身的民族体育活动更是乡邻之间的相互模仿而日趋成习。在局域感知作用存在熟人与陌生人的区别，熟人之间近距离不会给对方造成威胁，彼此相互信任，在此基础上信息传递也更加流畅和密集。陌生人则存在着一定的防范心理，身体距离相对较远，信息沟通也比较有限，但这并不影响人的集体行动的大方向，或者大趋势。保安族与东乡族民族体育文化同属一个文化圈，牢固的同根文化影响规定着其集体行为，即使有系泊文化的强烈影响，保安族民族体育依然保持与东乡族民族体育相似的状况，而与系泊文化却保持着一定的距离，汉族、西方体育文化在当地的渗透是逐步的、缓慢的，仅仅是有相当影响力的异质体育文化项目能

---

[1] 美国人类学家霍尔（E.T.Hall）（1996）在近体学理论提出，人际交往中有规律的使用四种人际距离，即亲密距离0~44厘米；个人距离44-122厘米；社交距离122~370厘米；公共距离370厘米以上。

够深入人心，成为其集体行为，比如武术、篮球。这种局域感知尤其在民族人口较少的地区产生着重大影响，一则是他们的聚居比较密集，社会空间比较有限，相互的往来比较便利。二则是民族的自我心理影响，这种如同社会软控制中的风俗、习惯一样，人们会在有限的社会空间内对某种事物产生高度的统一。三则是致密型的小群体，加剧了行为的趋同性，趋同行为的合力作用，产生较大的向心力，帮助民族体育元素在文化涡旋中向核心地带靠拢。四则是随大流的社会行为影响着大众行为，整个聚居范围内的人群一旦出现一种行为，便会一传十、十传百地蔓延开来。五则是在乡亲中意见领袖的带动，恰如研究人员在研究中发现的相向而行的人群在通过狭小通道时，带头人的方向会引导后面人群移动的方向一样，在保安族社会中，具有宗教领导身份的行为发挥着引领作用。六则是民族体育活动具有的感召力，当体育活动激发的肾上腺素分泌量达到一定程度的时候，人的激情被调动，人们会更容易投入到场景活动之中，比如在节庆期间人们普遍地参与民族体育活动。七则是民族体育具有仪式性，这种内容是其主流文化的表现，人们难以抗拒。所有这些因素强化着局域感知并引导着个体的行为，或小群体的行为，直至群体行为向着趋同的方向发展。以上的各因素综合地作用于民族体育元素，使分散的元素凝聚起来，产生合力向着民族体育文化的核心地带转移。

其三，高度统一的社会组织力量。根据莫里斯社会发展指数中的社会组织理论，可以看到一个城市是反映社会组织的有效指标，广大的乡镇、村庄的社会组织不亚于大城市的社会组织。这些乡镇、村庄的社会组织在某种程度上介乎于法理社会和礼俗社会之间，更多地表现出礼俗社会特征，其社会组织具有一定的复杂性和特殊性。而这种属性在某种程度上是影响民族体育的重要因素。19世纪末，费迪南·滕尼斯的家乡——德国，工业都市正在快速兴起。滕尼斯对这个变化感到惊愕不已。他认为，这个都市的变化代表着人类社会正由一个互动频繁的社区形态（礼俗社群）急剧转型为较少互动的、冷漠的大都市（法理社会）。[1] 滕尼斯所用的词句很有意思，互动频繁的、冷漠的，这两个修饰词大体上概括了两种社会形态的主要特征。通过表3-2可辨析法理社会与礼俗社会的主要特征。

---

[1] 理查德·谢弗. 社会学与生活 [M]. 刘鹤群，等，译. 北京：世界图书出版公司，2008：138-145.

表 3-2 不同社会形态特征比较

法理社会	礼俗社会
1. 大多数人都是陌生人；	1. 几乎所有人彼此认识，互动亲密；
2. 人际关系受到互动情景的角色主导；	2. 以私人方式彼此互动；
3. 自利心支配一切；	3. 人的隐私较少；
4. 没有共同的价值观和社会成员义务；	4. 控制手段主要是道德劝说、闲话、表情；
5. 社会控制需要依赖正式手段；	5. 社会变迁很慢；
6. 社会变迁非常明显；	6. 偏见和歧视普遍；
7. 竞争忙碌的社会；	7. 过度强调家庭背景这样的先赋地位；
8. 比较强调自致地位。	8. 社会对追求创意的人会持不信任的态度。

保安族所聚居的社会在很大程度上尚处于礼俗社会阶段，从其礼俗社会基本特征来看，其文化事项的发展与城市文化发展存在着特殊性。比如社会互动的亲密、私密性与前文分析的局域感知有直接的关联，个体之间容易产生相互的效仿，一项活动内容能够较快地在小环境中开展起来，成为集体行为。因而，社会组织的统一性较高。这对民族体育活动的群体性开展具有积极意义。传统的民族体育活动内容和形式在整个社会组织缺乏追求创意革新的左右下，古老的内容和形式不易改变，保持着传统，反而有效地保护了原生状态的民族体育。这种力量成为处于礼俗社会的主流力量，导致文化半透膜具有相应的通道可供这类内容畅行无阻。如果某项活动得到了领袖人物的器重，这么这项活动的身价和地位便会得到提高，被穆圣推崇的体育项目自然是民众热衷的项目。摔跤是这个社会组织中被人们青睐的民族体育活动，因为在伊斯兰的文化中就认为穆圣是摔跤高手。

"据传穆斯林的先师穆圣本人就是一名出色的摔跤手，他曾和一个名叫鲁柯南的著名大力士摔跤，连续三次把这位大力士摔倒。大力士心服口服，甘拜下风。穆圣告诉他摔跤的目的不仅在于游戏，更是一种竞争。因此，在穆斯林民族中摔跤等民族传统体育活动开展得十分广泛。"[1]

---

[1] 马明良. 伊斯兰文化新论 [M]. 银川：宁夏人民出版社，1997：246.

在这种氛围影响下,即便小孩子摔跤能力不足,但是他们可以使用基础的摔跤方式,抱腰、拔腰,因此得到了很好的发展,这些活动不仅仅局限在年幼的少儿,没有完备摔跤竞技能力的人也可使用这种方式进行技术的学习和意志的磨炼。因此,这类项目具有了广泛的群众基础,具备了被高度认可的社会地位。

上述因素可有效帮助保安族民族体育元素通过民族体育文化半透膜进入核心文化地带。

五、制约因素

从民族体育自身属性分析,缺乏必要能量代谢、较高水平技术体系的内容难以达到生命塑造的目的,因此不易通过民族体育文化半透膜。用民族体育的关键指标标准对照保安族民族体育元素,可以发现保安族的竞力、竞技、游戏类中的部分内容难以达到超越常人的能量代谢标准,比如射箭、打石头等,运动负荷很小,不易产生对生命进行塑造的效果,充其量是一个娱心乐情的活动。如果进一步对这些身体行为进行分析的话,可以发现,保安族的民族体育中,有相当一部分内容缺乏必要的专门技术,人们可以在很短的时间掌握这些活动方法。比如甩抛尕、抟棍、抱腰、爬山等。甩抛尕的技术含量相对高一点,需要人们认真学习才能掌握,而抟棍、抱腰更多的是依靠力量的大小,技巧性相对较少。那么,以构成身体行为的专门技术来分析,这些内容尚未达到具备系列技术的体系化程度,因此难以成为保安族民族体育的核心文化内容。

局域感知的原理告诉我们,由于局域感知的范围有限,对于距离遥远的文化感知能力不足,因此他们无法广泛地将更为有效的、先进的、务实的体育文化纳入其群体行为之中。比如,保安族没有很好地借用西方体育中的马术来改造他们在城镇中进行的马上运动,致使马上运动项目难以适应城镇空间。幸亏保安族聚居地尚未发展到有规模的城镇状态,尚有可供人们进行赛马活动的空间。

从社会组织的角度分析,我们也发现由于在礼俗社会状态中,意见领袖的作用过大,从而覆盖了民众的心声,对于民众喜爱的民族体育活动内容易受意见领袖观念影响,民众无能为力与之抗衡,只得选择顺从。比如在课题组实地调研过程中,体育局的工作人员对我们坦言,有些保安族的民族体育活动内容受到了意见领袖观念的左右,被认为是不务正业、游手好闲,甚至是有悖教义,因此人们不敢进行民族体育活动。这个问题比较严重,对于本民族文化的有机构成部分存在如此歧视，可能会导致民族文化的残缺不全。民族体育在人们的生活方式中所占比例本来就不高，这是一个不争的客观现实。中国人好静不好动的传统至今影响力很大，人们可以在电视机面前消磨时日，可以在电脑游戏中虚拟生活，可以坐在麻将桌旁通宵达旦，就是没有时间去自然环境中活动僵硬的肢体。在乡村日常的生活方式几乎是吃饭、睡觉、晒太阳、聊天等，从事体育活动的人十分稀少。如今乡村中青壮年多半外出打工，留守的人员以老人和妇女、儿童为主，在这样的社会结构中，将体育纳入生活方式的确不太容易。在这种状态下，意见领袖的影响力更显得作用强大。体育活动纳入生活方式，成为生活方式的组成部分，在理论上讲，应该是城市化后的结果，而在乡村这种将体育纳入生活的方式并不现实。课题组在调研现场没有看到平日里进行体育活动的人影，当地人说，平时几乎没有人进行体育活动，在节庆活动中看到的也仅仅是少数人的表演性活动。而且，劳动、家务能够代替体育活动的观念很是流行。我们在刘集乡也很难见到像样的体育场地，场院是主要的活动空间，这也是一个不容忽视的客观制约因素。晨星挂在天际，清真寺的钟声回荡在整个村落，人们开始了每日的晨礼。穆斯林的五礼是一个肢体活动的形式，人们认为每天进行神圣的拜功比专门进行体育活动更加有效。礼拜时净、动、静有机地结合，其中净有协调内分泌、调节器官机能的作用；动则是由有节奏的站立、抬手、鞠躬、叩头、转颈、撑掌等系列动作组成，自然有助于机体机能运行；静是排除杂念，配合动而达到内外合一的效果。有了这种占据主导地位的肢体活动以及相应的观点，人们更难将民族体育纳入生活方式主流之中了。

人口数量是一个制约保安族民族体育文化发展的重要因素。第六次全国人口普查中，保安族的人口20074人，这个数量不仅在中国的少数民族中属于少数，而且其地域分布也比较局限。文化需要人来传播，人口稀少，文化传播的范围和效率便会降低。太平洋上的岛国斐济，人口仅为89万人；印度洋的毛里求斯，人口仅为140万人，他们的文化影响力能够和人口众多的中国、印度相提并论吗？在人类社会中，存在无数的小世界，彼此之间联系十分有限。原始社会时期，居住在山洞中的人属于"穴居世界"人群，他们干什么都在一起，一般尽可能避开其他群落。那时的社会发展速度十分缓慢。随着社会的发展，如今人们可以通过互联网进行随机的联系，建立起庞大的社交网络，学者称为"日光浴室"群体，人类在这个阶段进入快速发展期。如今，似乎"穴居世界"里的人数越来越少，"日光浴室"里则是人潮涌动。人类社会已经进入到了互

99

联时代。其实，现实生活中人们依然生活在属于自己的"穴居世界"中，但是这个世界中的人们拥有了无线的外联媒介，真正的有效互动依然保留在原有的小世界中，文化的发育、成熟、成型依然还在小世界中。当然，文化也囿于小世界被泯灭。为了说明这个问题，我们先看看有关小世界的理论。

当你遇到一个陌生人，无意间同他聊了一会儿后发现你认识的某人他居然也认识，令人感叹："这个世界真小呀！"在地球上，对任何两个人来说，借助第三者、第四者这样的间接关系建立起来的两人彼此联系，平均距离是6，即人们平均需要通过5个中间人的沟通，就能与地球上任何角落的另一个你欲结识的人建立联系。尽管这个平均数6不一定很准确，却反映了人与人之间的平均距离数值与70亿全球人口相比是一个非常小的数字。对于这种小世界现象，康奈尔大学的史蒂文·斯特罗格兹和邓肯·沃茨从20世纪90年代就开始研究社会网络。他们认为在"穴居世界"里，都同某个人有朋友关系的两个人，必然属于同一组群，因此基本上会成为朋友。而在"日光浴室"世界里，即便是两个有许多共同相识的人，彼此成为相知的可能性，也不会大过他们之间的任何一个同随便某个陌生人结为相识的机会。两位学者将研究的结果绘制成一张示意图（图3-5），清楚地展示了这种变化规律。

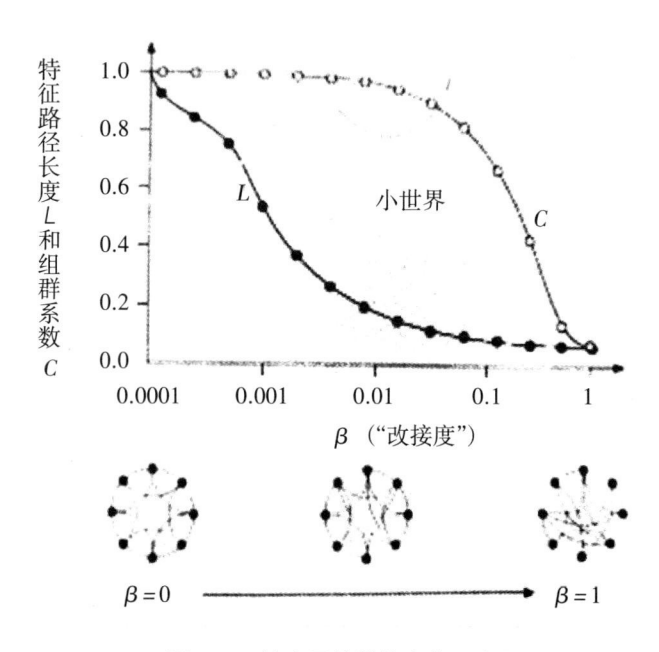

图3-5 社会网络模拟变化示意图

这张图所表达的是在环形图的改接过程中，连接各个组群的特征路径长度 L 和组群系数 C 的改变是相当突然的，具有相变性质，即小世界的边界就在这个点上。[1] 图标底部左侧的圆形图属于"穴居世界"，概率是 0，网络图处在规整状态，没有顶点与外界联络。右侧的图则可代表"日光浴室"状态，其概率达到了 1，是一种完全随机图，它有很多突出的顶点可以与外界联系。β 可以看成是对改接程度的量度。图中的横轴标度是对数式的，这意味着 β 在取值较小时的改变被"放大"了，这样可以将它同 L 的变化的关系表现得更明显。L 的改变在走出几步改接中表现得最为明显。L 和 C 在规整图中都有较大的取值，而在随机图中都是较小的。不过，这两者的变化并不是在同一阶段上发生的。当出现大 C，即存在广泛直接联系且特征路径很短，而小 L 也就是说具有较多组群数量范围内的情况时，对应的便是"小世界"网络。专业术语表达为：既具有较短的平均路径长度又具有较高的聚类系数的网络就称为小世界网络。[2] 或者说，就是在原有组群数量不变的情况下，外联数量频率、距离只有达到一定状态，能使原有的组群数量出现瓦解，小世界不复存在。从中可以分析出，随着改接次数的增多，L 和 C 都会逐渐减少，原来规整网络会失去自己的组群，却会得到越来越多的捷径，取得与外界的广泛联系。

在复杂的现实社会中，没有完全的"穴居世界"和"日光浴室"世界，大多人群之间的关系是处在两者之间的状态。在现实的小世界中，人们分成若干个小的组群，如亲戚之外的朋友圈子。各组群之间存在着大量相互连接的捷径，于是降低了平均的特征路径长度，即人与人之间的交往十分便捷。非亲戚的和睦邻居关系恰好说明两个族群间的连接。实际上，在小世界中，每个人都处在网络的中心地位，而大世界则不同，普通人很难成为网络中心人物。在小世界中，由于彼此之间密切的人际关系，一种事物会很快得到大家认同，被认同的事物会不断在自我的小世界中成熟。美国布鲁金斯学会的爱泼斯坦证实："一旦某种规范在一个圈子里成了根深蒂固的东西，每个元体就根本不用动脑子了，只要朝左邻或者右舍看上一眼就行了。这时候，进行选择就根本不用花

---

[1] 菲利普·鲍尔. 预知社会——群体行为的内在法则 [M]. 暴永宁，译. 北京：当代中国出版社，2010：295.

[2] 汪小帆，李翔，陈关荣. 复杂网络理论及其应用 [M]. 北京：清华大学出版社，2006：22.

费任何心思。"[1]这是一种典型的局域感知现象。保安族人认为射箭、赛马、摔跤等活动就是其固有民族体育，事实上，这些内容有多少成分属于保安族，没有人深究，一切似乎是理所应当。如何进一步保护、发展，更无人问津、无须顾虑。而且，在小世界中所形成的文化由于相对的封闭性，会引发特色鲜明的故步自封倾向，导致该系统中因封闭所致熵值不断提高后出现系统紊乱。当封闭圈子的人群与外界大世界接触后，可能产生各种心态，要么盲目自大，要么妄自菲薄，不易客观地评价自我，多数情况是小世界的文化会比较自卑。比如保安族民族体育中有很多小世界圈子的特产——特色体育项目，但是在与大世界接触后，其民众的自我认同程度受到极大冲击，民众不参与保安族民族体育活动，甚至忘记了民族体育活动的方法，这是妄自菲薄心态的恶果。另外，保安族在其他省份分布十分有限，这是不利于保安族文化对外扩散的原因之一。小世界容易产生自卑，一种没有正当理由的自卑。文化的强与弱不在于人口的众与寡，而在于文化的独与特、精与新。日本创造了相扑，独特的、精致的相扑在自信中走向了大世界。[2]应该看到，如今社会的开放，互联网的普及，导致小世界的文化开始了从相对规整网络向着随机网络演变的历程，人海战不是取胜的唯一。保安族人有积极推广特色项目的成功案例和经验，通过民族运动会、文化节庆、商贸旅游等途径，保安夺腰刀项目得到推广，并取得了良好的社会反响，对推动保安族文化传播发挥着积极的作用。

文化半透膜中的文化认同价值开关，重点体现着文化价值的价值判断。在这个文化价值判断构成中，不仅包含体育自身的属性、社会环境各项因素，还包括各种附加因素。当本研究分析了前两项内容后，发现了保安族民族体育元素中某些项目具备优势，得出这些内容有可能被人们认同，通过文化半透膜。除了文化半透膜中的文化价值开关，还需要附加因素的开关。在各种附加因素中，保安族民族体育在先进程度、普世程度、持久程度、渗透能力、新颖程度等方面都没有表现出明显的优势。在这种情况下，保安族民族体育元素中的很多内容便不易通过这道文化半透膜，成为保安族民族体育文化的核心构成。能够通过半透膜的内容的确要有一定的势能，在诸多的势能表现中，特色是一种

---

[1] 菲利普·鲍尔. 预知社会——群体行为的内在法则 [M]. 暴永宁，译. 北京：当代中国出版社，2010：246.

[2] 庞斌，陈青. 小国大人：漫谈日本相扑 [J]. 中华武术·研究，2011（5）：89-92.

能量的表现。比如抹旗、打红五枪、夺腰刀等,这些项目是其他民族所没有的,可以说是独一无二的保安族民族体育文化。恰如在文化交流中异质相吸的原理,这些内容进入保安族民族体育文化之中可以积累文化交流的资本,在今后的文化交流中占据主动。竞渡在某种程度上,由于竞渡的方式和方法有许多独到之处,也是独具特色的。竞渡项目的普及程度不高是一个值得关注的问题,需要对其进行必要的改造,以便使之能够拥有更广的参与群体。除了特色因素之外,这些项目本身的适应性也是一个不容忽视的因素,上述本土的特色项目,不存在水土不服的问题。而其他进入民族体育文化的项目,可能存在适应性的问题,比如赛马、压走骡,多是保安族采借而来,特别是借助牲畜来进行活动的项目内容,随着生产方式的改变,城镇化步伐的加快,固有民族体育项目的生存空间面临威胁。西北地区的城镇化也会随之而不断

表3-3 保安族民族体育文化认同

民族体育元素	民族体育文化半透膜	民族体育文化
摔跤、抱腰、拔腰、拉爬牛、扽棍、顶牛。赛马、抹旗、打红五枪、压走骡、射箭、甩抛尕、打石头、竞渡、徒步野猎、骑马围猎。夺腰刀、木质响铃操、武术。打地米俩、跳房、下方、踢毽子、爬山等。	1. 体育本体　2. 价值体系　3. 社会因素　4. 辅助因素　认同构成:肢体活动　意识状态　身体行为　能量代谢　生命塑造　道德方向　生命尊重　能量获取　社会组织　战争能力　信息技术　人口数量　先进程度　普世程度　持久程度　渗透能力　新颖程度	摔跤、拔腰、顶杠子、赛马、压走骡、抹旗、打红五枪、竞渡、夺腰刀。

提高，城镇化后的公共空间，特别是能够提供给大量使用公共空间资源的赛马等活动的空间将会变得越发紧张。对于这个问题，保安族的赛马等需要较大空间的体育活动项目，是否可借鉴香港、英国等马术运动的模式，对保安族的赛马、抹旗等项目进行必要的延伸改造，这样既可保留原有的马上运动，又可使更多的人群介入马上运动项目。这些问题不仅关系到民族体育的生存，更关系到民族体育项目的发展。

第三节　裕固族体育文化图景

裕固族的民族体育活动有着悠久的历史，勤劳勇敢的裕固族人民同各族兄弟一道，在征服大自然的过程中，创造出了许多别具特色的活动项目，有赛马、赛骆驼、摔跤、射击、射箭、拉爬牛、拔棍等。民间还普遍流传着"围和尚""拔河""踩高跷""闹灶火"等活动。近年来，恢复了刁羊羔、套马绳、打蚂蚱、骑雪马、顶牛等传统体育活动。目前，人们能够看到的具有裕固民族特色的体育活动主要有以下项目。

拉爬牛：拉爬牛是角力的双方套好绳头，保持静止状态，裁判员发令，双方手脚触地用全身力量向前爬行，以被拉过中间的界线来判定胜负。比赛开始和结束以鸣哨为准，参赛者不准在场地上挖坑及借助于附属物，否则判为犯规，取消比赛资格。

拔棍：拔棍时，两人面对面坐在草地上，两腿伸直双脚相蹬，两人手握横在两人之间的结实木棍，一声令下，两人同时使劲往自己怀里拉棍。只要先把对方的臀部拔离地面，就算胜利。

拔腰：拔腰是裕固族小伙子在祭鄂博、草原放牧或者牧闲时的一种角力活动。拔腰时，两人互相抱住对方的腰，一声令下，双方同时用力，比赛看谁能够先将对方的脚拔离地面，或者能把对方摔翻在地。在牧民中开展得很是兴盛，其中有男对男，还有女对女，甚至有男女相互较量比试。

顶杠子：顶杠子也叫"木尔格"。比赛用的杠子为长约 1.5 米，直径 7 厘米的优质木杠，场地为 12 平方米的方形场地，场面地中间画有中线，同时可供 8 人分 4 对进行比赛。比赛开始前，双方进入场地，站在中线两侧，将杠子两头顶在各自的肩部，双手握住杠端，保持静止状态，裁判哨声一响，各自发力，看谁能够一往无前地冲过中线。然后交换场地、换肩进行第二局比赛，第三局交换场地后，则用腹部进行顶杠子，全场比赛均为三局两胜制。

赛马：裕固族赛马，主要有走马赛和奔马赛。在走马赛中主要是较量马的走势，马匹在骑手的驾驭下要走得快、稳。奔马赛则是比试骑手驾驭马匹的奔跑能力，以赛速度为主。获得前三名的骑手获得马鞍、茶砖、哈达等奖品，马匹也不会被怠慢，要披红挂彩。

摔跤：裕固语称摔跤为"玛勒啊拉斯"，这是一项裕固族古老的运动。既是力量的较量，更是技巧、智慧和毅力的竞争。比赛共摔三次，三局两胜。优胜者虽然没有奖赏，但被牧民视为"巴特尔"。获得巴特尔（好汉子）称号的小伙子特别受人尊重，还能得到姑娘们的青睐。

射箭：裕固族年轻人常常携带自制的弓箭，聚在一起，摆好靶子，搭弓射箭，自娱自乐。由于在裕固族婚俗中，新郎要向新娘和伴娘射出三支红柳箭，箭要命中新娘裙袍，射中意味着驱邪、吉利、美满。因此，裕固族年轻人平日里自觉苦练射箭技术蔚然成风。

套马绳：套马绳是游牧民族放牧时抛套狂奔马匹的工具。套马绳是一条长长的绳索，一头挽成套扣，套马时绕环数周将套口甩向欲套的马头，套住马颈以便控制马匹。牧牛、牧羊时也使用这种方法。经过牧民的改造，牧民们使用这种形式进行竞赛，在飞奔的骏马上，选手眼疾手快地抛绳套准，或比套中牲畜的数量。

赛骆驼：赛骆驼主要是走骆驼和奔骆驼。走骆驼以走步稳为上，由骑驼者手持盛满水的碗，看看能否溢出，溢出最少的、驼走得快而稳的为胜者。奔骆驼则是以速度取胜，按既定的目的地，先到达终点的骆驼为胜。

赛羊：赛羊有点类似动物选美比赛，它深受裕固族人民的重视。赛羊不仅能取悦人心，而且能通过这项活动选拔羊的优良品种。裕固族人民在闲暇多自发组织赛羊活动，各个牧民把自家最好的羊牵过来，进行选秀比赛。评比条件是：一要羊的体格好，高大、肥壮；二要羊的毛质纤维的密度、厚度优良；三要羊的外观好看。

刁羊羔：刁羊羔是草原上裕固族少年儿童最爱玩的一种游戏。游戏时，一个孩子在前面做"羊头"，后边的孩子们跟随其后，拽着前面伙伴的"羊尾巴"（即衣服后摆或腰带），打头的孩子用手捕捉后面的小伙伴，而后面的孩子们则灵活地左右躲闪不使被捉。游戏中，谁捉的最多为胜者、有本事，下次还是由他来打头，反之则被贬为"羊羔"排在队伍最后。

射击：枪支射击是裕固族人非常喜欢的传统项目，获胜者被称为神枪手，受到大家的尊敬和崇拜。比赛有三种形式：一是无托射击活动靶，靶挂在滑动的一条绳子上，射击者打活动靶，一人三枪，射中环数多者为胜；二是有托靶射击，即用枪架子支起来射击，一般距离为百米，一人打三枪，击中环数多者为胜；三是骑马射击，骑马快速从把前大约50米跑过，一人三枪，以击中者为胜。

除以上所述内容外，在肃南城乡还流传着骑雪马、打蚂蚱、拔河等一些体育活动内容，以及河西一带流行的打腰鼓、踩高跷、秧歌子等民间娱乐活动。

裕固族体育活动有两个鲜明的特点：一是自发组织。曾经的"逐水草而居"游牧松散生活习惯，以及近来分散的居住格局，只在重大节庆、祭祀活动时，人们才能进行有组织的活动。其余时段，活动规模较小，少有专人组织，多为民众自发组织。二是特定赛制。凡是进行体育比赛都以三个回合为赛制，三局两胜是基本规程。这正应了裕固族人的谚语："马鞍子正就得四角平，人的本事得显三次才能论"，体育比赛恰是验证和体现裕固族人价值取向的重要领域。

从裕固族民族体育的元素来看，裕固族的民族体育是甘肃特有民族中民族体育元素最为丰富的。丰富的民族体育与生产、生活存在着密切的关系。

人类社会在发展过程中，为民族体育产生和发展提供着无穷的资源。体育的产生和发展离不开社会、文化资源。如果说民族体育原本是槲寄生，那么它所寄生的文化则属于民族体育产生的母体。从已经发育成型的中介来看，劳动、宗教、教育、战争、娱乐等都是民族体育寄生的主要文化体。文化体在特殊的自然地理环境、人文环境影响下，形成了各异的文化模式。东方伦理文化与西方契约文化是一种截然不同的模式，在各异的模式下又产生了诸多的文化类型，东方农耕文化模式中水稻生产类型、高粱生产类型便出现了耕作周期的差异。西方工业文化模式中，机械化生产类型下，至今依然保留着手工生产类型，比如瑞士的手表制作。因此，在这些文化模式的影响下，民族体育沿着各自的方向发育和发展，逐步成为与母体文化相一致的民族体育文化类型。这是民族体育文化形成的总体格局，那么每个民族的体育文化又受到地域自然、人文环境的影响，出现地域性的变形。裕固族民族体育受到各种文化母体的影响，形成了独具特色的民族体育类型。

一、生存方式定向

　　裕固族与回纥、蒙古族有着源远流长的关系，其生产方式基本同属一类。裕固族的族源，可追溯至古代的回纥。回纥人用古代突厥语"团结""联合"之意命名自己的民族，回纥人于公元745年建立了回纥汗国，贝加尔湖以南，阴山以北，兴安岭以西和阿尔泰山以东的蒙古草原地区都是汗国的辽阔疆域。在汗国统治近百年间，回纥部团结了草原上各游牧部落，逐渐融合为回纥族。回纥汗国的历代可汗都接受唐朝的册封，成为唐朝的属国，还协助唐朝平定安史之乱。公元840年，汗国疆域不幸遭遇天灾，且有外敌侵扰，多重因素制约下而崩溃。汗国各部分别向西、向南迁徙，其中一支南下来到河西走廊的甘州（今张掖）一带，被称为甘州回纥，这一支是今天裕固族的重要源头之一。他们在公元895年占领甘州城后，建立了独立政权，开始了新的生活。可是到了公元1208年，西夏强大的攻势摧毁了甘州回纥政权。无奈，甘州回纥的一支退避至敦煌以南，柴达木盆地以北，西到罗布泊、若羌一带，以此为基地，改称"撒里畏兀尔"。"撒里"为"黄"的意思，此乃"黄头回纥"的由来。在公元1226年，黄头回纥被蒙古军队征服后生活一直相对稳定。公元1368年，明朝在撒里畏吾尔地区设置了安定、阿端、曲充三卫，回纥人一直在这一地域繁衍生息。直至15世纪初，叶尔羌汗国实力强大起来，并不断向东扩张，以武力推行伊斯兰教。对于信仰藏传佛教的撒里畏兀尔人来说这无疑是一种强大的压力，他们只能与部分蒙古部落举族东迁，来到山高地险但水源充足的祁连山麓定居下来。至此，回纥人与当地汉、藏等民族共同生产和生活，逐渐融合为一个新的共同体，即今日的裕固族。中华人民共和国成立后，裕固族人才有了真正稳定的聚居地。

　　来自草原上的游牧民族，生产方式始终保持着传统的状态。唐代，玄奘在西游印度回国后撰写了《大唐西域记》，展示了当时他的所见所闻。他在序言中写道：

　　"时无轮王应运，赡部州地有四主焉。南象主则暑湿宜象，西宝主乃临海盈宝，北马主寒劲宜马，东人主和畅多人。故象人之国，躁烈笃学，特闲异术，服则横巾右袒，首则中髻四垂，族类邑居，室宇重阁。宝主之乡，无礼仪，重财贿，短制左衽，断发长髭，有城郭之居，务殖货之利。马主旨俗，天资犷暴，情忍杀戮，毳帐穹庐，鸟居逐牧。人主之地，风俗机惠，仁义照明，冠带右衽，车服有序，安土重迁，务资有类。三主之俗，东方为上。[1]"

玄奘所说的这些地方分别是印度、东罗马帝国、突厥、中国。其中与裕固族有点关联的是突厥。唐初，突厥分裂成东、西突厥，灭亡于唐，高宗末东突厥复国建立后突厥汗国。公元 745 年，唐朝与回纥联合灭后突厥汗国，东突厥诸部或者在战争中消亡，或者融入回鹘（回纥），或者融入唐朝。由此来看，裕固族的历史可谓源远流长，其生产方式长期保持着以游牧为主，恰如玄奘所言的"鸟居逐牧"。

游牧生产方式在很大程度上开阔了裕固族的眼界，他们与不同的族群进行广泛的接触，学习和掌握了一些定居族群所不易接触的东西。比如从蒙古族人、藏族人的身上他们学习到了无畏、开拓、坚韧、顽强精神。蒙古族人的历史告诉人们以铁木真为始的铁骑扩张，虽然被戏称"蒙古人所经之处，都变成了猫头鹰和乌鸦的栖息地，只听得见呼呼的风声。"[2] 但是，蒙古人将东西文化连成一体，最大限度地实现了无障碍的异质文化交流场域。在这种精神的鼓舞下，裕固族人没有被艰苦的自然环境所难倒，他们始终在不懈地与自然抗争着，并在此过程中，孕育了自己独特的文化。其中民族体育的项目类型可以管窥其中部分端倪，比如，各种比赛中竞争意识非常强烈，参与者不会服输。这个民族也与蒙古族一样，将赛马等马上运动推崇为本民族最重要的民族体育。每位裕固族人认为会骑马，并能够骑马进行竞赛是民族的象征，是男人的本分。课题组在肃南调研期间，东部裕固族杨哥部落后裔白自英老人自豪地说："裕固族人人都会骑马，自小与马、牛、羊打交道，马是交通工具。只要是裕固族人，他就会骑马，也能赛马。"第三次在肃南民族运动会上的调研中，为肃南这样一个经济发展并不富裕的县城，拥有一座国际水准的索朗格图国际赛马场而震撼。为痴马的牧民们，自费养马、参赛的热情而感动。他们朴实的话语中，自然流露出对马的钟情、对赛马的激情，他们说只要是有机会，会千里迢迢地赶来参赛，至于不菲的花费没有过于计较。这种氛围得益于裕固族的赛马活动在各个

---

[1] 玄奘. 大唐西域记校注（卷一）绪论 [M]. 北京：中华书局，2006：42-43.
[2] 伊恩·莫里斯. 西方将主宰多久 [M]. 钱峰, 译. 北京：中信出版社，2014：250.

场合频繁地出现。在祭鄂博活动中有赛马，在节庆中有赛马，在娱乐活动中有赛马，在生活中有赛马，可以说赛马活动是裕固族人最喜爱的民族体育项目。说到这里，不得不说说关于赛马的起源，这又与藏族文化紧密地联系在一起。

"藏族是吐蕃后裔，源于上古时期的羌、戎诸部。藏族先民将祖先崇拜与自然环境中的神山崇拜联系起来，经过宗教的演绎和仪式化形成了山神崇拜，并流传至今。最为典型的是华锐藏区，每年农历的5—7月，到处祭祀山神，举办赛马会。关于赛马会的来源，民间传说有'十三战神说'和'十三勇士说'两种。传说虽不足以为信，但却反映出了华锐后人对民族英雄和祖先崇拜的心理意识。准确地说，赛马会的形成与祭祀山神密切相关。游牧生产具有流动性、分散性的特征，平时部落成员很难聚集在一起，只有在祭祀自己信仰的山神期间，才会骑马而至，在煨桑、诵经、叩拜、插箭结束后开始赛马、饮酒、唱歌。如果说英雄崇拜和祖先崇拜是华锐藏区赛马会产生的心理动因，那么，山神崇拜则是赛马会形成的宗教背景，为赛马会搭建了操作平台，使其成为可能。"[1]

生产方式中的马早已经成为裕固族人生活的一部分。裕固族一般在每年农历四月十一以后的几天内择日举行传统农祀活动，其中就有剪鬃仪式。裕固族人非常爱护牲畜，当小马驹长到一周岁时，要举行隆重的第一次剪鬃仪式。在这一天，要请来亲朋邻友祝贺。剪鬃时，一边唱《剪鬃歌》，一边剪。剪下的第一撮鬃毛，拿进帐篷，进献佛像，以求保佑。剪完后，主人要盛情款待客人。客人借酒祝兴，赞美主人有了骏马。最后，主人要骑上马驹串帐篷。每到一处，人们要以吉利的话祝贺。

在裕固族的婚礼上男女双方都要请歌手前来助兴，马是婚礼中的重要角色。举行戴头面仪式时，舅舅或歌手们唱着典雅、动听的《戴头面歌》一路护送新娘前往男方家，满心欢喜的迎亲队伍设酒宴款待女方送亲队伍。当女方送亲到达男方家门时，一幕惊心动魄的马术表演上演了，骁勇的骑手驰马或驾驼冲击专为新娘设置的小毡房，男方亲友想方设法地驱逐他们。三轮的攻防，考验着

---

[1] 张建华, 等. 西北走廊游牧民族传统体育文化的同根异功现象［J］. 中国体育科技, 2016, 52 (5): 40–45.

男方对新娘的护卫能力。当然，一般而言总是男方的防守占优势。

游牧生产方式同时也失去了不少发展机遇，生产方式的单一制约着一个民族文化的全面发展。

首先，生产方式单一。在单一的生产方式下，经济类型随之单一化，单一化不利于整体民族的经济增长。在人类社会中，单一的经济类型在很早的时候就已经转向了复合经济类型，其中农业经济成为各个民族的立足之本。有考古资料证实，中国北部的渭河流域，在公元前5000年后，就开始慢慢从狩猎转向了农业。农业生产可以提供比较充足的粮食，成为人类生存之本业。因此，在地球上大凡是很早就进入农业生产的地域，其发达的程度远远高于其他地域，成为文化和文明领先全球的地带。《齐民要术》记载，截至公元530年，中国长江流域南部，已经为人所知的水稻品种超过了37种，而且移植技术也变得相当普遍[1]。大量南迁人口和当地的人口汇集成当时中国人口密度较高的地域之一，粮食作为生活的必要保障，可见农业经济的重要性，因此就不难理解为什么人们对农业经济高度重视。衣食足知荣辱，仓廪实知礼节，文化是建构在经济基础上的，没有了经济的支持，文化便没有了发展之源。世上很多的科技、艺术、宗教、文化、体育等的发明和发展都是在人们衣食无忧的情况下得到了繁荣发展。由此看来，裕固族的民族体育结构相对单一的现象，即多为竞力类型的活动，估计与经济类型存在着必然的因果关系。

其次，生活方式单一。生活方式单一导致的结果是生活内容贫乏，贫乏的生活必然伴随着生活质量的低下。在某种程度上，裕固族人的生活与生产高度吻合，生产即生活，生活即生产。

"他们将有限的草地分为冬、春秋、夏3块放牧场，每年进行四期利用。6月中旬至9月底，在夏季放牧场每5~10天换放牧地，进行地带性轮牧，给牲畜抓好膘。10月在秋季草地进行羊牛驱虫、整群、牲畜出栏，做入冬准备。11月中旬进入冬窝子，在冬窝子采用'先放远，后放近''先放山，后放川''早放阴坡，后放阳坡''公放远，母放近''公放山，母放川'等放牧技术施行草地轮牧。在冬窝子完成接羔、育羔。5月中旬进入春窝子，在这里再进行春季羊牛驱虫，紧接着开始拔牛毛、给牛羊去势、剪羊毛。6月中旬又进夏季

---

[1] 伊恩·莫里斯. 西方将主宰多久[M]. 钱峰, 译. 北京: 中信出版社, 2014: 210-211.

放牧场。这样年复一年进行着畜牧业生产活动。"[1]

可以说，裕固族人的生活是跟随羊群、牛群放牧的生活，羊群、牛群所到之处便是裕固族人生息之地。生活方式等同于生产方式，在生产力相对低下的阶段是一个主流方式。在那个阶段，人们的工作与闲暇没有明显的区分。放牧的生产效率难以以人的意志为转移，牲畜的生长速率是自然的，即使是有丰美的水草，合理的轮牧，也难以改变其生长速率。在这种生产效率下，人们只能跟随牲畜逐草而居，从中可以看出生产效率决定着生活的丰富程度。另外，牧民们放牧多为个体式或家庭式的，难以众人共同合作，现在牧区放牧的牧民多为受雇的青壮年，他们没有伙伴，老牧民都入住到了定居点或城镇，过上了安居的生活，这种情况进一步加剧了他们生活的单一程度。当人们前往草原旅游时，会感叹大自然的美景，但是如果一个人长期地生活于此，便会出现审美疲劳，感受强烈的孤独。当进入冬窝子（冬季牧场）放牧阶段，祁连山满山遍野白雪皑皑，除了牛群的影子，很难看到其他的生命迹象。课题组在这个期间，亲身体验了这里的生活。如果没有太阳能电池，没有电视，没有越野车，牧民们体验的就是鲁滨逊式的生活，甚至远远不及海洋孤岛的生活水平。如此这般的生活，生活质量无从谈起。体育活动是丰富人们生活的一个重要方式，更是提高生活质量的一个手段。民族地区的民族体育活动内容虽然并不丰富，但是却能够给贫乏、单调的生活激起一丝涟漪。民族体育，不仅仅是快乐的中介，更是人际交往的中介。因为，这种身体行为是多元功效的工具，满足孤独的牧民、寂寞的城镇人情感交往行为的需要。哈贝马斯特别强调真正的理性在于互动交往，而非特立独行，人类可以通过交往行为理性化解社会所遇到的问题和危机。邻里的调节、外交的斡旋、文化的涵化无不如此。在文化生活相对匮乏的环境中，民族体育具备很强的交往互动功效，使人们通过这个大家都熟悉的方式和平台进行有效的互动，避免因为长期不与人交流而产生的孤独、寂寞、怪癖、抑郁、隔阂、冲突。但是，在牧场能够进行的体育活动十分有限，赛马、摔跤、射箭等活动是切实可行的选择，其他需要场地和器材的项目难以开展。这是限制该地域民族体育多元发展的一个重要因素。

---

[1] 汪玺，铁穆尔，等. 裕固族的草原游牧文化（Ⅱ）[J]. 草原与草坪，2012，32（1）：76-78.

体育欲成为生活方式的组成部分，一般需要具备三个条件，一是有闲暇，在工作之余，人们需要拥有无需牵挂工作和生活问题的时间，得到全身心的放松状态。二是有闲情，富有享受生活、热爱生命的情感，拥有合理、积极的生活认知和态度。三是有闲钱，人们在满足生活必需品的支出后，尚有部分可供娱乐健身等消费的经济能力。满足这三个条件，体育纳入人们的生活之中的可能性就会变得更大。然而，客观地分析，会发现当人们的生活处在过于单调的状态下，在没有其他可供选择的娱乐生活时，体育成为人们生活调味剂的现实性很普遍。当然，这个阶段的体育一般是处在其元素水平的肢体活动阶段，比如一些游戏类的内容，恰如人类社会普遍存在的"踏歌"。[1] 踏歌是各个民族舞蹈的前身，是人们手拉手，脚掌跺地，踏出节奏，边跳边唱的一种舞蹈形式。这种舞蹈动作十分简单，只要是人们能够跟随节拍跳动便可成舞。节奏感来自于人的心脏波动频率，是一种自然生成的节奏，因此这种舞蹈普及程度很高。体育元素恰好是这种情况，这些元素是人类有机体的本能活动，人人具备，稍加改进便能成为肢体活动内容，所以这些肢体活动内容十分普及，充斥于人们的生活之中。即使人们没有闲钱，只要是有闲情，闲暇可以被挤出来。更何况在牧区，无需民族体育活动的专门消费，马匹、牛羊是人们在生产中的投入，完全可以转借给人们为民族体育服务。牧民们将民族体育纳入生活方式，只需他们的闲情，这是特殊地域的生活方式。

　　长期处于元素状态的民族体育难以改变其原有的结构，制约着它的进一步发展。由于受到社会生活的影响，没有额外的刺激去促使人们对原有的文化事项进行改变，只要是原本的生存条件没有发生根本的变化，这种文化事项只能表现出原本的功能，不易出现适应新的社会生活的新结构。从裕固族的民族体育内容来看，很多的内容依然是原本的结构状态，将这些内容换一个生活空间，便会发现其生命力会有所降低。但是，现在的社会生活环境已经发生了翻天覆地的变化，原有仅仅适合于单一生活方式的民族体育如何适应社会，如何面对来自于其他娱乐活动的挑战和威胁？

　　再次，思想的单纯。在单一生产、生活方式的影响下，裕固族人的思想相

---

[1] 王永平在《从"天下"到"世界"：汉唐时期的中国与世界》（中国社会科学出版社，2012年）一书中，介绍到踏歌这种游戏娱乐形式，并认为踏歌在本质上属于人类游戏，是一种古老的文化现象，具有鲜明的文化性格。

对单纯，虽然他们在长期的奔袭历程中开拓了眼界，积淀了开放的意识。思想的形成和成熟与人们的生产、生活息息相关。来自于生产领域的经济意识是人们对事物进行判断的一个重要因素，影响着人的思想类型。人类骨子里具有趋利的本性，在这种本性的驱动下，人会通过各种手段去满足自己的利益。裕固族人的经济活动相对其他民族而言比较简单，在古代的丝绸之路上他们也参与了一些经商活动，但是这种经商并不是该民族的主流，裕固族人更多的经济活动就是在经营自己的牧场和牛羊，与之相关联的产业主要是纺织、本族服装制作、马具生产、皮革制作、居住用品等经济活动。而这些经济活动是围绕自身进行的，自产自销，服务范围有限。有限的经济活动，淡化了人们的商业意识，致使裕固族人并不十分重视经济利益。影响人们思想的另一方面来自于社会生活。社会结构的单一，基本上处在血缘社会结构状态，人际关系局限在家族范围，人们相互之间容易沟通，即使是人际交往范围扩大一些，也没有业缘社会的复杂性。在这种社会生活中，人们相亲相爱，关系密切，这种生活方式决定了裕固族人重视亲情，重视友谊的意识。课题组在遥远的祁连山牧场中遇到的牧民对我们提及的肃南城镇中人，他们都非常熟悉。可见裕固族人的世界很小。在这两个主要影响因素共同作用下，人们年复一年、日复一日地在这种状态下生活着，相对而言，裕固族人逐步塑造了单纯、质朴的思想类型。

在人类社会中，由于某个族群人数的稀少，人们会计算如何使用合理的行为来加强自己的力量，以便于确保本族群的生存空间。米塞斯认为人的行为是可以计算的，计算得好，这个行为就会有良好的效益。米塞斯称之为计算的行为。

"引导人们苦心钻研行为学和经济学的是由于人们认识到，在一个行为可以计算的世界里，是些什么在继续进步。人的一部分行为，如果具备了某些条件，是要计算的或可以计算的，经济学本质上就是关于这部分行为的一套理论。"[1]

从这个论点看出，复杂的经济学无非是对人类行为的计算学科。那么对于

---

[1] 路德维希·冯·米塞斯. 人的行为 [M]. 夏道平, 译. 上海：上海社会科学院出版社, 2015: 193.

人口数量有限的裕固族来讲，这是一个必须考虑的问题。可能百姓没有意识到他们的行为是经过深思熟虑的思考，但总会有族长、智者考虑、计算这个问题。裕固族人采借的民族体育中的身体行为便是族长、智者思考后的结果。例如，人为地编撰驱妖逐魔英雄的传说，从而孕育了裕固族的射箭习俗，隐喻着妖魔鬼怪不敢兴风作浪。用无铁头的箭向新娘射三箭，送亲与迎亲者在毡房进行三轮较量有机构成了裕固族人婚俗仪式，象征着新娘渴望有勇敢善射的丈夫保护。这一切，蕴含着裕固族人驱恶扬善、豪迈耿直、追求幸福的决心和愿望。射箭技术不仅决定着自己的婚姻，更能影响人的地位，因此裕固族人平时非常喜爱射箭，射箭活动后来发展到马背上，成为裕固族骑射，作为裕固族民族体育的一个项目而被保留下来。生产和生活都比较单一的民族，对其行为的计算也不会过于复杂，经过简单的计算便会得出有效的方案。就像狩猎的射箭，被拿到婚礼中，又从婚礼带到体育中，就是一个简便易行的社会行为。前文中提及的世上最为普及的踏歌便是按照脚掌踏地的节奏而计算出的集体歌舞行为，裕固族也有自己特色的裕固族独韵舞蹈，与踏歌相类似。卡内提发现在人类开始的时期，结成了很小的群体，当他们发现自己数量与兽群间或与其他族群的庞大严重不成比例时，群体成员如何自保便成了一个非常迫切的问题，人们计算后，采取了韵律方式，使自己成为韵律群众，以便于自保。

"要达到这种状态的手段首先是他的足下的韵律。在有许多人走过的地方，其他人也会走。急速反复的、密集的脚步声，给人一种似乎有更多人的印象。人们并没有移动，而是原地不停地跳舞。他们的脚步声并没有消失，而是重复着，在一个很长的时间里，始终是那么响亮和密集。他们以强度来弥补人数的短缺。如果他们更用力地顿足，那个听起来他们似乎人数更多些。他们对他们附近的所有人产生的吸引力，是要他们不停地跳舞，这种吸引力就不会减弱。听到他们声音的人都会加入他们的行列，在他们那里聚集起来。"[1]

这种韵律群众能够有效地提高族群的生存和发展。这种方式的计算非常简单，无需高超的计算能力，这种情况不一定必须依靠族长或智者，群众自己

---

[1] 埃利亚斯·卡内提. 群众与权力 [M]. 冯文光，等，译. 北京：中央翻译出版社，2003：14-15.

就能够完成这一任务,特别是生产和生活中人们会很快地发现各种这类既有效又简单的方法来解决复杂的、困难的问题。裕固族人在不断地迁徙历程中,他们采借了其他民族体育文化的内容,这种方法简单易行。另外,他们自创了一些民族体育活动内容,这些内容在如今看来虽然显得很简单,但确是当时非常有效的身体行为方法。比如赛骆驼,在赛骆驼时参赛选手手持一碗水,比赛中看哪位选手碗中的水没有溢出,就是胜利者,这种对身体平衡能力的锻炼是非常简单有效的,对生产技能的骑马平衡能力提高是有直接帮助的方法,毕竟每小时 40 公里时速的骆驼奔跑不及每小时 60 公里的马匹,对于新手平衡的掌握要容易一些。存在决定意识,行为影响意识。有了具体的简单行为,在简约行为的引导下,裕固族人的思想也相应地出现了简约化的单纯倾向。

二、迁徙文化积淀

人类的迁徙主要受到自然地理环境的影响,同时也受到来自人文环境的影响,两者的叠加效应,强化了民族迁徙的频率和范围。

易于人类生存的黄金地带,主要指"幸运纬度带",即在欧亚大陆的北纬 20°~35°及美洲大陆的南纬 15°~20°的地带。中国南北地跨北纬 3°~53°,大部分地处这个黄金地带。这是有利于中国发展的自然地理环境,也是吸引游牧民族迁徙到此定居的主要因素之一,裕固族来到祁连山北麓稳定下来与此有一定的联系。当然必须看到,中国地域辽阔,各地域的差异很大。西北地区虽然地处这个黄金地带,但是地处内陆,气候的变化给它带来的影响更多是负面影响。特别是全球变暖,对于沿海地区意味着灾难,对于内陆地区也意味着干旱的加剧。有研究表明,当时中亚附近的自然环境变化情况的确不宜人类聚居:

"自 15 世纪起,中亚大陆气候日趋干旱,其严重程度波及范围逐渐东移。浩渺的、5350 平方公里的罗布泊在当时已渐渐缩小干枯,阿姆河的茫茫芦苇消失了。昆仑山和阿尔金山一带的草原不断被沙漠吞没,塔里木的沙漠日益扩大,很多草原被沙化和戈壁化。而在那些绿洲农耕地区,人们开始像蚁群般地多了起来。他们活动的足迹扩展到了阿姆河的芦林荒野和兴都库什山与印度接壤的崇山峻岭中，那里是著名的西域狮生长的地方，西域狮到 17 世纪已绝迹。中亚地区的大风、干旱、洪水、雨雪、冰雹、尘暴等灾害越来越频繁。这一切，都是撒里畏兀儿人迁徙逃难的主要原因。"[1]

原来水草丰美的草原日益萎缩，同时，人文环境的改变，如叶尔羌汗国的扩张，自然环境和人文环境叠加影响，迫使裕固族的先人们向东迁徙。

从迁徙的路线可以明显地看出，裕固族是沿着中华文化的边缘向中心地带迁徙。中华文化具有强大的向心引力，对周边的文化产生吸引。在中国差序格局的状态下，周边的民族文化在某些方面尚不具备核心地带的文化能量，向外的离心力明显无法与向心力相抗衡，在文化涡旋力的作用下，逐步融入到中华民族文化之中，形成多元一体的民族文化形态。在融合了多元民族文化后的中华民族文化日趋具有更加强大的文化力。主要表现在以下三个方面。

第一，是民族生命力。有机体的生命，取决于健全有机体的解剖、生理结构，以及各机能系统的通畅协调。那么，与有机体一样，民族的社会结构及该系统的运行相当于有机体的结构与机能，由此表现出一定的民族生命力。民族生命力是一个民族能够拥有一定生存空间的最基本力量，是一个民族能够长期立足世界民族之林的根本保障，是一个民族能够发展自身文化的基础。中华民族自秦始皇统一中国后，逐步建立了大一统的、以三公九卿制为中央机构、郡县制为地方管理制度的、完善的社会结构体系，表现出强大、持久、有效的社会组织控制能力。在中华民族历史长河中，阶段性的修治驰道、决通川防、土地私有、迁徙豪富、销毁兵器、焚书坑儒，持久性的统一货币、统一文字、统一度量、统一车轨、官办学校等举措，特别是董仲舒"罢黜百家，独尊儒术"后，以儒家思想为中华民族思想支点，儒、释、道互补融合并存的思想体系，使组织体系拥有了强大的精神力量，巩固和完善了宗法制格局，构建起行之有效的中华民族封建社会组织体系和文化模式。同时，中华民族在相对封闭且回旋余地辽阔、资源丰厚的自然地理环境屏障作用下，悠然自得地孕育和成熟，避免了异质文化在本土文化未成熟前的干扰和侵蚀，保障了文化的特色和纯洁。这是一种强有力的民族生命力，恰是这种民族生命力，使得中华民族文化没有出现断裂地屹立在东方。在中华民族强大的生

---

[1] 汪玺，铁穆尔，等. 裕固族的草原游牧文化（I）[J]. 草原与草坪，2011，31（6）：87-92.

命力作用下，各个民族的体育在大一统的环境中互通有无、彼此交融、共同成长，造就了中华民族体育文化的高度组织依赖性，更具备了中华民族体育高度的融合力。民族生命力是本土民族体育文化核心力量，是民族体育特色保持和持续发展的驱动力。

多元一体的中华民族，民族融合力是中华民族生命力最强大的力量表现。多元文化能量为中华民族文化互补提供了丰富的力量来源，一体化的文化力量使中华民族拥有了强大的民族生命合力。费孝通在论述中华民族多元一体格局时认为：

"（这一形成过程）的主流是由许许多多分散存在的民族单位，经过接触、混杂、联接和融合，同时也有分裂和消亡，形成一个你来我去、我来你去、我中有你、你中有我，而又各具个性的多元统一体。"[1]

第二，是民族创造力。文化力的重要组成部分之一是民族创造力。一个民族的创造力决定着这个民族的孕育与持续发展，影响着民族文化的强与弱，规定着民族的未来。

在大千世界，中华民族是一个特别善于创造的民族。中国的四大发明是人类引以为豪，它使人类走入文明，更使中国率先矗立于全球各民族的文明之巅。中国的四大发明是中华民族精神、实践和创造性思维的象征，是中华民族创造力标志性象征。除了标志性的四大发明，中国自古以来创造了许多在自然科学、人文科学及社会结构方面的世界第一、世界之最。除了宏观上的创造，中华民族更注重创造与人们生活密切相关的文化，中国的美食、服装、建筑、舟车都是令世人瞩目的成就。中华民族创造力如此的强大，其根源之一是关系密切的多元民族文化的融合，多元民族融合下的多元思维，引发了多元文化延伸，激发了强大的文化潜能互补。中华民族体育文化能够形象、生动地体现着中华民族的创造力。汇聚五湖四海各流派、门派的武术，是各民族文化融合的典型案例。武术除了能汲取各民族的搏击技术，更能够从中国的哲学体系中汲取营养，由此奠定了武术的拳理基础和思想根基，并成为习武人的价值取向，独特地创造出再现人类搏击术的新形态。在人类文化中，武术成功地运用"金、木、

---

[1] 马戎. 民族社会学 [M]. 北京：北京大学出版社，2004：116.

水、火、土"五行原理与"劈、崩、钻、炮、横"五拳实践相融，创生出解释、揭示和指导搏击的形意拳；借用八卦原理，依阴阳交合的变化规律对搏击、套路的运动方位、形式、劲力进行组合、编排，使运动符合《周易》卦象的八卦掌；以"易有太极，是生两仪"之理，取意变幻无穷的太极理论指导拳法实践，衍生出太极拳运动。这些典型的民族体育文化充分地汲取中国哲学的营养，完善了自身的理论。不仅使抽象的辨证之法生动地呈现在世人面前。而且，民族体育文化通过自身的实践，验证着哲学理论规律，丰富着中国哲学理论。在一定程度上，民族体育文化是哲学等人文理论的实践基地。比如，关于世间事物的虚实变化，人们常引用"夫为剑者，示之以虚，开之以利，后之以发，先之以至。"（庄子《说剑》），就是庄子以剑术演练为场景，以名言隽语方式来阐述高深的哲学含义的。庄子有意或无意运用了生活中人们常见的民族体育活动来验证和体会哲学原理，从而说明，民族体育这种具体存在蕴含丰富的抽象哲理，具体与抽象的完美结合是中华民族文化的一大创举和特色。

第三，是民族凝聚力。中华民族所具备的高度凝聚力，将起源和发展各不相同的多元民族有效地团结在一起，形成了中华民族，并且长期地和睦相处，荣辱与共，共同发展。

"汉民族是中华民族的主体民族。这是在长期的历史发展中形成的。汉民族形成以后，曾饱受忧患与艰难曲折，但她不仅没有被削弱、被分化、被瓦解，反而在痛苦与磨难中不断向周围民族辐射，吸引其他民族成分，壮大自己，使自己成为中华大地上同时也是世界上人口最多的民族。汉民族之所以能成为这样的一个民族，其根本原因是汉民族具有强大的凝聚力，并在历史发展过程中成为各民族共同的凝聚核心。这种凝聚力与凝聚核心的形成，既与汉民族所处的优越地理环境、稳定的共同地域、拥有强大的国家政权、发达的社会经济、悠久的历史文化传统有关，也与汉族人民善于同各民族人民相处，彼此间繁荣的经济、文化交流，相互依存，共同反对民族压迫和阶段压迫，共同反对帝国主义的武装侵略与掠夺，结成难以分割的血肉联系有着密切的关系。历史事实充分证明，它对于中华民族发展所起的巨大作用，并不是偶然的，而是中国数千年历史发展的必然产物。随着历史车轮的不断向前，以汉民族为凝聚核心的中华民族必将更加蓬勃发展，并以新的姿态展现于世人面前。"[1]

凝聚力由许多构成因素共同组合而成，其中，核心的凝聚力源自思想上的大一统。在中国丰富的思想交融中，儒学最终成为主流思想是在汉武帝即位后的事情。当时，董仲舒在为统治集团提供的对策中强调："《春秋》大一统者，天地之常经，古今之道谊也。今师异道，人异论，百家殊方，指意不同，是以上无以持一统。……诸不在六艺之科，孔子之术者，皆绝其道，勿使并进。"（汉书《董仲舒传》）由于他的论证有理，建议被采纳，儒家学说成为统治集团推崇的理论，"罢黜百家，独尊儒术"完成了孔子本人没有完成的大业，《春秋》"大一统"和"三纲""五常"等逐渐成为中原大地民众自觉遵从的核心伦理观念。这个结果来之不易，在历代儒家学派学人聪颖的智慧、不懈的追求下，与他们能充分地借助统治集团的政治权利和社会地位，大力地推行这种相对成熟的学说分不开。当独尊儒术之后，儒家哲学思想变成了封建制度的最高原则，并逐渐渗透于华夏族人民的思想和生活习俗中，构成了中华民族凝聚力的核心思想。构成大一统思想的基本条件应该有：第一，被百姓认可。朴实、直观的儒家学说受百姓欢迎，民众能够通过实践体验，真正体悟和领会中华哲学的理论。第二，是官府认同。儒学是宗法国度治理的理论依据，统治集团以儒学为国家教育的基础，通过对儒学知识的考试补充政府职能部门的官员，推进着儒学普及。第三，是学派互认。儒家思想与道家、佛教思想彼此相互借鉴、彼此理解后，充实和完善了儒学思想，有益于其价值和地位的提升。

中国哲学思想极富感染力，这种感染力能给社会提供趋向合理化的理论依据，同时又能给予人们赖以生存的准则。在中国文化长期的孕育和成长过程中，自身的文化积淀积累了雄厚的哲学思想，使之具备了包容一切的力量。即使在激烈的文化冲突中，也每每以融合而同化、涵化异质文化思想，最终形成了更具鲜明中国特色的哲学思想。"和而不同"，以儒学为中心的思想始终占据中国哲学思想的主导地位。哲学思想是一个能够经历风雨的思想，虽然中国哲学思想经历过衰微，但是始终矗立于中华民族的思想核心。这种力量与儒学为主导的传统思想中，有一种超越具体知识、观念的"道"及由此构建的知识、思想、

---

[1] 卢勋，杨保隆.中华民族凝聚力的形成和发展[M].北京：民族出版社，2000：460.

信仰和秩序有着密切的关系。经过了长期多元思想的充分融合，对"原旨"进行"革新"后的唐宋哲学思想达到了统一和超越"道"的层次，具有真理的普遍意义。韩愈在《原道》中认为人的本性由仁、义、礼、智、信构成，分为上中下三品，人的感情由喜、怒、哀、惧、爱、恶构成，也有上中下三层。在这种"道"中，上等本性的人"就学而愈明"，通过教化可趋向"道"的自觉。下等本性的人则"畏威而寡罪"，须依托必要的刑法使之养成守"道"习惯。显然，这种生硬的划分是为刑不上大夫作铺垫。如果说这种延续董仲舒思想的韩愈学说还处于具体层面的话，那么，欧阳詹的理论把韩愈依据天生本性将人划分出等级的思路，革新为依照性情评价人的道德水准，上升到一个形而上的高度，使其具备了普遍的、真理意义上的思想核心。欧阳詹认为："自性达物曰诚，自学达诚曰明，上圣述诚以启明，其次考明以得诚""性者，天之命也，圣人得之而不惑者也，情者，性之动也，百姓溺之而不能知其本者也。"这样融会贯通的革新使"道"构建在人的自然本性基石上，因此具备了贯穿和笼罩一切，从人的心灵状态，到社会的道德秩序的支配力。[1]

中华民族能够实现高度的民族融合，实现多元思想的融合，都离不开具有涡旋力的"和合"思想。"和合"是涡旋的中心，在文化围绕着"和合"高速旋转的时候，人们难以看出其中存在着异质的内容，仅能看到清一色的"道"，这时"道"全然是"一"。一般人会忽视这种"单纯"，而睿智的国人则窥视出其中的转化、改编、变化、"无平不陂，无往不复"的"易"，以及由此引发"二""三"，以至无穷。在"道"的强力作用下，中国文化生成了牢不可破的"中和"文化。"中"求过而不及，恰到好处。仅有"中"尚不能代表完整的中国文化，还有能够融汇、融合与和谐的"和"相辅，共同助力于中华民族文化涡旋。"道"为规律，"易"是变化，"中"求适度，"和"乃目标，由此形成了遵循着一分为三的自然法则，表现出良性、稳定的文化运行轨迹。恰如一天可分早、中、晚，数有正、零、负，人分先进、落后、大流，有男、有女、有中性人等不容忽视的、自然客观的存在。世间的大趋势、大流是以"中"为基准的社会主流存在形式。有了"中"的强大引力，可防止事物发展偏向。人类社会文化一般很少会以极端形式持续发展，大都是在多极张力作用下，事物时刻或向内聚合或向外漂移，然始终前行，形成螺旋上升的运行轨迹。在此"和"

---

[1] 葛兆光. 中国思想史：第2卷[M]. 上海：复旦大学出版社，2001：129.

的力量下发挥着极其重要的作用,在"和"的作用力下,事物有效地避免了被某一极张力的过度牵引,维持着事物发展运行的平稳、有序。

已经融合了西方竞技体育色彩的中华民族体育文化涡旋力,对裕固族的民族体育文化产生了多方面的影响,具有多元共生的效应以及同化、制约的影响。由此可以发现,裕固族部分民族体育项目的竞赛方式和方法都表现出竞技体育的特点,比如赛马、拉爬牛等都有了比较规范的规则,参赛者的技术也相应地规范,先进技术得到了普遍认可。毕竟,裕固族生存的地域处在丝绸之路的咽喉地段,也是黄金地段,在其西侧不远的地方就是当年辉煌一时的、中西文化交汇的大都市——敦煌。在这条文化交流之路上的民族,都或多或少地接触了很多较为原汁原味的异质文化,并将其融合到自己的文化之中。西方民族体育的竞争方式和方法很早就在裕固族的民族体育中埋下了直白竞争的文化基因。同时,还有裕固族的文化基因中,包含着回纥、蒙古族、藏族文化开拓、强悍、竞争的成分,这在其民族体育中始终发挥着重要的作用。在这种原有基因和外部因素的共同作用下,裕固族的民族体育突变的方向就显得十分明确,那就是竞技体育的类型。

三、豪迈性格文脉

艰苦的生活条件,并没有影响裕固族人的民族豪情。裕固族的民族豪情主要来自进取的人生观、乐观的心态、积极的行为。面对自己难以选择的生活空间,强调客观的制约无法改变自己的生存状态,反而乐观地对待现实,倒是能够有效地帮助人们摆脱现实的困境。当人孤独地面对大自然时,显得格外渺小,人的力量在大自然面前是微不足道的。有过雪山、草原和沙漠旅游、探险体验的人会容易理解这种感觉。人毕竟是人,面对这种生存空间,没有放弃人的人化本质,人在不断地探索着,改善自己、改变生存环境。正是在这个历程中,人逐步树立了不同的人生观,其中,有逆来顺受的人生观,有勇于抗衡的人生观,前者相对消沉,而后者则是进取的人生观。裕固族人在不断的迁徙过程中,终于找到了自己通过进取的人生观实现了由家族、部落、族群到民族的转变,人数也由少增多。在这种进取的人生观作用下,裕固族人的面对生产、生活秉持乐观的心态,采取积极的行为。在生产之余,生活间隙,载歌载舞,赛马摔跤,丰富自己的生活,培养自己的乐观心态。特别是在节庆活动期间,民族体育更是裕固族活动的主角。积极乐观的文化态度更能从裕固族艳丽的服装和服饰中得到充分的展现。女子戴着夺目的尖顶红缨毡帽,身佩色彩鲜艳的"头面",额前飘逸的"沙达尔格"与胸前的"顺格尔"和背后的"格玉孜克"遥相呼应,盛装投射出悲壮、豪迈、积极、乐观的心态。梳理有序的,缀以彩珠、银牌、珊瑚、贝壳等饰物的辫子,诉说着美好的回忆和经典的传说,流露着裕固族难以掩饰的智慧和豪情。

尤为突出的是裕固族通过各种节庆文化来丰富自己的生活,展示民族豪情。热爱生活,积极乐观促使他们充分地利用各种机会,增进民族成员的团结和友爱。裕固族人所欢庆的节日有:元旦、春节、元宵节、妇女节、清明节、端阳节、母亲节、中秋节、国庆节、重阳节、教师节、剪马鬃节、火驱凶神、过会、玛勒啊拉斯、佛化节、祭祀"腾格尔汗"、赛马节等。在与其他民族一同欢庆的节日时,裕固族过节的方式和方法也具有自身的特点。比如火驱凶神的起源和程序与春节很是相像,但是人们驱赶畜群穿越篝火,以火来驱赶凶神恶煞,用火保护牲畜,用火进行人生的洗礼确有自己独特之处。每逢重要节日,家人团聚或者各个部落欢聚一堂,人们为了庆祝节日,每每举办各种形式的庆祝活动,摔跤、拔棍、赛马、射箭等民族体育内容必不可少。

积极的民族体育身体行为发挥着民族构建、民族凝聚的重要作用。根据卡内提的群众理论,群众在形成过程中,身体行为发挥着十分重要的作用,比如卡内提提及的韵律群众。这种韵律群众就是在大家集体进行歌舞的过程中完成了群众的集合。群众是族群的基本表现形式,是民族的存在形态之一。人类的群众按照情绪分类,包含着攻击性、逃亡性、禁止性、反叛性、宴乐性群众等类型,人类的群众种类繁多。无论是何种群众类型,其缘起是因为人对无法控制的自然恐惧,以及近距离接触的力量渴望等综合作用所致,因此人们开始抱团,成为一个群众的集合体,以便壮大声势,提高抗御能力。在卡内提看来,群众具有永远增长、内部平等、密集相聚和共同导向等四个主要特征,这也是甄别群众的四个标准。[1] 拥有身体行为的民族体育由于体育自身的公众性,可以使人群不断地增长数量,一个项目内容随着普及程度的提升,参与的人数会不断增加,这符合群众的第一个标准;民族体育最为突出的特征就是参与人员、较量方式和方法的公平性,因而符合群众的第二个标准;民族体育通过合

---

[1] 埃利亚斯·卡内提. 群众与权力 [M]. 冯文光,等,译. 北京:中央翻译出版社,2003:1-47.

理的身体接触，帮助人们缩小因为恐惧带来的身体空间距离，使之能够紧密接触，该属性符合了第三个标准；民族体育的目标是参与者共同制定和实施的，因此不存在个人私有目标导向的误导，公共目标导向使得民族体育完全符合形成群众的第四个标准。因此，民族体育是构建群众的一个重要领域，也是一个凝聚民族的场域。

民族体育作为一个具有群体性的人群活动，在族群形成阶段发挥着重要的汇聚人群的作用。在民族形成后，民族体育又具有强化族群意识、凝聚民族行为的作用。那么在这个过程中，民族体育的身体行为作为人们有意识的活动，更能够有目的、有选择地进行人群的集合，而且通过这种方式集合起来的群众具有较高的紧密性及稳定性，不易出现即合即离的情况。比如裕固族的赛马、摔跤发挥着增进交流的平台的作用，可以使人们在这类互动中平和地交往，形成牢固的友谊。尤其是裕固族的"玛勒啊拉斯"也就是"摔跤"，虽然在技术方法上仍然是双方抱腰，将对方摔倒或将对方绊倒，但是在力量和技巧的角逐背后是欢愉、交往、智慧和毅力的互动，获胜者会受到人们的赞誉。这种在群众中自发树立的公共英雄形象，具有公共导向作用，富有人们共同向往的人格特征。在相对稳定的群众集合后，民族体育的身体行为能够帮助这种群众集合体向民族方向的转化，裕固族在逐步摆脱先民所依托的族群过程中，独特的民族体育身体行为强化着裕固族自己的民族认同感，比如，射箭活动渗透到人生重大事件的婚俗生活中，形成了鲜明的民族特色，成为非常重要的民族身份标识。因此，通过对裕固族民族体育的分析，是一种对卡内提的群众理论进行完善和丰富，即民族体育是群众形成和民族发展的一个重要渠道。

在群众的属性中，有一个非常鲜明的特点，即群众的性格影响着民族性格，民族体育在其中发挥着推波助澜的作用。毋庸置疑的是可以看到每个国家中的群众性格最终演化成为民族、国家的性格。试看，英国人将自己看作征服大海的船长，海洋给英国人带来的各种变化和危险，但是群众坚信他们有能力征服之。英国人将户外活动推向了全球，引领了人类的体育生活方式，在体育领域完成了船长导航的任务，增强了英国人的民族自信；德国人的群众性格是军人，而且是行进在森林中的军队，这支纪律严明的军队像德国的森林，是密集笔直地生长着，密而有序、深不可测，且表现出坚定、坚韧、守则的美德。德国组织有序的体育俱乐部不仅是举世闻名，而且是德国人互动、团结的有效平台，体育俱乐部是德国人人际关系的纽带；法国人具有革命的性格，他们憧憬自由、平等和博爱，成为世上最浪漫、活泼的民族。法国人将体育与旅游、爱国有机融合，逐步凝练出环法自行车赛，通过这项运动人们赢得了自由，收获了友谊；西班牙群众的共同导向就是斗牛士的勇猛与机智，杀死邪恶的怪兽是每一个斗牛士理所应当的义务。不同形式的斗牛活动，疏通了人的野性释放途径，历练了人性的成熟，凝练了民族的顽强性格；犹太人是一群最为赤诚的群众，他们无论行走在世界哪个角落，都无所畏惧，永不忘祖，实际上这个群众是最为富有的。犹太人钟情的休闲运动，极大地促进着这个民族对承载金钱富贵的身体载体的尊重和爱护。[1] 这是卡内提眼中西方各个群众团体所表现出来的性格，这些各异性格的确在一定程度上代表着民族的性格。民族是由众多的群众组成，群众的所作所为必然成为民族特征的根本。

　　裕固族人崇尚体育活动，在他们的生产和生活中推崇尚力与和谐的民族体育项目，这种倾向极大地促进着豪放的民族性格。从另一角度上看，豪放的民族性格又反过来强化着民族体育活动的粗犷尚力与友善和谐。正如马林洛夫斯基所说"在人类社会生活中，一切生物的需要已转化为文化的需要"。群众的、生物学意义上的性格，在转化为民族性格的过程中，已经塑造成为民族文化事项，得到了民族文化的认可和保护，从生物性转化成了社会性并拥有了文化性。只要是接触过裕固族文化的人，都会被裕固族人的热情与豪放所感动，这是他们发自心腹的，源自群众、民族性格的自然袒露。

　　从上述裕固族的游牧生产、迁徙历程到豪放性格的综合分析中，透视出裕固族的文化脉络。可以说裕固族人在沿着向中华民族文化中心移动的路径中，也划出了自己文化的轨迹。使这个具有自我特性的个性文化，在中华民族文化网络中构建了一个坚实的特色节点。

四、身体行为资本

　　在由人组成的社会网络中，有两个特性，第一是网络的小世界特性，尽管网络规模很大，但是任意两人之间的平均距离却小得惊人。第二是网络的可搜索特性，尽管连接两个人的路径数目可能很大，而且不同路径的长度差异也可

---

[1] 埃利亚斯·卡内提. 群众与权力 [M]. 冯文光，等，译. 北京：中央翻译出版社，2003：120-126.

能很大，但是人们有可能找到连接自己与某个陌生人之间较短路径。[1]根据这个特性，裕固族的民族体育与甘肃省的另外两个特有民族的民族体育，虽然分别分散在甘肃省的不同地域，但是他们之间却存在着相互连接的较短路径，这个路径就是相同的民族体育文化，赛马、摔跤、射箭、拉爬牛、顶杠子等基本相同的民族体育文化将他们联系在一起。由此，我们推导出第三个特性，即在人类社会网络中，身体行为共存、共享特性。

在民族体育概念界定中，可以看到在人有意识的作用下，人们将本能的肢体活动进行必要的改造，承负着一定负荷的身体行为具备了生命塑造指向性，由此构建起了民族体育文化。其中的身体行为是人类共同的，是有机体的意识活动形式之一，是民族体育的文化核心，是与其他文化事项相区别的主体特征，是人类生命塑造的主要载体。

身体行为在人类社会中占有无可替代的地位。人类的各种活动，无论是社会活动、经济活动、文化活动都需要人的身体行为来具体实施，离开了身体，人则一筹莫展。身体行为在人类文化中拥有的地位，是由于其自身资本所赋予的。在布迪厄看来，人类拥有很多的资本，经济资本、社会资本和文化资本。他巧妙地借用了资本的理论，这个资本没有像马克思那样能够带来剩余价值的价值，然而这种价值具有资本的属性和功效。可惜，布迪厄没有单独将人的身体资本作为特殊的一类进行分析。其实，在人类活动中，经济、社会和文化活动哪一个内容也不能够离开身体，因此，身体资本应该是一个非常重要的资本。身体资本主要是指借助人的身体，为实现某种目标而采用的系列行为，以及这些行为效绩所表现出来的综合价值。比如，在人类的塑形过程中，女性为了达到社会审美认同标准而进行的减肥，仅通过节食难以达成理想的目标，进而附加了身体锻炼的行为，这种身体行为发挥了促进人体形体美的功效，具有功利性价值。再如，在人类的生命塑造过程中，人们为了追求延年益寿的目标，寻医问药，甚至求仙问道，收效甚微，当结合了必要的、合理的健身行为后，内外合一的共同作用使人达到了增强体质的目标，身体行为的强身健体功效被世人普遍认同。在希腊奥林匹亚旧址的阿尔菲斯河岸的岩壁上保留着古希腊人的一段格言："如果你想聪明，跑步吧！如果你想强壮，跑步吧！如果你想健康，跑步吧！"姜子牙体会："磨练肌胳，防病御症"。范仲淹感慨："活动有方，五

---

[1] 汪小帆，李翔，等．复杂网络理论及其应用［M］．北京：清华大学出版社，2006：131．

脏自和"。伏尔泰认识到："生命在于运动"。人类的一切活动，其最终的目标都是为人。经济的发展是为了人的生活质量，社会的进步是为了人的尊严，文化的升华是为了人的文明。其中人是一切活动的根本，是服务的主体。而身体行为这种资本，可以单独地进行强身健体直接关怀人的有机体，也可以与其他资本一道，共同完成对人的全面服务，布迪尔虽未论及身体资本，却格外强调文化资本的"身体化"，也就是将各种资本融入到人的身体之中，才能实现各种目的，简单地比喻是"把身体当作备忘录"来使用。[1]

拥有了一定的资本便能够享有一定的地位。在布迪厄看来，资本是社会地位的前提，拥有一定的资本，并能够在社会活动中产生相应的作用，逐步便会拥有相应的地位。比如，一位饱学博士生拥有了丰富的知识和技能，他就有资格进入到相应的高等学府或科研机构供职，这些机构本身就已经在社会上有了一定的地位，待这位博士生将其知识和技能有机地与社会实践相结合，对推动社会发展发挥了重大的作用后，他的社会知名度上升，社会地位也随之攀升。民族体育也是如此，比如中国武术不仅仅是个人私斗或战争的工具，更是特殊功能价值的载体，自强不息、浩然正气等品质成为中华民族文化精神的象征，强种强族、弘扬民族文化的武术，其社会地位跃升至文化高度，国家层面。

具备了一定社会地位的人或物，在适当的时刻，他们的言行会产生连锁的良性反应，其中一个反应就是拥有相应的权力。仍以博士生为例，当他的学术名望、社会贡献达到一定程度，社会会给与他一定职务，使他拥有一定的权力。在民族体育中掌握中国武术的侠士集团、开国建功的武将群体、保家卫国的将士等都在特定的时期阶段性地拥有一定的权力。

在社会活动中，占据一定社会地位，拥有一定权力的阶层，他们掌握着社会、文化的话语权，所谓君子一言驷马难追，普通百姓则是人微言轻。而社会氛围和价值导向更多的是与话语权紧密关联。博士生成为国家机关的官员，他有制定规则的话语权。民族体育仅在特殊时期、在口号中容易成为中国的文化名片。然而在实际社会中地位不高，如中国武术缺少必要的话语权。这恰是民族体育亟待延伸的迫切性所在。

上述过程是布迪厄所说的文化再生产过程。资本-地位-权力-话语权-资本成为一个链条，有不断增殖的效应。只要是拥有第一个资本环节，一般都会步

---

[1] 皮埃尔·布迪厄. 实践感 [M]. 蒋梓骅，译. 南京：译林出版社，2012：97.

入一个良性运行的历程。同时，由身体资本引发的资本链最终表现是"身体化"文化资本，[1]也就是最后一个环节中的资本应该向着身体化的方向演进，这种被人的身体所拥有的资本，方能使资本随着人类的身体存在和发展而延续。在文化再生产的过程中，身体资本的再生产更多地依托于家庭、日常活动等非正规场域实现着代际之间的传递与继承，这种再生产在没有强大制度保障中依然能够延续，充分说明身体化的资本是世人不知不觉运用的资本。这种资本的真实面貌没有被人们充分认识到，总是被其"虚伪的非功利性"所迷惑，很少有人看出它的功利性，其实隐蔽的功利性功能释放出来后，人们才发现身体资本再生产后的功效巨大。恰如布迪厄认为的人的知识、教养、感性、趣味、馈赠和仪式等隐蔽的资本具有经济资本功能一样，裕固族的旅游中民族体育功利性的释放，产生了出人意料的经济效益就是一个典型的案例。对此，我们认为具有身体化的文化是人类社会发展的根本，在社会网络中表现出突出的共存和共享的特性。

图 3-6 肃南民族体育运动会

裕固族的民族体育已经拥有了身体化的文化资本属性，赛马、赛骆驼、摔跤、射箭、拉爬牛、顶杠子、拔棍等在起始阶段便具备着身体资本的属性，在裕固族的生产或生活中占据重要的地位，掌握这种技能的人们是民众心目中的

---

[1] 朱伟钰."资本"的一种非经济学解读——布迪厄"文化资本"概念[J]. 社会科学，2005（6）：117-123.

英雄，在必要的场合具备话语权，在资本转换过程中，身体资本融入其他资本之中，形成了身体化的资本体系，恰如肃南的旅游环节中有赛马会为主要支撑，社会交往中有摔跤的维系，在文化建设有裕固独韵为特色，说明裕固族民族体育在裕固族文化中的显要地位，民族体育人、民族体育活动是整个裕固族社会网络中的重要人物、事项节点，民族体育发挥着对社会生活的引领作用，裕固族民族体育具有强大的同质文化圈内的社会共存和共享特征。每年的八月一日是裕固族的民族运动会，来自全县的牧民云集肃南参与各种民族体育项目的竞赛，特色的赛事和豪放的民风也吸引了省内外游客们蜂拥而至。

图 3-7　裕固人赛马

五、转化中的升华

民族体育中的元素需要升华，方能转化成为民族体育的身体行为，进而衍生成为民族体育文化的有机构成。

首先，根据民族体育的身体行为、目的等标准来衡量裕固族民族体育元素。赛羊活动难以通过文化半透膜。这项活动的主要方式是一种休闲的活动，其主体活动内容是以羊的体格、羊的毛质、羊的相貌来选美。活动期间几乎不需要人的身体行为。拉脖绳是一项用环形的彩布带或粗绳子套在两人的脖子上，同时角力后拉，以将对方的屁股拉离地面为评判标准。由于这项活动不需要专门技术作为支撑，缺乏必要的技巧，与拉爬牛相比，危险系数高，体能消耗较低，不符合超乎于常人的能量代谢要求。围和尚是一种人们娱乐棋类活动，也没有什么身体行为的参与。踢羊毛毽倒是有相应的技巧和技术，但是其目的完全是追求娱乐。对健身追求不甚强烈，且呈现低龄化趋势。上述这些活动的目的，很少有与生命塑造相关的意向，这是甄别的一个关键所在。

对于这个问题，我们可以以拥有庞大人口的麻将为例进行必要的分析。麻将活动需要身体行为的参与，由于是久坐不动，能量代谢水平难以超越常人的水平，其目的主要是以娱乐为主，间或是赌博游戏，与生命塑造的关联程度很低。而且久坐会影响人的身体健康，出现各种损伤，如颈椎、腰椎劳损等。当然，我们这里分析的是大众麻将，而非竞技麻将。那么这样的麻将活动如果也被纳入民族体育行列，中国的很多游戏都应该成为民族体育的主力军，在北京奥运会开幕式上应该将缶换成麻将桌，以此彰显中国庞大的民族体育人口。可是在此次举世瞩目的盛会上没有采用麻将桌，可见麻将并不是中国民族体育的代表。此乃戏言。关键在于麻将的活动目的仅是娱乐，不仅很少促进健康，还会对健康产生负面影响，更无从谈起对生命的塑造，这种价值追求显然不能成为民族体育。

从价值体系的角度分析，裕固族部分民族体育元素缺乏激励人和族群发展的价值追求。赛羊、拉脖绳、围和尚、踢羊毛毽等活动内容是常人进行的娱乐活动，没有深刻反映族群历史、聚合族群的实际作用或象征作用，难以通过这些活动引发人们的高尚情操。就道德向度而言，这些活动仅是人们日常生活中的游戏，羊的丑与美、脖子力量的大与小、毽子踢的多与少都很难被提升到激励人、塑造人的程度。一个社会需要进取的人生观、乐观的生活态度和积极的社会行为，更需要以人为本的终极目标作为人生的价值追求。

中华民族体育是关注人生存和发展的文化之一。生命的演化和文化的演化存在区别，恰如"生命的演化，就像从山顶往下走，最后走到相距很远的不同山脚，形成不同部落、族群、民族。而文化的演化，则很像从不同的山脚出发，最后都在同一山顶上会合。"[1] 生命与文化的演化并不是两条轨道上各自奔驰的列车，两者存在着紧密的关联。原生于不同时空中的少数民族体育，各具不同的结构和功能，拥有不同的品质，相当于处于不同的"山脚"。而各色的人

---

[1] 李绍猛. 文化融合与普世价值 [J]. 理论视野, 2010 (9): 56.

体文化都将健康基础上的人的生存和发展为最终目标，高度一致的人体文化目标构成了共同的"山顶"。文化是人类创造的，健康文化更是人类的创造和追求，如果将健康文化比喻为高大的山脉，散落在山脚下各个民族为了健康付出努力、艰辛，不懈地攀登着这座大山。各民族通过人体文化，攀登象征人类健康文化的高峰，并以健康的体魄到达山顶，实现生命和文化的融合。在健康文化的驱动下，人类使用民族体育攀登健康之巅，在这个过程中生命与文化将人类链接成一个整体。当然，人类的各种共同体（部落、民族、国家、文明、世界等）都是人类的局部，而不是人类的整体。人类的整体包容着人类文明的全部要素、结构、功能和历程。[1] 恰如王占阳所言，各个共同体（即族群或民族）是全人类的"历史器官"，分别位于各民族机体中，执行不同的功能，执行结果越是丰富，越有利于交流，越易于文化基因重组，越益于人类文化的整体性。作为不同历史器官的民族体育文化也是如此，不过民族体育有其独特的特点，即各种人体文化都是以关注人和人类的生存和发展为己任。对照这种观点，裕固民族体育大多数项目具有了这样的品质，而不具备这种品质的部分元素则难以进入裕固族民族体育文化的核心地带。

从社会因素分析，裕固族的民族体育元素中，部分内容缺少必要的准入准备。在社会因素中主要包括能量获取、社会组织、战争能力和信息技术等内容，这些内容对社会活动而言，有着苛刻的准入条件。分析这个问题，我们必须将视野投向民族体育文化在社会事务中实际作用和象征作用方面。如原本是地域性民族体育的"秋千"，在社会发展历程中，通过必要的文化同化，发挥出原本所难以想象的实际和象征作用。而裕固族的赛羊、拉脖绳、围和尚、踢羊毛毽等项目却难以达到类似秋千的准入准备状态。

达到社会准入状态，成为社会事项的有机构成成分，最关键和最基础的是文化同化状态。至于文化同化，必须了解交流双方通过大量的社会互动而出现的文化同化相关理论。美国社会学家戈登在《美国人生活中的同化》中提出7个变量，它们是文化和行为的同化、社会结构的同化、婚姻的同化、身份认同的同化、意识中的族群偏见的消除、族群间歧视行为的消除和公共事物的同化。[2] 文化同化是非常复杂的过程，会依据不同地域的具体实际

---

[1] 王占阳. 中西文化融合的可能与限度 [J]. 首都师范大学学报. 2004（4）：38–46.
[2] 马戎. 民族社会学 [M]. 北京：北京大学出版社，2004：211.

发生各异的同化。在戈登看来，在民族接触过程中最易产生同化的是文化的同化，其次是歧视行为，这两者同化变量先后出现，成为其他变量的基础。在中国历史上，周边的各民族在与中原人交往中，大多是对汉民族文化的认同或被同化，元代和清代可以说是典型代表之一。当中原人与周边民族互动时，南蛮、北狄、东夷、西戎等歧视性概念逐步消解，时刻效仿和学习他们的胡服、享受他们的马扎、玩耍他们的秋千、竞赛他们的马球。戈登认为人类文化中婚姻最不易同化，回族与其他民族很少通婚，只有信奉共同的信仰方可结为连理。中西民族体育的初期交流，国人对西方的民族体育文化认同在先，不然便没有了进一步交流的可能性。然后，是接受具体的项目内容。在此过程中，国人对区分人群身份的基督教则似乎没有关注。体育文化应该是人类文化中最早实现全球化的文化现象，近代的西方在工业革命推动下，其竞技体育成为人类最广泛同化的文化事项。文化认同发挥着开关的作用，文化间的接触，起初的"成见"会随着互动的深入得以逐渐消除，甚至会出现观念的逆转，只有在互动中才能完善、修正、改变各自原有观念。文化互动后产生的文化认同，消除了歧视，缓解了冲突，增进了互信，其他影响民族关系的变量自然进一步得到同化。强大的中华民族凝聚力就是在这两个主导变量的作用下积淀出强劲能量，民族体育项目也随之蕴含了雄厚能量。具体而言，流传至今的秋千，说明了社会生产的水平已经能够满足了人们对娱乐的高层次需要，标志着社会发展达到了一个新阶段，地域广阔的交流必然需要更多的能量支持，人员流动的能耗是社会能量获取的一个重要方面。对于战争能力而言，秋千具有较为直接的作用，起码能够锻炼士兵腾跃障碍物、提高平衡等方面的能力，对于体能的提高也有一定的益处。就社会组织来说，秋千从东北大地进入宫廷，又从宫廷高墙内辐射到广阔的民间，秋千发挥着有利于社会成员交流的公共平台作用，促进着民族融合，在一定程度上完善着中国多元一体的社会结构。对于信息技术而言，鲜活的动态身体符号是促进各个民族文化交流的通约符号，该符号能够克服语言、文字等文化屏障，实现文化流畅地沟通，向世人传递着中华民族千秋伟业的象征性信息。由于秋千具备了这样的社会准入准备，所以能够被中原文化及个各个民族文化所认同，成为社会的有机构成。这是地域性民族体育成功同化，纳入社会的典型案例。民族体育项目纳入社会系统之中，并在社会系统中发挥作用，得益于由人组成的社会总体倾向于"人们模拟的不是'模型'，而是他人行为。身体习性直接启动运动机能,后者作为姿势图式,既是个人的又是系统的,因为它与整个物件系统相关联,并载有一大堆意义和社会价值。"[1]

从辅助因素分析,裕固族民族体育中部分内容缺乏优势。裕固族的人口数量在第六次全国人口普查中,共计14378人。在全国少数民族人口中,数量属于少数。在这种人口数量的制约下,其依托于人的文化传播和传承必然会受到较大影响。同时必须看到,在人口问题上,应该更注重的是人口学问题。裕固族人综合教育指数6.5,城市人口比例24.96%,从事农业体力劳动占76%以上,在全国的人口除了甘肃外,主要聚居在新疆,人数也就300多人,在甘肃省也主要居住在张掖、酒泉。[2]这种趋势近年来虽有所改变,但变化幅度有限。裕固族没有人口数量优势,在人口学上的优势也很不充足,因此特色的民族体育传播会受到一定的影响。裕固族虽然在总人数上不占优势,但是在甘肃特有民族中,只有裕固族的妇女社会地位较高,她们拥有与男人一样的待遇,因此裕固族的民族体育可以做到人人参与,人人推广的地步。在历史上,裕固族有账房戴头婚、勒系腰婚等婚俗,这些有利于提高女性地位的婚俗与母权制、蒙古族的"指名为婚""指物为婚"、藏族和土族的"戴天头"婚俗有密切的关系。[3]裕固族人认为他们出生后就是佛教徒,藏传佛教已经成为裕固族的重要民族特征之一。女性在平等的宗教活动中受到规律生活、情感依靠、期许祈祷,特别是每日的念麻呢、转经轮、定期的煨桑等虽不是体育活动的内容,却有效地促进了肢体活动,特别是对其心理产生极大慰藉,因此裕固族妇女们多现乐观、开朗的性格。[4]但非常可惜的是,裕固族民族体育活动中的内容很多都不适合女性,极大地影响着裕固族民族体育的更广泛传播。

从先进程度分析,裕固族的民族体育与中原的民族体育相比,在养生方面没有突出的特色,却与西方竞技体育的竞争方式有些相似,竞力的、竞速的、竞准的、竞美的在裕固族民族体育中占据主导,在竞争基础上,裕固族的民

---

[1] 皮埃尔·布迪厄. 实践感 [M]. 蒋梓骅,译. 南京:译林出版社,2012:104.

[2] 付鹏,冯霞. 建国以来裕固族人口的数量变动及其地理分布变迁(1949—2000年)[J]. 西北人口,2007,28(3):28-35.

[3] 姚力. 裕固族账房戴头婚再研究 [J]. 民族研究,2002(3):37-45.

[4] 李静,刘生琰. 宗教信仰内驱力的多向度表达 [J]. 青海社会科学,2011(6):137-141.

族体育更凸显着促进人际交往的功效,此乃裕固族民族体育的先进性。正如哈贝马斯所强调的观点,人在实践中多采取以成就为方向的目的(策略)行动,这是一种"趋利"性的合理选择——"策略性行动"。它是精确目标方向,选择适合的最佳手段,去实现预期目的的活动。[1] 在不同地域中,人们必须选择符合自己生活环境的生活方式,养生对裕固族人而言并不是生活中最迫切的需要,而竞争则是第一位的,同时人们意识到只有合作才能更有利地竞争。因此,在他们的行为策略性中凸显了人际交往的行为。

祭祀仪式中,赛马在裕固族人的生活中占据着十分重要的地位,具有相当高的普世性。这种突出表现,不仅与裕固族的民族历史有关,更与其宗教信仰关系密切。由于裕固族人基本上信奉的是藏传佛教,他们在祭鄂博仪式中总是将自己最为拿手的手艺作为祭祀的真诚表现,于是马赛活动成为祭鄂博仪式中程序之一。这充分地说明民族体育作为一种动态身体符号,不仅可以和人进行沟通,更能够通过这种没有言语障碍的符号与神灵沟通,以此表达敬神、谢神、娱神的心意。另外,裕固族人还有自然崇拜,其中对山神的祭拜也是通过赛马等活动来完成的。由于是全民信教,所以祭祀仪式中的赛马普世性相当高。通过鄂博祭祀活动,能将分散在各个牧场的牧民们集中到一个公共文化空间,在这一时空中,牧民们平等互动,无形中整合着社会关系,无意间维持和延续社会结构的稳定。然而,在鄂博活动中,特别荤鄂博中主要由杀生宰羊、羊头祭鄂博、洒血祭鄂博、现场煮肉聚餐等环节完成祭祀活动,赛马活动是祭祀仪式后的可选内容之一,其目的旨在增强祭祀的热烈气氛,实质上与民族体育的本质相去甚远。因此,祭祀活动中的赛马,即使具有很高的普世性,也不宜归入到民族体育的文化核心。

对于裕固族民族体育而言,不同的民族体育项目具有不同的持久程度。富含技术成分的,不是一时能够轻易掌握的项目在民众中的传承性较高。这种现象似乎有些违背常理,但是在现实中的确存在。比如在裕固族的民族体育中马技是比较难以掌握的技术,驾驭马匹的能力需要从小开始,经过长期的与马匹的接触,才能熟悉马的习性,掌握控制马匹的技巧。而正是这种复杂的技术,却在中华民族中持久地传承着。其实,这是正常现象。一般而言难以在短期掌握的技术,人们需要花费相当大的精力,可谓是来之不易,因而

---

[1] 侯钧生. 西方社会学理论教程:第 2 版 [M]. 天津:南开大学出版社,2006:354.

人们倍加珍惜。这种技术一旦掌握，便会衍生为人们记忆系统中最强大的身体记忆。比如学会了骑自行车、游泳，无论过了多长时间，仍然不会忘记这个技能。这种现象恰如布迪厄所言的被身体化后的民族体育成为人们效仿的楷模，成为人们的习惯。习惯行为是人世间最难改变的行为，最终形成一种不可阻挡的社会惯性。在进一步传承过程中，传承人会非常注重对受众进行相关的训诫，告诫其珍惜之。因此，持久的民族体育文化在起伏跌宕中始终没有被历史淘汰。快餐与大餐的区别就在于，大餐能够提供餐饮过程审美，而快餐仅仅是果腹。即便如此，生活在快节奏的民众在文化选择方面，更倾向于在难与易、快与慢之间选择快捷、简单的内容。然而这并不代表文化的走向。在甘肃特有民族中，各个民族的民族体育都存在相同的情况。由于部分民族体育项目难以掌握，对于当代的社会成员，特别是青少年在异常丰富的社会文化生活面前，在铺天盖地的快餐式文化娱乐活动面前，他们眼球被这些内容深深地吸引。这给大餐式的民族体育提出了严峻的考验，一时间民族体育出现了更为严重的失忆、失位、失语和失传，很多项目仅在原产地存活着。这不是当代人的文化近视，反而是民族体育文化自身存在着缺乏层次递进的系统性、时代延伸性等问题。

至于渗透能力，这关系到文化能量问题，在这个问题上，由于少数民族多处于弱势文化状态，因此在渗透能力上大多表现不如强势文化的强劲。从裕固族的民族体育元素来看，只有诸如赛马、摔跤、射箭、顶杠子等内容具有一定的势能，可以借势进行渗透。这种渗透也仅是对本民族的文化半透膜而言。相对于其他民族，裕固族的民族体育还有待进一步地提高自身的竞争实力，比如马上运动的规格和类型远远不能与蒙古族的相比。其他的裕固族民族体育元素，由于没有强大的势能，不易通过民族体育文化半透膜，也难以产生对其他文化事项进行渗透的能力。

裕固人有一种豪迈、开朗的性格，他们乐观地面对生活和生产中的一切，恰如他们在接待陌生的客人时那种豪情和真诚，他们深深地知道乐观、真诚能够跨越一切障碍，消融一切艰难险阻。裕固族人继承了蒙古族人、汉族人兼收并蓄的心态，对于能够有益于友谊和团结的事项，他们都秉持着开放的心态，积极地接纳。河西走廊是一个天然的容戈壁、草原、沙漠、雪山、湿地等自然景观的狭长地带，富有开展各类户外运动的自然条件，如今在张掖地区已经拥有了国际化水准的各类户外运动，其中已成功举办了众多的国际赛事活动，拥有了一定的国际化体育文化产业基础，这些活动均可以为裕固族的民族体育提供机会，裕固族人也充分汲取这类项目的养分，充实于本民族的体育项目之中，并主动地纳入各种赛事活动之中。就甘肃特有的民族体育而言，裕固人开展的民族体育活动有声有色，成效抢眼。在裕固族人性格、心态的作用下，民族体育中的很多内容都可以不断地运用人为的力量进行主动地渗透，实现裕固族人梦想的全民进行"以体现文"，即通过体育活动彰显本民族的文化。

"现代体育元素嵌入传统体育文化传承场域是必然趋势。为了促进当地经济和旅游业发展，裕固族自治县的各乡镇利用地域优势组织各种文化艺术节和传统体育运动会。譬如，2017年9月23日在明花乡东海子景区、西胡杨林举办的七彩明花'大漠胡杨'裕固族风情旅游节上，除了歌舞、服饰、民歌、篝火晚会、传统生活场景等的展演活动之外，民间传统体育仍是旅游节的重头戏，其比赛内容较之往年有较大的变化，既有赛骆驼、拔河、顶杠子、拉爬牛、拔棍等传统体育项目，也融入沙滩排球、沙滩足球、沙漠摩托赛等现代体育。可见现代体育文化与传统体育文化共同构成文化传承场域的展演内容，传承内容的包容与开放式变迁，成为当地民间传统体育文化保护和发展的引擎。"[1]

通过上述分析，可以比较清晰地看到，裕固族民族体育体系中，赛马、摔跤、射箭、顶杠子、拉爬牛等项目能够较理想地通过裕固族民族体育文化半透膜，构成裕固族民族体育的主要文化成分。其余的内容作为元素依然存在于民族体育活动之中，但是他们难以代表裕固族民族体育文化。

---

[1] 刘茂昌.裕固族民间传统体育传承场域嬗变研究[J].吉林体育学院学报，2017，33（5）：91-93，108.

表 3-4　裕固族民族体育文化认同

民族体育元素	民族体育文化半透膜	民族体育文化
赛马、摔跤、射箭、射击、套马、赛骆驼、赛羊、叼羊羔。拉爬牛、拔棍、拔腰、顶杠子、打摺抛、拉脖绳。裕固独韵、围和尚、踢羊毛毽	1. 体育本体　　认同构成： 　　　　　　　肢体活动 　　　　　　　意识状态 　　　　　　　身体行为 　　　　　　　能量代谢 　　　　　　　生命塑造 2. 价值体系　　道德方向 3. 社会因素　　生命尊重 　　　　　　　能量获取 　　　　　　　社会组织 　　　　　　　战争能力 　　　　　　　信息技术 4. 辅助因素　　人口数量 　　　　　　　先进程度 　　　　　　　普世程度 　　　　　　　持久程度 　　　　　　　渗透能力 　　　　　　　新颖程度	赛马、摔跤、拔腰、射箭、赛骆驼、拉爬牛、顶杠子、裕固独韵

第四章 民族体育文化延伸理论

　　树木生长需要一定的基础和环境，即使被大火吞噬、病虫侵蚀、干旱枯萎，只要有存活的种子，当满足了适量的水分、适度的温度、适宜的肥料等生长条件后，种子就会发芽、生长，最终成为参天大树。种子、水分、温度、肥料是树木生长的基本条件和环境，当这些条件具备后，树木就能够茁壮成长。但是，树木在成长过程中会遇到来自自身和外界很多因素的干扰，这里特别需要指出的是人类的干扰，人为地砍伐远远大于自然界对树木成长的干扰。在自然状态中，树木可以在进化过程中通过适应环境的方式自我解决生存问题，这是树木自身生存的延伸。但是遇到了人为的破坏，树木没有自保的方法。面对这种情况，自然在等候着人类的演化和进步。

　　人类在与自然的互动中，从畏惧走向征服，形成了不同的人与自然的伦理观。人类社会伦理之旅，是从人与人、人与社会的关系上发展起来的，后来才关注到人与自然关系的重要性，逐步形成了世人共同认同的人与自然的生态观。正如奥尔多·利奥波德在思考人类文明后，认为真正的文明"是人类与其他动物、植物、土壤互为依存的合作状态"，真正的伦理应当是"大地伦理"，这种与中国古人相同的伦理观是将人类作为"生物共同体中的一个成员"并自觉维护自然共同体的伦理，是伦理的完善和延伸。走到这个阶段，发展中国家和地区的动物、树木等自然物得到了应有的尊重，地球村在延伸之中得到了进一步的和谐。

　　由此看来，延伸是人类和自然在进化中的必然。

　　那么，构成文化延伸的潜质有哪些内容，这是一个非常值得探索的问题。

　　文化是人类认识世界的过程，在这个过程中，有一种潜质决定着文化的延伸。潜质是一种在表象上没有明显形态的内容，其中可能是由于处于整体之中，没有单独表现的机会，也可能是在非专业领域中其功能体现不显著。但是潜质是客观存在的，是构成事项不容忽视的内在结构。在这些潜质中，主要是围绕人及人所创造出来的物质、精神存在着密切的关联。其中的主要潜质包括：人的需要、人的能力、人的生命、物的存在、物的变化、意识的追求、意识的导向、意识的平衡、文化的土壤等潜质内容。这些潜质构成了一个有机内隐的整体，在外显的形式中表现得难以区分，同时，它们之间又互不相同，各自发挥着自己的作用。

第一节 民族体育文化延伸潜质

一、人的需要

人的需要是文化延伸最基础的潜质。当我们感觉到饥饿的时候，人会寻找食物，这是人的生存需要。当我们的健康受到威胁的时候，人会通过健身保护自己的安全，当人衣食无忧的时刻，进而思索建立着更加广泛的人脉、力求得到更多人的尊重及成为能够实现自己理想的成功人士，这是人的需要层级，马克思主义理论认为人类社会存在着生存、享受和发展等不同需要阶段。从马斯洛需要层级理论中，可以看出人类的需要包含着人的生理需要、安全需要、社会需要、尊重需要和自我实现需要等五个层级。如果进一步细分，人的需要可以分出更多的层级。不论何种需要的层级，人的需要是客观存在的，是文化发展的根本前提，有了人的需要才会诱发社会、文化的需要，任何社会才会为了满足人和社会需要而进行各种生产和活动，以此创造和获取人化的产品，满足人、社会和文化的需要。当一种需要得到满足后，便会出现新的需要，由此人和社会不断地前进。反之，如果没有人的需要，社会和文化发展就会停滞不前。可能会有人发问，当代社会发展的速度异常地迅猛，是否是人的需要在现今的社会状态下得到了尊重，在一定程度上讲，人的需要极大地带动了文化繁荣和发展，当代人的需要得到了极大的满足。以此观点，会有人提出质疑，民族体育文化在相对封闭的时代，发展速度和规模要高于今天，如今辉煌不再，民族体育难道不是满足人需要的文化产物吗？在相对封闭的社会中，人的需要在没有或很少外部刺激诱发的情况下，需要相对稳定，一是能够满足人需要的社会、文化内容悠悠地提供着满足着人的需要，二是即使有高层级的需要，社会和文化无能为力去满足，三是相对稀少的文化活动被人们充分地发掘，激发了民族体育文化的发展速度。另外，有研究表明，在相对封闭的社会中，即使是物质生活并不富裕，但是人们对精神活动的追求一点也不弱，其幸福感甚至高于其他社会状态，比如尼泊尔。而现今的社会、文化为人们提供了极其丰富的、可以满足人多元需要的可能。因此，民族体育文化相对而言变得发展缓慢和滞后。如果依据马克思主义的需要阶段理论，可以这样分析，在一个民族的发展初期，生存需要决定了民族的事项必须得到众人的高度重视，否则民族将面临生死存亡，对此民众对本民族的文化给予极高的重视。当民族发展到一定水平，人们开始享受其文化成果的阶段，民众已经不满足于自身原有文化事项的局限，开始拓展视野，千方百计地寻求更为丰富的内容满足自己的享受需要，这个阶段本民族文化或被暂时性地搁置。当民族文化在于异质文化交流过程中，民众发现自身的文化原本是自己安身立命的基础，具有优秀潜质又非常适合自身文化的时候，开始意识到民族文化发展的重要性。这是民族体育文化在不同时期，其发展进度不同的需要理论依据。好在民族文化不因人的轻视、忽视而抱怨民众，民族文化一如既往地、默默地守候在我们身旁。

在人类的发展历程中，人的思维方式是一个影响人、社会和文化需要非常重要的条件，一定的思维方式在很大程度上制约着需要层级。比如在采集社会阶段，人的思维方式就是建立在采集等行为实践基础上的简单、豁达的思维，在这个阶段人们生活虽然艰辛，但并不沉重。他们不需要思考食物的存储、来年的收成、顾忌邻近的侵扰，甚至不需要对疾病进行防范等。而进入农耕之后，大量的信息开始出现，比如观观天、算算运、记记账、写写诗，人们的思维开始了信息思维的模式。尤其是自从农业生产开始，人们为了"吃喝拉撒、衣食住行"整日忙碌在田间地头，日复一日地过着面朝黄土、背朝天的日子。实际上他们的生活逐渐在沉重，艰辛程度也与日俱增。到了工业生产的时代，虽然人类有了肢体的延伸，可以帮助人们减轻体力的支出，但是机械单调的分工工作，繁忙紧张的生活节奏，使人们累得喘不过气来。人类的思维出现了复杂、思变趋势。恰恰是在这思维方式的变迁影响下，人的需要从被动满足向主动索取过渡，而且是加速过渡，急速过渡催生了人的欲壑更加无穷。体育是其中一个外显的表现形式，在人的需要层级越发多元的情况下，从单一的玩具，演变成工具、器具，从竞力，演化为竞技、竞艺等形式。如今，甚至出现了竞智。人与人工智能的围棋竞赛，中韩两国选手分别对阵AlphaGo，开了具有体育竞赛属性,却超越体育文化的竞智先河。

人的需要可谓是文化延伸的根本潜质,文化延伸离开了满足人的需要,将会是一种无意义、无价值的文化延伸。人类社会在发展过程中总是淘汰这类延伸内容,将有益于人类和社会需要及发展的延伸内容不断地充实和完善。在民族体育文化中,其始终是人类所拥抱的文化事项。在这个文化事项中,民族体育文化之所以能够不断地延伸,其潜质中就有一个非常重要、人类永恒的需要存在,那就是人的生命冲动及生命的塑造。而这种生命冲动和生命塑造需要贯穿于人的各个需要层级,在最为基础的生存和安全需要中,生命冲动构成强烈的需要主体。在交往、尊重、自我实现等层级,生命冲动不仅是启动人类行为的动力,更是维持民族体育身体行为的力量,与此同时生命塑造相伴而行,有机构成了人所特有的尊重生命、善待生命的价值理念和行为方式。

二、人的能力

人的能力是文化延伸的重要环节。人的能力非常重要,同样的一件事,有能力的人,可以事半功倍。诸葛亮能力全面,不仅熟知兵法,更通晓天文地理、兵器制作,作战时可以决胜于千里之外。缺乏能力枉费知识,赵括虽然熟读兵书,但是缺乏实际指挥能力,导致全军覆灭。当然能力也分门别类,有些人的脑力发达,霍金当之无愧,然而他的身体实践能力有限,制约了他的综合能力,至少影响了身体认知。故此,对人能力的理解除了人的思维能力之外,还必须考虑人的身体实践能力。发明蒸汽机的瓦特就是一名能工巧匠,即便他的脑子十分灵活,若没有他的巧手去实施大脑中的想象,蒸汽机也难以被制作出来。爱迪生也是一位身体实践能力很强的发明家,而且他特别善于运用身体去实践,孩提时代他就在鸡窝中体验过母鸡孵蛋的感受。由此,人的能力是人智慧和身体实践的综合状态,以及该状态在顺利完成某种活动所表现出来的本领。

能力主要以两种要素构成,一是思维能力,这是人区别于动物的根本能力;二是身体实践能力,这是践行思维能力的行为表现。在这两种主要能力上可以根据不同的分类标准划分出许多能力,比如基本能力、专业能力、社会能力等。基本能力是人人能够具备的基本生理和心理能力。专业能力是与各个行业相融合的耕作能力、制作能力、创作能力、作战能力、运动能力等。在社会能力中是领导能力、创造能力、协同能力等。各种各样的能力，共同构成了人的能力体系。在文化中，人的能力发挥着主体作用，特别是在人化的历程中，离不开人的能力，只有人的能力得到了充分的发掘，人化的力量才会得到极大的释放，进而社会得到飞速的发展。人的能力是实践的结果，思维实践在于思考与反思，身体实践在于身体力行，人的能力在不断的实践中提高和丰富。人类社会在近百余年中，由于人的能力在主体的人被充分肯定后，主观能动性得到了极大的激发，借用科技的力量，使得人类社会的发展百倍于人类诞生后的漫长历程。当然，在人的能力潜质中，思维所表现出来的理性至关重要。关于这个理性，古代的西方从开始阶段的被重视到中世纪的被忽视，直至现今发展到被推崇经历了的一个起伏跌宕的历程。在古代的东方，理性同样经受了种种波折。理性作为思维能力的代表，应该得到客观、合理的尊重和利用，但是如果出现了过分强调理性的作用，必然会产生对身体实践能力的压迫，对于人性的全面发展必然会产生消极影响。比如技术至上理念会引起对人的轻视。

民族体育对于人的主要贡献在于能够提供一个保障健康的身体，健康的身体是脑力活动的物质基础，是思维能力的根本。恰如舒尔茨将人力资本的地位凌驾于物力资本之上，认为人力资本是人类社会最为活跃的资本。人的能力必须得益于健康的身体，只有健康的身体，才会拥有聪慧的大脑。健康的身体可以激发大脑皮质的唤醒状态，甚至是结构性改善，强化中枢间的信息传递，有利于人智慧的开发。[1] 只有健康的身体，才会使智慧得到践行，产生实践的结果，促进文化的发展。人类的智慧运用于人类社会实践，必须依赖于人的身体行为，健康的身体保障着人的有机体处于适宜的状态，通过高效、合理的身体行为将智慧展现出来。另外，人的身体实践能力除了对人的思维能力产生积极影响外，对于人这种社会属性极强的生物，更能发挥人

---

[1] Chaddock、Erickson 等学者于 2010 年在一项关于学龄前儿童基底神经节与有氧健身关系的研究中指出，通过核磁共振技术扫描 55 名 10 岁儿童脑部结构，发现有氧适能高的儿童，具有较高的认知控制能力和较大的大脑背侧纹状体，纹状体作为儿童认知控制的主要神经中枢之一，在体育活动的影响下容易引发结构变化。可参见董进霞，钟秉枢，布鲁斯·维科斯乐在《体育与科学》（2014.6）《大脑可塑性和儿童认知能力研究进展对我国学校体育改革的启示》观点原文可查阅：Chaddock L, Erickson KI, Prakash RS, et al.Basalgan glia volume is associated with aerobic fitness in preadolescent children [J].Developmental Neuroscience, 2010, 32: 249-256.

际互动的作用,并有效地促使人与人平等交流,使人的社会化属性得到很好的强化。因此,民族体育对人的能力发挥着无可替代的作用,进而对文化延伸发挥着重要作用。

三、人的生命

人的生命是文化延伸的核心。文化乃人为所创造,实则是为人服务的,所有的一切都是围绕着人的生命而展开的。人的生命为什么如此重要?对于这个问题的回答应该从人与自然的关系谈起。生命的诞生和延伸意味着自然界中实现了从无生命到有生命的第一次飞跃,从低级生命到高等生命完成了自然界第二次飞跃。在两次飞跃中,最为重要的始终是人的生命凸显。实际上,人的生命逐步主宰了自然、社会后,实乃是自然界的第三次飞跃。在某种程度上可以说,人的生命是验证自然界和人类文化演进的核心。从人的生命个体层面看,有机体生理基础、行为方式作为一个结构而存在,在此结构基础上,个体方才拥有了思维选择的可能,才能够继而通过行为实施思维选择的实践,这是人类不同于动物的主要区别所在。人的生命所表现出来的一体二重性的"结构与选择"是人类的起点,更是人类未来社会、文化不断延伸的核心。对此,陈秉公做了通俗的分析:

"从自然界与生命关系的角度看,人的生命本体"结构与选择"的产生意义更为重大:第一,从'自在自动体'到'自为自动体'的超越。动物生命仍属于自然界本身,只是一个仅仅依靠自然本能支配的'自在自动体',不存在生命的主动权;而人的生命已超越了自然,将生存的主动权掌握在自己手里,成为'自为自动体'和'自觉自动体'。第二,从自然环境支配生命到生命改造和协调自然环境的超越。动物生命仅是自然环境的一部分,自然环境是动物生命的支配者、决定者;而人的生命掌握了处理人与自然环境关系的主动权,有能力改造自然环境并与自然环境相融共生,成为自然环境自觉的改造者、协调者和融合者。总之,人的生命本体'结构与选择'的诞生使人能够成为自我生命和世界的自觉主体。"[1]

---

[1] 陈秉公. "结构与选择"机制下人的生命本体[J]. 中国社会科学, 2014 (3): 44-63、205.

人的生命对于文化延伸而言，处于绝对的主体地位。人猿揖别后，人化便开始了艰辛的旅程，由于人在很多方面不及动物，人类唯有发挥自己的长处，在人与动物共有的结构基础上，不断利用人类特有的选择能力，思索有益于自身生存的方案，通过各种实践方法完成人化的任务，使得社会和文化不断地前行。在此过程中，人的生命在理性选择和实践行为方面日渐合理、有效，文化也随之不断地完善，其中有益于人类的文化逐步转化为文明，比如农业文明、工业文明、信息文明等，这类文明对于人类社会产生着积极的推动作用，促进人类共同前进。然而，并不是所有的人类选择都能够成为文化的核心，对人类有害的、无益的、消极的文化不能列入文明的行列。只有有益于人的生命的内容才能够成为文化、文明的系统构成。当然，在同一文化中，其结构中部分成分可能会通过延伸或转化而构成人类文明，比如军事活动中促进了飞机的研制，通过军转民实现了飞机的延伸和转化，成为人类空间飞行的交通工具时，飞机成为文明的成果。

在人类社会发展的过程中，人的生命还逐步通过物化的形式得到体现，而且社会也在强化着这种物化的生命体现，比如计算机就是一种人生命延伸的再现形式。这种趋势在现代社会对人产生种种影响，无论是积极还是消极的作用，这种趋势都存在着摆脱有机体生命的倾向，同时又始终保持着与生命体的紧密联系。对于人的生命来讲，计算机对生命体的直接作用虽然微弱，但是这种趋势能够延伸人类的神经、肢体、器官，能够延伸人类的理智，这对人类产生积极的帮助作用。如计算机通过大数据对民族体育可视化分析，具有积极意义。当然，这种趋势也存在着异化，可能会对人类产生消极的制约。但是，人类具有这种能力，是文化延伸的重要领域，是实现人类不断完善生命、不断进步的重要辅助手段。只要人类始终把握文化延伸的正确方向，就能够保证文化沿着尊重生命、珍惜生命、完善生命的轨迹发展。在人类文化活动中，民族体育在人做出了对生命进行塑造的选择后，通过身体行为，以不断提高有机体新陈代谢能力的方式和方法，增强有机体的生理机能，满足人的生命冲动，实现对生命的塑造，这是各种不同的民族体育的共同目标。中、西方及世界上各个民族的民族体育在不同的时空中起源、发展，逐渐形成了各不相同的结构和功能，凝结了不同的特征，他们分别处于不同的"山脚"。由于民族体育文化是建立在健康基础上的人的生存和发展，乃至人类的生存和发展，其最终目标高度一致，因此人体文化构成了人类共同的文化

"山顶"。这一系列行为对文化主体的人产生积极作用，使"人化"的目标紧紧围绕在"为人"的方向上。民族体育所追求的目标、作用的对象、实施的过程都是围绕塑造生命的，从这一点上，可以明显地看出民族体育是人类文化中不可或缺的、绝无仅有的自为、自觉的人体文化，是进一步完善文化、实现文化延伸的主体内容之一。

四、物的存在

文化在为人服务过程中，创造出各种各样的物质产品，这些产品与精神追求等内容共同构成人类的文化。物化的文化始终是人类不懈的追求，物质产品可以满足人的种种需要，也标志着文化的发育程度。就人类的椅子的演化来看，从简单实用到豪华舒适，椅子的品种越来越丰富，越发能够满足人的各种享受需要，椅子在一定程度上是文化发展的缩影。当然，说到椅子、沙发之类的物品，我们不得不思考，人类文化在进步的同时，的确伴随着人的有机体的体能退化。有研究表明：人类用了500万年到1000万年的时间学会了直立行走，用了大约1万年创造和使用工具，这些人的有机体的延伸，工具帮助人类实现了对自然和世界的改造，人类生活似乎越加舒服，无形中强化着人类对舒适生活的追求。人类仅用了30余年，在发展的名义下，完全掌握了使用小肌群低耗能、坐着工作和生活的技巧，身体的运动量几乎消失殆尽，站立和行走的能力受到极大制约。在物质极大丰富的现代社会，将人类引向了严重制约人类健康的恶性循环之路。即使如此，必须看到正是这种物质的丰富，引导着人们有暇、有心、有钱去从事以往无暇、无心、无钱所能从事的关乎健康、提升精神享受、塑造生命的身体行为。可见，物的存在具有两面性。物的存在是文化延伸不可或缺的物质基础。

客观世界的物原本就客观地存在着，但是这种存在方式对于人类而言，其价值没有被充分地发掘和使用，暂时被人们所忽视。只有在人利用、开发和组合这些客观存在的物，形成能够为人服务的形态后，便成为文化产品。因此，物的存在对于人类来说总是以可利用为标准。具备了文化产品属性的物，是一种包含了人为因素的物，它的存在更为人所熟知，也被人们加倍地重视，毕竟文化是"人为"的"人化"，其中包含着人的智慧和实践，该物的存在实际上是文化的物化。现实中，也的确存在这样的证据，人在对外界进行物化过程中，渗透了大量的人为成分，以至于使得物化的东西产生人为色彩，比如不同文化的建筑、园林、服装、餐饮等类型可以清楚地证实在人的因素作用下的物化表现。那么，身体活动的方式也同样存在着这种区分，东方民族体育、东方民族舞蹈与其他民族所表现的不仅在身体活动内容和形式上有所差异，还在使用的器物上存在区别。就以民族体育而言，同为搏击内容，中国的搏击重在点到为止，擅长巧取，西方的搏击则追求一招制敌，突现简洁。同为斗兽，中国的斗兽，多采取弱小的禽兽为对象，斗狗、斗鸡、斗蟋蟀，始终将人置于上位，完全是一种在保障人的至高无上地位基础上的人嬉兽的模式。其他民族则将人与动物置于同等状态，甚至将人置于下位，斗牛、斗象、斗熊，从中来验证人的力量。这种现象可以明显地看出不同民族在物化过程中的差异。

在人类社会中物的存在形式，特别是人的意识在物化客观外界物质的过程中，已经拥有了人的因素，比如人类的居住方式变迁，虽然在这种因素所占比重是逐步增加和积累的，毕竟人的因素在物化中日趋成为物存在的重要影响因素。同时，必须看到，很少或没有经过人的因素渗透的物依然大量地存在着，它们是否能够成为文化延伸的潜质？比如自然存在的各种物质，像是矿物、植物、动物等。在人类的发展历程中，这些自然存在的物质都是可以成为人类加以利用的物质，只是现今人类的能力尚未达到能够充分利用这些物质的阶段，一旦人类掌握了利用这些物质的手段，这些物质便会成为人类文化的不竭资源。因此，文化延伸中物的潜质是极其丰富的。这些被人类利用的物在体育领域被进一步地延伸，比如汽车拉力赛、赛场自行车、高空跳伞、电子竞技等，这些体育活动都是在人类物化自然物的过程中逐步完成的。如果说上述的案例是人对外界的物化现象，那么对于人自身来说，身体也是一种被物化的对象，表现为生命的存在。当人系统进行运动训练后的能量供应系统得到了进一步地完善，相应的运动设备得到进一步的改进，人的竞技运动能力必然会出现新的记录。即使是常人进行系统的体育活动也有益于人体的生理结构的良性发展，有益于生命的高质量存在，人的寿命不断提高，人的生活质量不断攀升都是一种佐证。

当人处在不宜人类聚居的无人区，会发现自然物的存在似乎不以人的意志为转移。但是，人在这种状态中，只要付出更多的努力依然能够实现将自然物的转化。比如生活在青藏高原的藏族人，他们充分利用自然物的同时，也对人的自身进行适应性的改造，相应的身体活动内容和方式也出现特化。长期规律进行体育活动的人群，其生理结构会发生优化，从而体质得到提高。这是人的身体被作为客体而产生物化的特殊表现形式之一。在人类演化的历程中，关键在于人的身体优化进程，比如竞技技术使得体育的身体行为专门程度不断提高，身体也得到了结构性改良，体育更加具有文化性，由此体育文化得到发展。物的潜质主要是基于人的生命基础上的一种特殊存在，也可以说只有符合人的生命需要和结构，才能被人为地选择，纳入人化的体系，才使得物发挥更加广泛的作用，体现其存在的价值。当然，未被人认识和利用的物作为丰富的资源存在，是一种潜在的存在方式，这种方式有待于人类的认识和发掘，它们同样具备巨大价值的潜质属性。从这个角度，我们发现人的文化延伸能力非常强大。

五、物的变化

自然界的物具有多种存在方式，各种物的不同组合会产生万千变化，物的变化是永恒的。在自然界中，物的变化可以分成物理变化和化学变化，物理变化主要表现为量的积累，而化学变化则主要体现在化合质变。这两种主要的变化形式之间还存在着各种交织，量与质的变化彼此相依。比如在自然界中普遍存在的相变现象，磁性在温度降低到绝对零度，即-273°便会退磁；水在不同温度下会形成不同状态；金属与氧气化合成金属氧化物、金属与非金属构成无氧酸盐等。人类社会中，物的变化有一个非常重要的因素就是人的涉足。人可以对自然界的物进行人为的选择，并按照人的意愿进行改造，致使原本就异常丰富的物的变化更加扑朔迷离。人类社会也存在着思潮积累到一定程度，会产生思想和理念，影响整个社会成员的言行；社会时尚逐步成为社会普遍遵行的社会倾向等都会对物的生成产生影响，如人类对能源认知导致能源结构的变化。无论物的变化有多种样，其变化的规律相对一致，即从低级向高级的方向变化。只要物的变化存在，特别是物的变化层次逐渐提高的规律存在，自然才能完善和社会才能发展。这种加入人的作用力后的物的变化应该属于人类社会进化的一种表现。这种进化与自然界的进化存在必然的联系，又表现出自身独特的特征。可能会有人说，细菌在漫长的进化历程中，依然是细菌，并没有进化成高级生物。但是应该看到，今天的细菌历经变异，已经不是原来的细菌，它仅在整个生物序列中位置不变,但是自身的生存能力得到了提升。也会有人质疑,在人的生活环境不断改善中,如何解释人抵御能力在逐步下降。对于这个问题,应该从人类社会进化的适应性角度来分析,人体对自然的抵御能力存在某些方面的下降,并不代表整体抵御能力的下降,人类的能力在另一些方面得到了提高,弥补了这种不足,这就是机能代偿。如果视力不好,其听力必然被强化。或者是人类借助于外力,通过人神经、器官的延伸弥补了这些能力的下降,保障了人的有限能力更有效地用在刀刃上。比如人类发明了衣服,而且衣服的材质越来越实用、轻巧、美观,这不仅可以发挥衣服原本的功能,还能增加美观等效用。人类运用各种医疗手段,预防和治疗各种病患,有效地提高了人的健康状态。当然,这一切变化无形中削弱了人的自然抵御能力,但是在人类适应了这种延伸后的机能状态,人类依然能够有效地生存。人类对自然的物化,就是要借助物的变化来提升人类的生存能力,以及促进人类的发展,避免无休止地将精力耗散在自身的保护和完善上。对此,可以比较容易理解人的生理机能在发展到一定阶段后会出现所谓的平台状态:[1] 人的大脑容量较古猿高出了许多,人类的脑力水平急剧提升,之后便没有大幅度地进一步增容,人类借助物化的书籍、计算机等延伸工具扩充人类脑容量,而避免了人拥有一个硕大的头颅。这种物的变化有效地促进着人的进化,促进着文化的发展,促进着社会的前进。由此看来,物的变化是文化延伸的重要潜质。

物的变化表现形式多元,有急速的,更有徐缓的,然而变化始终是其根本。在物的变化中最为基础的是自然演变,最为剧烈的是人为改变。自然演变的过程是漫长、微弱的,人难以用一生的时间去体验和感知。比如,水獭筑坝使得水溪被堵成湖。这个自然形成的湖,在较长的演变过程中,其他的生物会适应这种环境的改变,随之共同生长,形成一个和谐的生态小环境,人难以全程了解这种自然景观的形成过程。当然,自然演变中也有非常剧烈的变化,地震、火山、洪水、海啸等往往会引起物的突变。这些巨变在人类时刻进行的改造面前虽说是瞬间的突变,但是这种突变毕竟不是经常性的,而真正的突变恰是人为的改变应该是最为剧烈的。比如人工建筑大坝,在短短几年中就能将江河拦腰截断,生物们还没有反应过来,它们的生存环境就彻底改变了,鱼群无法洄游,生态被破坏。这种剧烈的变化,带给生物的影

---

[1] 姜树华、沈永红. 人类脑容量的演变及其影响因素 [J]. 生物学通讯, 2016, 51 (1): 10-14.

响是剧烈的，甚至是致命的。无论如何，物的变化，为人类的发展提供了无穷的可能，人类依赖于物的变化。人类生存和发展需要物的变化，物的变化提供着最基础的条件。前面所说的水獭筑坝与人类建坝都有对水资源利用的价值，人类可从人工建筑水坝等物的变化中获得人类社会发展所需要的多种能源，同时也给自然带来了巨大的创伤。

而物的变化中，人类自身的变化总是最为重要的领域。人的有机体也是一种物，这种鲜活的有机体时刻保持着变化，停止变化的有机体意味着死亡。有机体的变化不仅对自身提出了各种要求，更对外界的自然和社会提出了无穷的要求。人的有机体除了脑容量的变化、有机体机能的提高、寿命的延长外，其中更有人的欲望、价值追求不断变化影响着人类社会的需要日益提升，文化必须满足人类的需要，不断地通过各种方式和方法，人化物的存在形态，促使其加速变化。在人类对自身不断改造的历程中，身体活动是一个重要的领域，在这个领域中完成着人类对身体、生命的塑造。对于这种变化，体育发挥着无可替代的作用，从而造就了体育始终围绕人类，并必须时刻变化，不断发展。原本肢体活动就能够满足人们的需要，时过境迁，简易、随意的游戏形式已经不能实现对有机体的塑形，只有分别采取竞技技术、健身技术等专门化的身体行为，才能实现人们满足身体、生命塑造的重任。

六、意识的追求

人之所以是人，最为重要的就是人具有对意的追求。这里所说的意，主要是指人的意识。而所谓人的意识，则是指在经过人行为实践后的不断反思、归纳和总结的阐释体系。

关于人的意识形成可以分成两个主要流派，第一，希波克拉底、弗洛伊德、埃尔德曼学者等沿着"脑——意识"的研究思路探寻着人类的意识；第二，柏拉图、笛卡尔、魏格纳等学者则推崇"灵魂——意识"的思路。长期以来两者的博弈此起彼伏，用高也陶的话说："根据当代科学的研究，意识也可以不是大脑的产物，意识也可以不是生命的产物。"[1] 那么人的意识是从何而来？根据近代哲学，现代神经科学、心理学等研究表明，应该可以比较清晰看到是人的

---

[1] 高也陶. 意识新论 [J]. 医学与哲学：人文社会医学版，2010，31（9）：1-4.

"行为——意识"观。

马克思在《〈政治经济学批判〉序言》中推理分析:"人们在自己生活的社会生产中发生一定的、必然的、不以他们的意志为转移的关系,即同他们的物质生产力的一定发展阶段相适合的生产关系。这些生产关系的总和构成社会的经济结构,既有法律的和政治的上层建筑竖立其上并有一定的社会意识形式与之相适应的现实基础。物质生活的生产方式制约着整个社会生活、政治生活和精神生活的过程。不是人们的意识决定人们的存在,相反,是人们的社会存在决定人们的意识。"强调人们的社会存在决定人们的意识,这种唯物辩证观,是认识世界和事物的前提。人的行为是一种实实在在的客观存在,只要人活着,人的行为就会存在。当人的行为出现后,人就会对这种客观存在进行思考、反思,不断地思考、总结、阐释,片段的阐释逐步形成系统化的意识。如果说,这仅仅是推理,那么 20 世纪末以来的神经科学研究陆续显示,大脑意识的出现是在人的行为之后。其中,里贝特的研究表明:"脑产生动作的时间发生在参与者意识到他们做出决定前 350 毫秒。"一般来说是 350~500 毫秒,最短的是 350 毫秒,即 0.3 秒,这是人眨眼的用时,也就是说从行为到产生片段意识只是眨眼的工夫,过于短促的瞬间间隔,很容易误导人们对行为与意识出现的固存顺序和必要间隔。另外,海恩斯等人利用更加先进的功能磁共振成像(fMRI)进行类似研究,也得出了相似的结论:"大脑不需经由我们的意识就决定了我们的行动。"[1] 心理学研究成果也支持行为影响意识观点,华生[2]认为人类行为就是"刺激—反应"的结果。人所处的时空中存在着形形色色的刺激,其中生物、社会刺激及交织在一起的复合刺激,各种刺激引发人类不同的行为。刺激绝不是意识,特别是生物刺激,一定不是人的意识范畴,刺激就是客观的外界存在。刺激—反应机制实际上就是巴甫洛夫的条件反射。民族体育从玩耍、游戏到竞技的发展历程中,对各种刺激的反应是其形成和发展的直接起因,没有更复杂的因素参与,绝非完全是意识参与的结果。一个简单的例子可以说明这个问题,刺激物不会都是有意识的,危险首次刺激人不得不逃跑,危险再次出现,逃跑行为能力的不断提高,才是人的意识作用的结果。打火机的火焰不小心燎到

---

[1] 费多益. 意志自由的心灵根基 [J]. 中国社会科学, 2015 (12): 51-68.
[2] 华生. 行为主义 [M]. 李维, 译. 北京: 北京大学出版社, 2012: 8-39.

了手，人会马上缩手，并没有时间去意识是火还是其他的刺激引起了灼痛。威廉·詹姆斯在《行为改变思想：表现原理》[1]中认为围绕身体运转的一切，都由身体行为去感知，强调行为导致意识的产生。比如，在斯坦福监狱实验中，实验者分别身着警服或囚服，仅几天时间实验者就很快地进入各自扮演的角色，形成了"狱警"虐囚和"囚犯"感情受伤倾向；萨拉·斯诺德格拉斯以人们走路方式进行试验，发现昂首挺胸、大步流星给人带来快乐与自信；卡尼通过身体姿势试验，发现经常身体前倾、双手撑在桌子上的强有力姿势催生人的冒险精神和取得胜利的自信心；加林斯基和亚当研究显示："当受试者被告知自己穿着的是医生的白大褂的时候，在注意力测试实验上的表现出优于那些穿着同样白大褂但被告知是画家打扮的受试者。[2]"这些实验印证了詹姆斯"如果你想拥有一种品质，那就表现得像是已经拥有了这个品质一样。"上述案例中的行为多是临时实施的短期行为，被先前意识影响可能性较小，甚至可以排除意识作用的影响。由此，该类诸多实验结果从心理学的角度说明行为派生意识。当然，也有与之相左的观点，具身认知理论认为身体是一个重要的认知手段，也就是说在意识形成前，身体的感知是人类认识世界的基础。可以这样认为，在人类前期的行为积累中，人已经从中凝练了意识。而在当前的行为出现时，这种意识处于潜在的状态，但是潜在的意识会被激发或唤醒。克拉克宣称："身体并不是大脑的一个纯粹容器，或者说得更好一点是脑活动的一个贡献者，事实上应该把身体看作在产生认知时的脑的搭档。身体融合了被动的动力学，组织了信息，并且决定了有助于创造知觉体验的独特的感官特征。身体和脑对它们之间的认知劳动进行了分工，分担了单凭自己无法单独完成的过程。[3]"行为决定意识，意识指导行为，两者相得益彰，彼此依存，构成有机整体。

行为是显现的，意识是潜在的，行为相对容易分析，意识则深藏不露。所以，人类对意识的追求历史悠久，形成了众多学术流派。

---

[1] 美国心理学家威廉·詹姆斯著. 龙湘涛，译。2014年南海出版社出版的《行为改变思想：表现原理》一书中，运用了大量的实验案例表明一个鲜明的主题，我们可以通过改变自己的行为，来获得更多的自信，进而改变我们的思想。

[2] Adam Galinsky and Hajo Adam. Enclothed cognition [J]. Journal of Experimental Social Psychology，2012，48（7）：918-925.

[3] 劳伦斯·夏皮罗. 具身认知 [M]. 李恒威，董达，译. 北京：华夏出版社，2014：67.

以近代哲学领域对人的意识的追求演变趋势来看，从黑格尔所认为的"世界的历史"和"精神的历史"，直至尼采的推崇的人的"生命意志"，整个过程反映出人的意识追求呈现着从主要依托物走向人类主体自身的趋势。这个意的追求历程，笛卡尔的"我思"算是前奏，到胡塞尔的"先验自我"，至此完成了现代主体性的第一次循环，到了尼采，则宣告这种主体性的死亡，并提出了强力意志这种建构在人的生命基础上的意识。尼采宣布的这种主体性死讯，欲求"重估一切价值，就是将身体作为提高生命价值及其透视性条件的强力意志的基础，并在此基础上，重新拷问和颠倒一切虚假价值的基础，以还原身体作为'一切价值'的起源和有效性的形上学意义。"[1] 这种标志现代精神的主体性在另一种理性范式内获得新生，这种趋势奠定了现今人类对意识追求的轨迹。从尼采的生命意志来看，强力意志的特性是激情、欲望、狂放、活跃、争斗。强力意志源于生命，归于生命，它就是现实的人生，故而也可称之为生命意志。这种对意志追求的发展趋势反映出人类对自身波澜起伏的认知过程，标志着人的主体性的确立，将蕴含生命形而上主体性的身体成为解释世界的基本范式，从此人真正变成了人，人的身体、人的生命成为世间最值得尊重的主体。意的追求是人类前行中容非理性于理性架构中，充分尊重非理性原驱力，辅之以理性助力的动力系统。时至今日，合理的动力系统为文化延伸提供了强劲的能量。事实胜于雄辩，当人的主体性意识得到确立后，人类社会在近百余年通过科技手段，社会文化得到了异常迅猛的发展。因此，人类对意的追求是人类社会进化的标志性潜质。由人所引发的一切，都应该是文化的核心，文化延伸的主体。

七、意识的导向

人的意识导向决定着文化延伸的方向，决定着社会发展的类型。人对行为的阐释成为体系后，便形成了具有指导价值的意识，这种意识发挥着对人行为的引导、指挥、指导、维持和修正等作用，各种作用的发挥就是为了使人的行为沿着既定方向前行。

人类在发展过程中，将身体力行的行为体验归纳为一种虚拟的故事，这些故事具有很强的引导、控制作用。比如神话、宗教、权力、风俗、禁忌、社会

---

[1] 曹瑜. 论尼采对身体主体性及其理性范式的确立 [J]. 哲学研究，2016（2）：69-74.

期待、社会控制等对人的影响很大，在不同时代发展着基本相同的作用。这种虚拟故事之所以被人们普遍信服，是因为现实中的人需要一种追求，虚拟故事可以将现实中难以实现的东西在虚拟故事中呈现，帮助人们鼓足信心、团结一致去努力追求，因此生活由此变得充实。这种虚拟故事就是人意识的表现形式之一，故事的情节导向就是意识的导向。关于虚拟故事，尤瓦尔·赫拉利在《人类简史》中这样分析：

"现在看来，虚拟故事的力量强过任何人的想象。农业革命让人能够开创出拥挤的城市、强大的帝国，接着人类就开始幻想出关于伟大的神灵、祖国、有限公司的故事，好建立起必要的社会连接。虽然人类的基因演化依然一如既往、慢如蜗牛，但人类的想象力却是急速奔驰，建立起地球上前所未有的大型合作网络。"[1]

人类社会由无数个体组成，人是社会最基本的结构，人组成了群体、族群、民族，进而构建国家。在这个基础上，可以将人的意识相应地分成个体的意识、群体的意识、族群的意识、民族的意识及国家的意识。其中，需要特别指出的是人的意识泛指人类的意识，是各级意识的集中反映，或者是人类集大成的体现。社会结构存在层级，人的意识表现也表现出对应的层次。比如个体的意识可被区分为伟人意识和常人意识；群体的意识可被分为领导群体意识和民众群体意识等。由于某个集群体、民族之大成的伟大人物或是一个睿智的领袖群体的意识在历史发展的特殊时期有可能发挥决定性作用，这个领袖群体在一定程度上代表着某个民族和国家的意识。普通个体、群体的意识虽然有基础性的作用，但是毕竟人微言轻、势单力孤，其感召力难以得到更广泛的响应。由此看来，伟人和领袖群体的作用毋容置疑地是人的意识的代表。伟人和领袖群体在一定程度上可以代表民众的意识，表现为国家意志。

意识具有一定的导向性，不同层面的意识其导向性作用不同。国家意志所代表的是民族、群体和个体的整体意识，具有强烈的导向性。一个国家在发展的历程中，根据自身的特点，逐步积累起各自的发展理念，形成各异的生产

---

[1] 尤瓦尔·赫拉利. 人类简史 [M]. 林俊宏，译. 北京：中信出版社，2017：99.

方式，文化类型。正如格尔兹所言："文化模式为社会和心理过程的制度提供了同样的程序，用来塑造公众行为。"[1] 这里所说的程序可以被认为是体系化的意识。在格尔兹等学者看来，由不同行为和意识所构成的文化原本就客观地存在着相对性，被笼罩在特定意识导向的文化模式中的公众，其行为会被塑造。被塑形的民众行为进一步强化这种意识倾向，并不断蔓延，形成具有广泛影响的社会趋势，引发附带的文化事项。恰如一群原始人以真挚、虔诚的祈雨意识进行祈祷雨仪式，在这个活动仪式中，加强了其成员的社会团结，衍生出各种组成仪式的活动内容，部分传统的民族体育项目、流传至今的部分节庆从中孵化，无意间形成了一个围绕祈雨仪式的系列社会活动内容。当这种祈雨意识主导的仪式活动不复存在时，从中衍生出的活动内容也会面临着生存的危机。可见，意识的导向具有连锁效应。从这个角度上看，民族体育的部分内容是一种祈雨意识导向作用下的副产品，是一种延伸物。当一个个体或群体没有意识到时代发展前景的时刻，具备高屋建瓴的伟人，或者是领袖集团往往能够较常人看得更远，提出一些具有前瞻性的意见或策略，虽然不会马上得到民众普遍赞同或执行，但是这种意见或策略却发挥着导向的作用，一旦这种意识被普遍认同，其价值则会几何级数地放大。对此，必须强化国家意志的引导和导向作用。

"中国人具有一种高度的国家意志依赖性。这种民族性格的形成具有悠久的历史，其中一个重要的原因是大一统的国家制度，宗法式的社会结构作为自然因果关系之一强烈地影响着国民的性格。自从秦始皇统一中国，建立了大一统的中华民族以来，各民族之间的文化得以充分地不断交融，从生产技术层面实现了车同轨、在社会结构达到了大一统的宗法制，在思想意识层面日渐书同文、信趋儒、行同伦之状态，社会文化的发展建立在一个高度组织化的基础上，且这种社会组织长久延续，成为全球范围的一个独特的文化景观。在这样一个社会环境中，社会文化现象出现了许多独特的倾向和趋势，其中高度的国家意志依赖性便是一个典型倾向。"[2]

---

[1] 克利福德·格尔兹. 文化的解释 [M]. 韩莉, 译. 南京: 译林出版社, 1999: 113.
[2] 陈青, 等. 国家意志下的民族体育文化延伸 [J]. 武汉体育学院学报, 2016, 50 (5): 12-18.

对国家意志的依赖是具有文化延伸的民族性格，是意识导向的潜质表现。这是中国人能够具有中国特色文化的根本所在，重视意识的导向作用，是保持中国文化特色的基础。每个文化都经受着意识的导向，沿着意识的导向发展，形成各异的民族文化。在人类历史上，不同的意识导向，引导着不同的民族走向不同的发展历程。大到东西方文化格局，小到一个地域中的文化差异，古人早已归纳为"百里不同俗"。本尼迪克特在《文化模式》中所呈现的同一文化圈中的普韦布洛人、多布人、夸库特耳人行为迥然相异，意识存在巨大的差异。例如，我们惯常认为的毒蛇是危险的，但是在普韦布洛一支的霍皮人那里，随蛇而舞并非故弄危险和制作恐怖。"美洲印度安人并不把蛇与恐惧相联系。蛇通常受到尊敬……在蛇舞中，跳舞人对蛇的情感倾向不是非神圣的恐惧或反感，而是崇拜者对动物守护神的那种情感意向。"[1] 对此，不同群体民众的认知差异很大，多数群体难以苟同，但是这种行为表现就活生生地存在于色彩斑斓的民族文化之中。格尔兹在对印度尼西亚的两个岛屿调查中发现了类似现象，爪哇岛的民众生活在多元信仰交织的氛围中，斯拉麦坦集体宴会作为重要的融合仪式，力图将不同信仰的民众聚拢在一起。但是"卡姆彭人被夹在终极概念与眼前概念之间。因为他们被迫用争取世俗权力，争取政治权利和抱负的同样语词，形成他的形而上观念，以及他对诸如命运、苦难和邪恶这类基本问题的反应，因此他参加一个或者是社会的或者是心理上有效用的葬礼，参加平稳进行的选举，都会感到困难。"更何况是集体宴会之类的活动。而巴厘岛的民众生活得轻松自在，巴厘宗教是他们共同信奉的宗教，在平日里，甚至在葬礼中，大家经常谈论哲学与宗教的界限问题，"他们谈到了那些困扰宗教界也同样困扰学习宗教人的问题。"[2] 显得如此的潇洒。这两个相邻的岛屿，竟然有这么大的文化差异，其主导原因就是意识的导向不同。

有研究表明，从低级动物向高等动物发展中有一个普遍的趋势，即内生，或者说是天生参数对人的行为控制越来越具有弥漫性，越来越不确定，可以理解为人的生物学生理机能对人的行为影响是有限的。那么是什么实现对人行为的控制呢？根据格尔兹的分析，"人天生反应能力的极端概括性、扩散性及变异性说明他的行为所采取的特殊类型主要是由文化的而非遗传的模板指导

---

[1] 露丝·本尼迪克特. 文化模式 [M]. 何锡章，黄欢，译. 北京：华夏出版社，1987：75.
[2] 克利福德·格尔兹. 文化的解释 [M]. 韩莉，译. 南京：译林出版社，1999：202，219.

的。遗传设置了整体心理、生理内容，其中精确的行为顺序由文化组织。"接着，他进一步强调："正是通过构建意识形态即社会秩序的图解式形象，人使自己成为难以预料的政治动物。"[1] 的确，国家意志是引导一个民族、民众文化延伸必要前提，文化的延伸需要意识的导向，特别是需要积极、正确的意识导向。

八、意识的平衡

文化的发展轨迹有起有伏，或直线前行、转弯，或螺旋上升、下降，总之，可以用起伏跌宕来形容。导致这种情况的原因，与人的行为和意识存在着很大关系。人的行为和意识不可能始终如一地保持着较高水准，它会随着人类的行为方式，以及人对自然和自身认知等情况的不同而表现出极大的差异。如果没有麦哲伦在1519年历经近三年的海上航行，全球化的格局不知道会到什么时候才能实现；如果没有哥白尼1543年出版《天体运行论》，人类对自己生活的地球认识还处在一个片面认知状态。从这两个典型案例中可以看出，人类在这个时期处在认知的重要飞跃时期。随后，人类对自身和自然的认知日趋全面和深刻，人的意识体系日臻完善。但是，由于自然和人类的复杂程度，人类难以在有限的时间内通透地认知，因此人的意识必然存在阶段性的不足和缺憾。在这种情况下，文化的发展轨迹出现波折。

由于文化形成和发展的过程差异较大，加上文化的波折引发了文化形成了不同状态，有些文化处于上位，有些文化处于下位，两种不同地位的文化表现出一定的势能差，一般来讲，上位文化较为轻易地影响下位文化，下位文化多为上位文化的根基或渊源。还可以将文化的不同地位比喻成上游文化和下游文化。在这种分析方式中，上游文化是下游文化的源泉，如同水源地的溪流，在随着地势向下游奔流的沿途，逐步汇聚资源，待到达下游的时候，其水质中的物质丰富程度已经远远超过了在上游河段。在这种情况下，可以看到人类文化无论是上位、下位、上游、下游，都是一种相对的概念，彼此始终保持着密切的关联，没有泾渭分明的根本性差异。比如，在某种文化视域中，街舞属于下位文化，但是来到中国，街舞成为象牙塔里学子们钟情的舞蹈，演

---

[1] 克利福德·格尔兹. 文化的解释[M]. 韩莉, 译. 南京: 译林出版社, 1999: 260.

化成上位属性的校园文化。在西方高雅的台球,来到中国乡镇街角却沦落为低俗的赌博工具。这充分说明文化间的交流是非常频繁的,其文化地位也是随时可以置换的。

文化的地位置换得益于人的意识平衡能力。意识的平衡主要有两种形式,一种是意识的自平衡,另一种是意识的外平衡。平衡的表征为结构健全、功能强劲、关系优化、比例协调、人心顺畅等,这是人类追求的文化状态。当失衡达到一定程度时,人类的意识自动开启自平衡调节,比如穷则思变,激发人的自觉能动性,由此可以改变人的生存状态。当意识的自平衡能力受到限制,不能完成调节作用时,人会借助外力来完成调节的任务,比如引进外资启动经济资本的融资能力,激活社会生产的活力,促进社会经济正常运行和发展。平衡的目的就是为了实现人类文化互通有无,实现文明的共享。农业、工业文明从发端地逐步扩散到世界各地,实现了农业、工业文明的共享,达到了平衡。如今互联网也从其发达国家走向了全球,在不断地实现着信息共享,成为新时代的文明共享,达到一种新的平衡。这种文化变化引起蝴蝶效应,意识的小小变化,引发着人类行为的种种跟进,促使文化向着新的平衡状态迈进。这种意识的平衡机制就是建构在主观能动性基础上,将文化事项进行查异补齐的、实现文明共享的机制。

当然,意识的平衡在很大程度上依赖于人类自己编创的虚拟故事的诱人程度,以及实现这个故事的帝国强大程度。关于人类自己编创的虚拟故事,各种虚拟故事存在形式综合地作用于人,使人们从原本离散的状态走到一起,紧紧团结在极力倡导和鼓噪这个故事的领袖身边,形成不同的社会结构,聚合成不同的国家。当一个国家强大到一定程度,形成强大的帝国,这个故事便更加的可信。中国的秦始皇、古罗马的屋大维都是擅长运用故事凝聚人心的大师。正是在这些大师的领导下,帝国建立起来,帝国的建立为人类文化的保留和传承做出了集大成的作用。帝国携带着文化的信息,意识的信息在地球上漫游,为尚未得到这种具有先进性的文化、意识影响的地区和民族提供便利和实惠。从这个层面上看,帝国的扩张是一种人为地意识平衡。从另一个角度分析,这是人类能力的自然平衡。当这些帝国失去光泽的时刻,必然有新的帝国接替原来的帝国,实现文化的延续,达到新的意识平衡。日不落的大英帝国,现在让位给了群星荟萃的美利坚。亚非文化鼎盛之后,欧风美雨接踵而至。意识的平衡还在于人类的新知不断地充实、完善、肯定,或者是彻底地否定这些故事。当一种新知普遍作用于人类的时刻，新的平衡出现了。文艺复兴冲破了黑暗的中世纪藩篱，尼采的权力意志撼动了上帝的地位。其实，尼采并非人单势孤，伏尔泰就曾经戏言："世界上本来就没有神，但可别告诉我的仆人，免得他半夜偷偷把我宰了。"[1] 这一切都使人类的意识从一种平衡走向另一种平衡。如此看来，中华民族体育与西方竞技体育博弈也是一种意识的平衡现象之一。

九、文化的土壤

文化延伸的各种潜质，都需要必要的、相应的文化土壤。所谓文化土壤实际上是指人类创造文化所表现出来的具有共性特征的、发挥基础作用的文化成分。人类生存所需的各种物质、衣食住行等文化是人类共同需要的生活必需品，是其他文化结构存在的基础。人类的认知文化也发挥着基础性作用，人类对世界的认识存在着种种差异，且在不断的完善之中。当人类充分地认识到粮食的价值和作用后，就告别了采集，开始了农业文明阶段，这就是人类认知革命性的案例。随之人类认识到效率的重要性，人类开始了工业化、科技化的旅程。人类的制度文化，在建设过程中也是在不断地通过各种方式和方法，将人类的不同群体从有机的团结纳入到机械的团结状态，形成各种组织和国家，以此遏制了庞大的社会结构走向游离。概括地说，文化在自身结构基础上，融通式地衍生出发挥根基作用的综合功能，对人类文明产生潜移默化的影响。这种基础性的文化结构和功能，类似于土壤，为人类的生存和发展提供着不竭的能源。当然，这种资源也会产生对人类发展的制约和遏制。无论是何种状态，文化土壤是各种文化潜质的基础。是肥沃的土壤，还是贫瘠的土壤对于一个生长于斯的文化潜质至关重要，相同的人或物会因为土壤成分的差异而出现明显变化。因此，文化土壤不仅是文化潜质的基础，也是一种更为基础的文化潜质。

人类文化土壤可以分成全球文化土壤和地域文化土壤两个主要空间，这两个空间既有交互影响，又彼此制约。全球文化土壤是人类共同的文化土壤，在人类发展历程中，从隔离走向融合，如麦克卢汉所言，人类各个民族和国家共融为同一地球村中的成员。在这个村子里，国家可能会逐步地消亡。各异的文化也从陌生走向相知，从相识走向了认同。全球文化土壤是以人类共同利益为

---

[1] 尤瓦尔·赫拉利. 人类简史 [M]. 林俊宏, 译. 北京：中信出版社, 2017：106.

动力，努力地实现着人类文明共享愿景。地域文化土壤是特定的地域空间，受到自然地理环境的制约而影响特定区域文化的综合因素。这种土壤造就了不同民族的特有文化，使得人类的文化色彩斑斓。地域文化土壤能够长期、直接滋养区域文化，逐渐使区域文化走向特色化状态。比如在相对封闭的中国，受到黄河、长江流域的地理环境影响，其文化土壤与相对开放的巴尔干半岛的古希腊截然不同，由此形成的各异文化类型影响至今。想当年，古希腊体育辐射范围也是十分有限的，全盛时期古希腊版图不过东起米利都、西至奥林匹亚、南抵克里特、北达马其顿，总面积不足100万平方公里。希腊体育得以能够流行于全球，主要得益于欧洲人探寻、获取全球资源的文化土壤。中国地大物博、内陆回旋余地充裕，且文明发达，中国人生活在没有对外扩张的文化土壤中，因此相对缺乏文化推广意识。全球文化土壤虽然影响范围广大，但是要想在特定的地域发挥作用，还必须借助地域文化土壤的作用。世界上三大宗教之一、也是唯一帮助人们放弃现实欲望的佛教，在进入到某一地域后，均会出现地域性的改变，在中国完成了禅宗的变形就是一个明显例子。从这个情况来看，土壤对生长于其中的植物而言，土壤的性质至关重要。俗话说"江南为橘江北变枳"，主要是因为土壤的因素所致。缘于人类攻击性的搏杀技术，也因地域的文化土壤不同，而出现真实攻防的拳击，虚拟攻防的套路差异。

潜质的作用相对于显质的作用，主要表现在其作用的发挥是潜移默化的，较少有清晰的作用痕迹。正如全球化的工业革命、科技革命对人类文化的影响是悄然的，但却是深刻的。人类在近五百年的发展中，特别是近百余年的发展中，出现了翻天覆地的变化，这些变化是在文化土壤作用下，历经长期的演进才以突变的典型事件为显现点而实现文化变革。比如1825年，把抽取矿井水的蒸汽机装在了列车上，将煤炭运行至20公里外的港口，出现了人类第一个蒸汽动力火车，从而改变人类的交通工具，这个过程经过了从煤矿矿井中抽水近百年的漫长历程。西方竞技体育在百余年对全球的渗透，才取得了的地球村村民对奥林匹克运动的公认。人类的文化在全球文化的影响下，地域文化土壤中或多或少地渗透、嵌入了全球文化土壤的成分。因此，人类文化逐步走向了相对的统一。这是一种大趋势，没有人能够改变，就像没有人能够放弃现代通讯手段，回到通信靠吼叫的时代一样。

在这种情况下，民族体育文化的生存面临从未遇到的艰辛和困境。如何进行民族体育文化延伸，就成为亟待解决的文化问题。根据上述分析，民族体育文化的延伸必须要适应于文化土壤，一方面要防止脱离全球文化土壤的大环境，被地球村村民忽视；另一方面要防止脱离地域文化土壤的小环境，被本地居民遗弃。全球文化土壤呈现赫拉利所描述的：

"在过去的500年间，我们见证了一连串令人惊叹的革命。地球在生态和历史上都已经整合成一个单一的领域。经济呈现指数增长，今日人类所享有的财富在过去只有可能出现在童话里。而科学和工业革命也带给我们超人类的力量，以及几乎可以说无限的能源。不仅社会秩序完全改变，政治、日常生活和人类心理也彻底改革。"[1]

这种土壤滋养着整个人类，没有哪一个地域不受其影响。这是人类共同努力，汇聚融合了各个民族文化精华的结果，这种资源应该得到不同民族文化的认同和享用。在体育文化领域，人类的民族体育曾经各自为政，如今有了人类共同认同的体育文化形式，现代奥运会从巴尔干半岛扩布到了世界各地，竞技体育的运动形式成为人类身体活动的模板。其中所包含的民族情感倾向，已经被精英文化色彩所掩盖，成为人类的类意识和类行为。

如今，可以方便地进行横向比较，横向的比较使原本引以为自豪的本土文化显现出固有的不足和弱点，削弱了没有横比前的纵向进步的优越感。对此不能对本土文化嗤之以鼻，应当看到现在具有优势的文化中，多是拥有本土文化的因子，汇集无数地域文化资源方能融合形成今天的全球化精英文化。而且，地域文化土壤中包含着人类共性的文化基因，用现代体育标准去看待中国的民族体育，似乎古代的中国没有体育，其实中国的民族体育中具备专业技术、专用器材、高于生活、别于生产、富于竞争、满足娱乐的项目内容比比皆是，比如龙舟竞渡、马上运动、摔跤，当然也包含甘肃特有民族的拉爬牛、顶杠子等内容。因此，绝不能忽视地域文化土壤的重要性，地域文化土壤是全球文化土壤的有机构成。人类文化在共享过程中，前提是地域文化土壤须将异质文化进行必要的同化，涵化为自身的文化后，方能发挥异质文化的功效。古今中外莫不如此，中国用于炼丹的火药传到西方后，被转化为

---

[1] 尤瓦尔·赫拉利. 人类简史[M]. 林俊宏，译. 北京：中信出版社，2017：255.

火器；印度的佛教来到中国后，被演化为禅宗；中国的周易被欧洲人衍生成为计算机语言。这一切都充分地说明一个问题，异质文化必须通过本土文化发挥作用。文化在中国特有的太极自然图式中，被华夏文明圈所围，异质文化与本土文化两种主要的力量相互作用，或阴升阳降，或阳起阴落，产生旋转动力，互嵌于对方鱼眼中两个异质核心圆与外围大圈形成三合一的辩证关系，各种力作用形成势不可挡的涡旋。大凡是进入中华民族文化涡旋范围的一切文化要素，都会被表面上看似平静的，实则力量巨大的涡旋力所裹挟，向着中华民族文化的核心靠拢，产生同化效应。其中难以被同化的文化要素，则被无情地抛弃。长期与世界保持互通有无的中华民族，地域文化土壤逐步在儒家伦理、道家无为，以及佛家修炼基础上凝练为内外兼修、内隐务实、和谐有序的文化土壤类型中。其中，对民族体育产生直接孕育作用的是富含自然秩序的岁时节令、仪式庆典，以及人伦群体活动的文化土壤。因此，中华民族体育文化多以节令仪式形式出现，集中表现为健身修心、德技双馨、成己兼善的品质。这种文化品质发挥着对人的重视和激励作用，在全球化进程中，以塑造生命和人性价值为宗旨的文化品质将会发挥更深远的影响。"文化价值是优化、提升人的生命存在的价值，是促进人'更是人'的价值。"[1]在中华民族体育展示了自然、社会、经济、政治价值后，独具特色，关注人本、人性、社会责任的，尚未被全球文化普遍认同的中华民族体育文化价值，是中国对人类文化、文明的贡献。[2]

第二节　民族体育文化延伸条件

文化延伸需要潜质，更离不开各种条件。构成文化延伸条件的成分很多，诸如自然地理环境、人文地理环境、社会发展状态、科技发展水平等，所有这一切都会对文化事项的延伸产生影响。而在民族体育文化延伸中能够发挥重要作用的条件还必须是能够全面、直接地影响体育文化的因素。文化延伸的条件是各种文化事项都依赖的条件，这是文化延伸的基础。人类价值取向、经济结

---

[1] 孙美堂. 文化价值论 [M]. 昆明：云南人民出版社，2005：84.
[2] 周之华，陈青. 中华民族传统体育文化概论 [M]. 北京：北京体育大学出版社，2016：73-74.

构类型等条件全方位地影响着文化的延伸，尤其在当今社会，经济文化化、文化经济化趋势十分明显，构成了文化延伸的重要基础。进入资本主义时代，人们信心十足地认为人类能够制作更大的"蛋糕"，前所未有地高度信任信用、信贷，不断地扩大再生产，社会产品急剧地增长，蛋糕的确越做越大。当产品积累到一定程度，需要消耗这些产品的社会环境，因此消费主义应运而生，善待人生、善待自己修正了原有的勤俭、节约的价值体系，资本主义——消费主义作为一个阶段的经济条件深刻地影响着人类的文化发展。而针对不同文化事项，各自有其特殊的延伸条件。比如，以创新为主的硅谷依赖于急进型技术创新条件，以精工见长的日本更依托于积累型技术创新条件。当然，必须看到在大数据时代，人类开始坠入到沉迷数据的陷阱之中，这种过分依赖人工智能的异化现象严重地影响着人类的健康。脸书于2018年戴罪立功率先开始了防止数据沉迷的技术开发，防止人类小肌群活动、缺乏运动、静观手机、低头阅读、碎片知识、隔空交往等的生活方式。这是一个人性化、人本化崛起的先兆，面临着各种文化延伸条件，人们选择何种条件作为自身发展的基础是一个至关重要的问题，具体的文化事项由于其自身的特殊性，所依存的条件存在着很大的差异。就民族体育而言，一个民族成员的体质状况、饮食结构、生命冲动、健康意识、生存场域、发展空间等人性化的因素都是民族体育文化延伸的特殊条件。

人类文化延伸的条件中不仅包含文化延伸的必要条件，也包含具体文化事项延伸的特殊条件。在人类进入全球化的时代，地域文化很难完全与世隔绝，或多或少受到全球文化的影响，即使是在人烟罕至、路途遥远的边远村落，现代物质文明也点点滴滴地渗透到人们的生活中，钱钧华在《女人国——中国母系村落利家嘴》中描绘了四川省木里藏族自治县屋脚乡利家嘴蒙古村的村民生活，他们不乏现代化的生活用品，各种塑料制品格外显眼。对于具体的文化事项，其发展必然拥有自身特殊的延伸条件作为保障。比如科技条件催生了诸如电子竞技等项目，在促进了健身量化范式的同时也在一定程度上剥夺了人类的自主活动能力。作为对一般文化事项必要的延伸条件，却在具体的，特别是在人体文化中其作用存在不可忽视的缺陷，类似于科技为人类提供了弥补大脑容量的电脑，然而电脑暂时无法取代人类大脑一样，科技条件不易作为人体文化的必要条件。而对于人体文化来说，与身体密切相关的因素才是构成其延伸必不可少的条件，对此，可称特殊条件。

一、文化延伸的必要条件

文化延伸的必要条件是指人类文化生存和发展不可或缺的条件。在这个条件中，经济发展状态、物质生产状况又是诸多条件中的重要基础。目前，国际通用的经济状态衡量标准是 GDP，一个地域或国家的经济状态如何，通过这个指标就能够比较客观地反映出来，且能够使用相同的指标对不同的地域和国家进行横向的比较。经济是文化的基础，文化能够促进经济，两者相得益彰。在某种程度上，经济水平高的国家或地域，其文化的发达程度呈现线性状态。人类的文化延伸，不仅依靠经济，还有社会、人等因素的影响，其中特别是人的素质至关重要。对此，作为文化延伸的必要条件中还有一个不容忽视的条件，那就是人类发展指数。

人类发展指数（Human Development Index，HDI）是联合国开发计划署（UNDP）1990 年发布的，用以衡量各国社会经济发展程度的统计标准，其中包含"预期寿命、教育水准和生活质量"三项基础变量组成综合指标。仅以预期寿命为例，在各种指数的计算中，预期寿命指数与生活方式、健康意识、健康行为，特别是体育活动息息相关，这些综合因素决定着人的寿命，这不仅是民族体育文化延伸的必要条件，更是人类社会、文化发展的基本条件。人类发展指数所以能够对一个地区或国家的综合发展给予客观地评价，正是因为这些指数中包含了一个地区和国家发展必不可缺的要素，在很大程度上克服了唯经济衡量标准的弊端。在人类社会发展中，人类社会生存和发展的影响因素是通过人的因素得以体现，这较仅仅依据经济指标来衡量社会、文化发展更为全面。这一指标关注了人的生存和发展状态、社会进步、环境改善等不可忽视的主要因素。人类发展指数能够比较客观地发映出不同的地区或国家差距的具体原因。社会发展是一个关乎到人的综合发展的过程，人的因素是决定性因素，所以人的预期寿命、教育程度恰如布迪厄强调的是必要资本。工业化时代、特别是信息化时代，拥有了必要的资本，特别是拥有了身体资本，才能在社会发展中发挥人应有的决定作用。从各项指标中可以清晰地看到，发达国家，其人口的预期寿命、教育水平、生活质量各种因素都普遍高于发展中国家，其国民预期寿命平均值为 80 岁以上，发展中国家在 70 岁左右，而中国平均 73 岁以上。受到的教育差距也是有差异的，发达国家受教育年限在 11 年以上，发展中国家在 6 年左右，中国平均在 7.5 年。人均购买力发达国家在 5 位数以上，中国在 4 位数：7000~8000 美元。从这些指数上看，这正是发展中国家需要弥补的短板。

人类社会的发展主要依托的是人，人是文化的主体，通过人的"人为"的"人化"，不断地强化"化人"的效果，实现"为人"的终极目标，体现在社会发展和进步上。因此，对文化主体的关注是人类社会发展的根本。当人类尝到了种植的甜头后，开始大规模地转入到农业生产，农业催生了相应的耕作技术、定居方式、循规思维等文化模式。在文化成就不断涌现、不断成熟过程中，与农耕文化相伴行的社会结构和规模也变得与采集社会截然不同。人类健康、教育和收入水平的每一次提升，都会对人、对文化、对社会产生积极的影响。经过农业文化洗礼后，工业、信息等文化接踵而至，这些文化的进步不仅促进了人类社会进步，还使疾病得到了有效的控制，寿命得以进一步延长；教育的普及，使人类文化的继承呈现几何增长，科技创新、发明前所未有；人类可支配的最普及信用价值不断攀升，生活水平日新月异。文化的进步，甚至将地球的生态也彻底地进行了一次"进化"，70 亿人口的重量占 3 亿吨，而在人的文化作用下，被驯化的家禽、家畜高达 7 亿吨，与人类共同占据了 10 亿吨的重量，未受到人类侵扰的大型野生动物仅占 1 亿吨，其他生物的生存空间日趋萎缩，物种在文化的作用下悄然地改变着。文化的力量是巨大的，在这个角度上看，文化是社会发展的原动力，但未必是整个自然界的发展动力。社会发展的目的也是为了更有效地促进文化延伸，而在很大程度上受制于自然的社会环境反而在制约人类的文化，因此李晓西提出了"人类绿色发展指数"概念，这个概念中强调的人与自然的协调共进。充分尊重了自然和人类绿色发展指数作为文化延伸的必要条件，恰恰是因为更加深入地涉及到文化的主体，在深刻关注生存环境的基础上，以自然中的人这种结构指标去评价社会的发展，对文化发展进行评估。那么，这对文化延伸而言，该指标的构成要素也可作为文化延伸的必要条件。

通过对中国国内各地的人类发展指数分析，可以感同身受地理解这个指标的客观性。在中国，人类发展指数在 0.80 以上的有北京（0.869）、上海（0.852）、天津（0.843）三个直辖市。在 0.78 以上的省份有辽宁（0.798）、江苏（0.798）、浙江（0.798）三个省份。边远省份的指数均在 0.72 以下，有的省份甚至低于 0.70。从这些数据中可以窥见中国文化、社会发展的总体格局，也可以看出各个省份文化延伸条件存在的巨大差异。仅以甘肃为例，其人类发展指数为0.689,属于落后省份,除了自然地理环境的制约因素,同时还存在着人文社会环境的阻碍因素。当时代发展到自然地理环境不再是制约人类社会发展的决定因素后,人文社会环境的决定性作用日益凸显,而且越发强势。由于受教育年限、教育资源、教育水平等因素制约,甘肃的民众创新意识相对欠缺,面对盛产高品质的马铃薯置若罔闻,缺乏深加工意识,当东南沿海将马铃薯的深加工产品返销到甘肃后,人们才意识到自己属于端着金碗讨饭的群体。这已是不争的事实,教育可以继承人类的成果,教育可以帮助人们获得资本,教育可以促进社会进步。如果说自然地理环境恶劣,那么沙特阿拉伯的自然地理环境远远不如甘肃,但是沙特的人类发展指数为0.836,位于世界前40位的行列。这种成就不仅得益于丰富的石油储量,源源不断地向全球供给能源,收获资金。还受益于阿拉伯民族悠久的传统文化,近代高度重视教育有直接关系。沙特阿拉伯的教育投资甚至超过美国等发达国家,政府重视教育和人才培养,实行免费教育,中、小学学制各为六年。全国共有各类学校2.28万所,其中综合性大学8所,学院78所,高等宗教大学5所,其中沙特麦地那伊斯兰大学在世界享有极高声誉。实际上,甘肃省的文化资源丰富,如何将这些固有的文化资源延伸成为促进社会发展的要素,关键在于激发人的潜力,通过提升其健康水平,提高其教育水准,进而提高其收入程度,当这些因素得到提高后必然能够激发文化资源的充分利用和发挥社会效益。

客观认识人类发展指数中各项指标的作用和价值很重要,这些指标能够反映一个地区或国家的综合现状。可以通过该指标中的人群健康水平来判断该地区社会文化发展水平。或者通过该指标的社会发展状态,推测该地区民众的健康水平。根据张加林等人[1]《基于人类发展指数的儿童青少年身体活动国际比较》的研究中发现,"人类发展指数高的国家,其儿童青少年的身体活动能够达到世界卫生组织身体活动水平(OPA)在30%左右的基本推荐量,中国的上海市21%。在21~40%的D级。相反指数水平较低的国家,其儿童青少年的身体活动水平量则高达41~60%之间,达到了C级标准。身体活动水平的指标源以欧美的儿童青少年为基准,以每天至少60分钟中高强度的身体活动量为参照而制作的标准。"详见图4-1,以此标准作为参照系,可以看出发达国家国民

---

[1] 张加林,唐炎,等. 基于人类发展指数的儿童青少年身体活动国际比较[J]. 体育科学,2016,36(1):3-11.

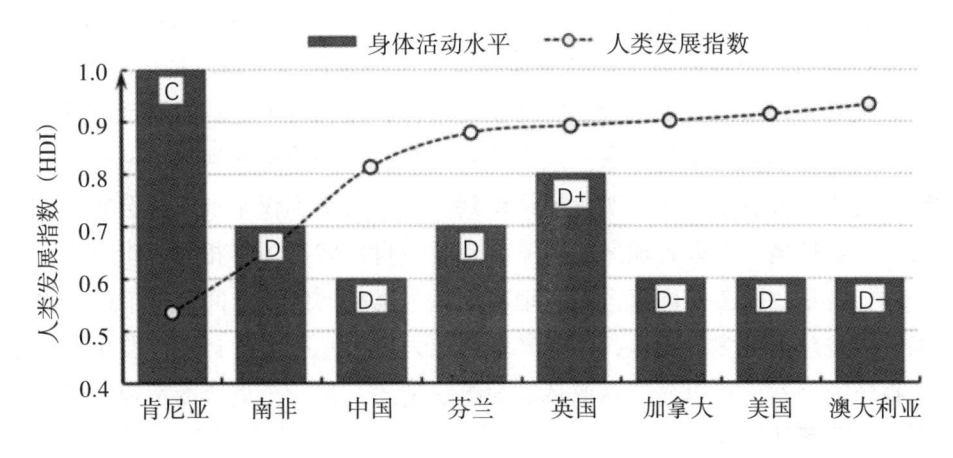

图 4-1　人类发展指数与儿童青少年身体活动水平关系图[1]

由于久坐行为，以及身体运动不足，严重影响着民众健康，进而制约着社会的发展。人类发展指数与身体活动的相关关系，是体育文化及社会文化发展值得反思的尖锐现实问题。人的身体活动水平与预期寿命存在着直接的必然关系，身体活动水平不高，必然会影响到人的健康，进而影响人的寿命。现在又该如何看待社会发展与人预期寿命的关系。当然，预期寿命涉及人的生活方式、饮食结构、生活环境等诸多方面，身体活动水平仅仅是其中一个影响因素。决不能仅仅以身体活动水平的不足来断定其与人类发展指数的状态和水平。在不同的人种差异中，某些人种的身体素质天生较强，身体活动水平高，但是寿命不一定长。张加林等人[1]论说中忽视了一个重要问题，就是其寿命存在人种自然长短问题。就文中提及的肯尼亚而言，其人口的寿命平均在 54 岁左右。这个国家的国民寿命状态还与营养、居住、交通、疾病、战乱、气候等因素有关。因此，我们从中仅能够推论，以身体活动为主体的体育，在社会发展和文化进步过程中是一个嵌入、融合到其他文化事项中的因素。由于文化的复杂性，没有单一的因素能够对文化产生决定性作用，人类发展指数中的各项指标是人类文化发展的基础条件，而非决定因素。鉴于该指数存在的不足，改进方案也不

---

[1] 张加林，唐炎，等. 基于人类发展指数的儿童青少年身体活动国际比较 [J]. 体育科学，2016，36（1）：3-11.

断出现，比如李晓西的人类绿色发展指数（HGDI），认为人类发展指数是建立在个体的"可行能力"基础上，而人类绿色发展指数则充分考虑到"人的行动不仅需要能力，更需要条件，其中地球这个自然条件是最基本的。"[1] 人类生存和发展的环境因素是一个不容忽视的条件，正如肯尼亚的自然地理环境等条件决定了其国人的实际寿命。人类社会指数所依赖的资源和自由基础，在人类绿色发展指数看来，必须明确地认识到资源和自由不仅来自于社会制度，更来自于自然环境，所以各地区和国家其资源、自由状态不尽相同，难以用一把尺子进行衡量。欧美等国家占据了地球上最为优越的区域空间，并借助各种手段拥有了地球上更多的资源，享受着剥夺他人自由基础上的自由。鉴于此，增加生存环境因素，将以往的索取转换为给予理念，是一个更全面审视人类社会和文化发展条件的视角。

人类绿色发展指数对于体育文化延伸的启示在于，尚不完善的指标体系，依然能客观、公平地提供文化延伸基础条件的比较和引导，对于各种指标如何促进文化延伸，还需要在文化延伸过程中将各种具体的文化事项与主体指标建立起密切的结构性联系。必须承认，发展意味着变化，但是变化不一定都意味着发展。真正的发展应该是其结构在一段时间内发生的系统性和延续性的变化。[2] 体育、民族体育等内容始终与人类相生相伴，各国的民族体育在竞技体育全球化的背景下，发生着种种变化。在这些变化中，亘古不变的是身体、生命冲动、身体活动水平、生命塑造及预期寿命等结构，始终在不断变化的也是这些内容，它们渐渐与社会、文化、经济等建立起广泛的结构性联系，成为社会、文化和经济的有机构件。即使是当今社会频现静态生活、久坐行为现象，但这种改变并未达到结构性的延续，当人们发现这个问题的消极性后，正在以人类绿色发展指数为衡量标准，努力地提高身体活动水平来扭转这种不利于健康的行为，这种行为趋势仅仅是一种插曲。人类寿命的延长，除其他因素外，人类运用体育等身体行为进行生命塑造的内容和形式必须与时俱进、因人而异，绝不能完全依赖单一的、欧化的中高强度的身体活动水平来实施健身，毕竟不同人种的体质、体能存在天然的差异，生命在于运动与生命在于静养各自具备其存在的合理性，不同人种生命的存在和延续方式存在着不可

---

[1] 李晓西，刘一萌，宋涛. 人类绿色发展指数测算 [J]. 中国社会科学，2014（6）：69-95.
[2] 理查德·M.勒纳. 人类发展的概念与理论 [M]. 张文新，等，译. 北京：北京大学出版社，2011：19.

忽视的差异，区别对待才是正确的选择，这样才能符合发展变化规律。这是人类绿色发展指数给予文化发展的鞭策，也是促进文化延伸的引导。

二、文化延伸的特殊条件

人类文化经历了众多的共识性认知，可以说每个时代都有一种占据主导的共识性认知，共识性认知影响着人类社会和文化。蒸汽发动机被广泛应用后，其机理和相关的概念被广泛地借用。心理学对人的心理研究也借用了这个，在当时被认为是毋容置疑的原理作为其理论依据，弗洛伊德的潜意识迸发便是一个典型。社会学也认为社会中表现出来的经常性小乱是社会稳定的安全阀，体育学则倾向于体育竞赛是人类攻击性的合理宣泄途径，诸如此类的观点成为被普遍认同的共识。虽然，这些观点有道理，但是对于一个具体的文化事项而言，运用所谓的共识性理论似乎难以深刻地揭示其运行机制。就体育而言，人们曾认为体育竞赛是人的被压抑或内隐攻击性的合理宣泄，甚至认为身体活动也源自于人的攻击性本能，其动力来源于"蒸汽压力"理论，当外界社会压力足够大的时候，人们需要选择适当的途径去宣泄，如果没有适当的、合理的途径，人的攻击性可能会被激发演变成攻击行为，实施对他人的伤害或对社会的危害。为了避免这种现象发生，人类巧妙地运用体育竞赛和体育活动来宣泄。这个看似有理的蒸汽压力原理，当我们深入地分析后发现其机理不尽如此，人们在没有压力、轻松自在的时刻难道就不能参与体育活动吗？体育发达的地区，社会暴力就消声匿迹了吗？回顾人类的历史，在礼俗社会阶段，社会控制相对松散、软弱，群体性的体育竞赛不多，身体行为也是随机零散的生活内容，在一定程度上体育在这个阶段是萌生后的发展初期。当人类普遍进入法理社会后，压力陡增，体育竞赛、身体行为成为普遍的体育文化现象。从这个发展历程中似乎可以得出结论，体育缘于压力。但是仅仅是压力原因很难解释体育的普及和提高。尤其是人类社会进步带来了生活质量的优越，人的生存压力得到了极大缓解。人类对塑造生命、提高生命质量追求与日俱增，用于此的身体行为大幅度呈现，体育成为现代人的生活内容。也许，新时期的压力更新为生命质量的压力，但是这种压力不足以构成强大的驱动力。何况，竞技体育是否能够有效地塑造生命，提高生命质量？小众的竞赛替代了大众的竞赛，大众的压力如何释放？业余的健身演变为专业化的健身，这种专业技术是释放压力还是增加压力？实际上，人类社会在进步的同时，压力也与日俱增，特别是在法理社会致密度很高的控制网，人们的行为受到前所未有的控制，人们失去了自由，失去了压力释放的机会和途径。体育在这个时代已经不是属于大众的宣泄途径，而是对大众施加控制和压力的手段。试看，大众无法进入越来越精英化的体育竞赛，充其量是旁观者。大众在健身活动时难以从中得到成就感，每每因为专业技术不佳，健身方法不当而苦恼，健身活动难以满足人们的健康期待，以及对寿命的延长。更为严重的是体育产业的出现，使得原本能够自由自在的健身活动，日益变得为金钱所累，消费主义带给人们的窘迫掩盖了原本单纯为生命塑造而进行身体行为的固有乐趣。同时，也应该充分地注意，社会进步为人们提供了前所未有的时空条件，闲暇的增加、生活便捷程度的提高、工作效率的提升、可支配资产的增多、活动空间的拓展、休闲活动内容的丰富等，这一切都在很大程度上缓解了人们的压力，甚至可以说来自于外在的压力正在逐渐降低。现实生活中，体育竞赛前所未有地成为文化中的显性公共娱乐文化事项，大众更加广泛地选择身体行为，体育日益成为生活方式的有机构成，全然没有释放压力的痕迹。仅仅依据昔日的蒸汽动力原理难以充分解释当今的体育文化现象，正像人类发展指数难以成为对民族体育文化延伸的必然条件一样，而需要人类以绿色发展指数诠释。对此，在当代，需要从体育文化生存和发展的基础性条件之外，寻找针对体育文化发展的特殊因素。

对于民族体育文化延伸而言，有其特殊的延伸条件，在这些条件中主要包括以下几个方面：

第一，身体娱乐。人类是拥有感觉和欲望的生物，在17世纪现代哲学之父笛卡尔甚至强调"只有人类才有感觉和欲望，而其他动物都是没有心灵的自动物。[1]"这个观点有道理，但其中部分内容也值得怀疑，动物也有能够反映感觉和欲望的脑电波，它们的神经系统一应俱全，只是人类没有深入研究，无法理解而已。然而，人类的感觉和欲望是其他生物所无法比拟的，起码人类感觉和欲望的丰富程度和强烈程度远远高于其他动物，阿道夫将人的情绪分为6个复杂程度依次增加而又连续统一的层次，包含行为状态、动机状态、心境、情绪系统、基本情绪和社会情绪。[2] 动物可能没有如此复杂的系统，不然蜜蜂

---

[1] 尤瓦尔·尔赫拉利. 未来简史 [M]. 林俊宏，译. 北京：中信出版集团，2017：96.
[2] 徐晓坤，等. 社会情绪的神经基础 [J]. 心理科学进展，2005，13（4）：517-524.

会造出更高级的住宅、蚂蚁王国会兼并其他蚁群、老鼠会自己种地不再偷东西吃、猴子会自己酿酒而不必等候果实发酵、鲸鱼会谱写记录自己创作的交响曲等，估计是由于它们的感觉存在缺陷，欲望没有强烈到激发更大的动力。人的欲望无穷，感觉丰富，因此人类克服艰难险阻去发明和创造各种物质来满足人类的需要。

在人类所造工具还比较匮乏的时代，人们已经拥有了娱乐的感觉和欲望。这个阶段，人与动物满足娱乐的方式基本相同，都是使用身体进行娱乐，这是最为便捷的方式。因此，有了体育游戏起源学说。游戏是为了人的娱乐而人为进行的活动，身体成了娱乐的玩具。国际奥委会群体委员会委员安东·吉辛克认为："娱乐是体育运动的基础。"[1] 看来，身体娱乐不仅是体育的源头之一，也是体育文化延伸的特殊条件之一。

在这个特殊条件中，身体娱乐存在着内在的生化机制。人需要快感和愉悦来实现娱乐，詹姆斯-兰格情绪学说认为精神—内分泌系统在情绪反应引起快感；坎农情绪的丘脑学说认为情绪反应的调节中枢在丘脑；帕菩兹关于情绪存在着相应的神经环路；尼奇克等人实验，要求母亲分别看自己的孩子、他人的孩子及成人的面孔照片。结果发现，"母亲在看自己孩子照片时的情绪最为积极，眶额皮层的激活与愉快的情绪评价成正相关。"[2] 在神经物质基础上，内分泌的作用不容忽视，科鲁兹研究发现运动员体内的睾丸酮在比赛前会增加，赛后取得胜利的运动员其体内的睾丸酮水平变得更高，而失败者体内的睾丸酮却变得更少，[3] 受内分泌影响的情绪变化十分明显。从部分研究成果中可以证实身体娱乐拥有牢固的生理基础和精密的生化机制。我运动我快乐，不是没有根据的。当然，这种内在的生化机制并不需要我们每个人都清楚，身体知道就可以了。

当人类拥有了丰富的工具之后，身体娱乐的手段开始逐渐借助身体外的工具来实现。但是，无论采取何种手段，满足人的身体娱乐始终没有发生偏移。在这个过程中，从人类驯化牲畜、征服自然障碍、到发明制造工具，从现实的游戏、到虚拟的游戏，富有想象力的人类借助各种工具满足身体娱乐的内容和形

---

[1] 胡小明，虞重干. 体育休闲娱乐理论与实践 [M]. 北京：高等教育出版社，2004：63.

[2] 徐晓坤，等. 社会情绪的神经基础 [J]. 心理科学进展，2005，13 (4)：517-524.

[3] 谢晔，等. 神经领导学研究进展述评外 [J]. 外国经济与管理，2012，34 (11)：27.

式日益增多，整个过程一再说明人的感觉和欲望简直就是一个无底洞。

在甘肃省的肃南，一位早早赶来参加自治县运动会赛马比赛的裕固族牧民，认真地给自己的马匹梳理马鬃、套放马鞍，并与马匹窃窃私语，此情此景可谓是真挚、朴实。在参赛之前，牧民骑着自己的马，在场地上溜达，牧民虽未说这是准备活动，但是实际上就是一种热身。牧民全身心地投入，但对比赛的成败似乎没有过多地关注，正如这位牧民所言，他很喜欢追逐。

在临夏的科妥村，一家老少在自家的庭院中争争吵吵地玩别列棍、跳房，这些游戏，或者是体育的前身，因为没有成熟的技术，也没有严格的规则，都是在大家玩的过程中，不断地补充各种技术要求和制定玩法规定。虽然有争吵，老的不让少的，少的也敢与老人争论，但是游戏的过程始终充满着和睦、愉悦的气氛。

进入到县城，我们发现人们现在更多是在广场、公园里进行健身舞蹈、太极运动的内容。传统的身体娱乐方式处在变革之中。据当地的居民说，现在的年轻人更喜欢的是上网游戏，或者是看电视，很少在玩老一辈人玩的游戏和进行体育活动。

在很大程度上人类的历史就是一部追求身体娱乐的历史，体育文化就是一部分身体娱乐的文化。在这个话语中，身体是一个关键，其实对我们自己的身体而言，我们是熟悉的陌生人。人类通过各种方式和方法竭尽全力地探寻着身体的奥秘，历史上有三位哲人对身体有着深刻的认识。第一位是马克思，他认为人类社会中有一种客观的存在就是人的身体，身体是能够被标价的劳动力，在这种富有活力的存在中，人类的感觉和欲望得到了极大的表现，因此有了人的价值，孕育了资本。在马克思看来，正是由于身体的存在、身体的价值，表现出来的身体资本是人类最为珍贵的东西。那么在体育文化中，身体娱乐没有被人们很好地认识，特别是在中国，身体娱乐被压抑或有意识地忽视，压制了人性中最富活力的动力，不利于激发人的创造力，民族体育始终没有得到应有的重视和尊重，甚至在一定时期身体通过反抗表现出对身体娱乐的迫切需要。马克思主义与儒家思想都是人类思想中格外尊重普通大众利益的思想，马克思主义的历史主体观与儒家的"民为邦本"一致，特别是在马克思树立的人民群众是创造历史的思想，深刻地表现出对人本的尊重，这是民族体育文化身体娱乐得到应有认同的思想基础和重要的延伸条件。第二位是尼采，他尖锐地指出人的身体是人唯一的有限性，在尼采眼中，"身体是唯一的准绳"相信人的所谓精神，不如相信人的身体，身体是真实的，但是身体带给人类的却多是一种负能量。为什么尼采将上帝打倒后，又对他所器重的人给予如此评价，估计是没有了神灵束缚的人的身体所表现出来的欲望，让尼采看到的是人的贪婪。如何面对这种负能量，关系到人类社会的健康发展，当全知全能的人被推到历史的前台后，必须充分地尊重人的需要，通过合理的途径展示人的能力、发展人的能力，而不能将人的能力在新的历史中歪曲。欲求圆满地完成这个任务是体育，较为理想的场域是运动场。因为在体育文化中身体娱乐被合理化，一切与人的权力意志相关的内容都需要在公平的基础上加以展现和验证。尼采的传人福柯对此提出了比较极端的看法："一个人的变坏，社会对其惩戒，只有一个办法，即对这个人的'身体'进行处置，或坐牢，限制身体的自由，或杀戮，消灭身体的存在。[1]"这种观点的确十分极端，为什么不使用温和的体育，通过身体的规训，实现对身体的伦理性、规则性、技术性地规范，以便于塑形、塑心呢。合理地对待身体的娱乐，能够恰当地转化人的内心创造能量。第三位是弗洛伊德，将人类身体上的文明修饰统统撕下，赤裸裸地揭示了人的本能，让人身体的自觉让位于身体本身，用"本我""自我"和"超我"来表达身体的人和人的身体的区别。其观点中流露着对人身体的充分珍视，也为民族体育文化延伸提供了有益的立足点。身体娱乐是人的本我有机构成，为了能够实现自我，人们可以借助身体娱乐的手段，通过必要的计算，从合理的身体行为中寻找合理的娱乐，这不仅能够实现自我价值，更能发掘、表现出超我。身体作为根本，是人的物质、精神生活的基础。在民族体育文化延伸的实践中，需要依托于身体，从娱乐享受中寻找推动人类文化发展的不竭动力。

　　三位哲人所揭示的，人类的每一次伟大创造，都依托于身体，是头脑依靠于身体的好奇而发热所产生的结果。其中，发热包括身体应有的温度，更包括身体在生活、劳作、活动中所产生的热量。桑内特在《肉体与石头》一书中称之为体热，并认为每个文明成果的背后隐含着持续积累起来的巨大体热，石头（当然也包括其他建筑材料）建筑的城市蕴含着人的无穷热量，城市中的一切，实际上就是人体热量的物化、外化。据此而论，人类的历史就是身体的历史，

---

[1] 乔治·维加埃罗. 身体的历史：卷一[M]. 张竝，等，译. 上海：华东师范大学出版社，2013：3.

人类的文化就是身体的文化。然而，桑内特试图告诉我们，体热铸造了文化，文化又在创建和利用城市空间中影响着人，但城市发展至今，忽视了身体的城市理念，导致了文化的缺失和人类心灵的麻木。身体可以被身体的延伸在一定范围内所替代，然而身体娱乐却是不可逆的，一旦身体娱乐被忽视、轻视、蔑视，人类文化将失去前进的动力。身体及建立在身体基础上的娱乐，受制于人身体的有限性尺度，成为人类难以通过正常手段逾越的障碍，唯有在超我的体育中可以实现僭越。人类只有重新回归身体、回归感觉、回归娱乐，才能真正恢复被现代城市文明所排挤掉的身体和文化，这一重任责无旁贷地落在了体育的身上，唯有体育这种以身体为主体的文化，通过体育中的身体行为才可以有效地使人类跨越身体有限性的约束，激发身体的能量和潜力，找回身体娱乐，使人类回归人的本性。

第二，体育算法。人类的言行举止在很大程度上是一种有机体内部生化充分计算后的结果，体育算法也包括其中。所谓的体育算法就是指人们在从事身体行为时，人们会计算这种身体行为对自己有什么好处，有什么伤害。通过计算后，人们决定是否要进行身体行为。比如黑猩猩看到狮子身边的香蕉，它会反复地计算比较美食与生死的几率，估计更多的是选择忍饥挨饿，而放弃获取美食的危险行为。人类的计算能力远远超出其他生物，农夫每日的热量摄入有限，他们必须计算能够有多少能力去进行身体行为，如果付出得过多，可能会损害身体。因此，农耕民族受食物结构的影响，他们在身体行为的选择上就与以高热量为食物的游牧民族存在较大差异，看来少数民族能歌善舞，民族传统体育大多源自于少数民族的身体行为是有其道理的。

人类经历各种算法的更迭，每次都伴随着社会、文化延伸。威廉·配第在《政治算术》中描绘到"政治算术这门科学，可以使国家的领导人摆脱个人的非理性成分，使治国原则得到有效并师出有名的调节，也就是要力求履行理性原则来治国。[1]"理性与非理性始终伴随在人左右，非理性多为人的感情用事，而理性则更能实事求是，保证工作符合事物发展的规律。看来算法是树立人之理性，彰显人之地位的重要措施。以知识在人类社会中作用和地位的演变为例，回顾人类社会中的算法，可以看到理性逐渐绽放出耀眼的光芒。中世纪，人类对知识的理解用算式表达形式可以概括为：知识=经文×逻辑。知识的构成，不

---

[1] 菲利普·鲍尔. 预知社会 [M]. 暴永宁, 译. 北京: 当代中国出版社, 2010: 2-3.

仅与神学的经文有关,也涉及人类的理性推理,且经文与逻辑是乘法的关系,因此无论是经文,还是逻辑都不能为零。这种算法为人类在解释未知世界发挥着重要的作用。尤其是逻辑的构建,为人类的哲学思维、理性思辨奠定了雄厚的基础。进入到了科学革命的时代,知识的结构发生了改变:知识=实证数据×数学。人类运用数学将各类测量获得的现实抽象数据进行计算和分析,知晓、推测明白了人类手不可触、目不可及甚至思不可达的很多事物,带来了人类文化的重大进步。在人类经历这两个算法后,人们发现这两种算法都较为极端,虽然每种算法各自都能够有效地解决人类所遇到的重大问题,比如中世纪的知识公式能够解决道德、价值、意义问题。科学革命的知识公式能够解决科学、技术、应用问题。但是,当某一个公式处于主导地位时,遇到人类复杂的社会问题,单一的算法便显现出其涵盖范围的局限性,这时就必须交叉地使用不同公式来解决同一问题,这种交叉又带来了无穷的麻烦,看来算法需要进一步地完善。当人类进入现代社会阶段,人文主义渐成时代主流,知识结构也随之进一步地革新为:知识=体验×敏感性。这个算法在一定程度上克服了前两个公式存在的不足,进一步完善了人类的知识结构,算法的运用范围进一步扩大,特别是算法开始关注人类自身。这个公式"将个体的感受,特别是身体的体验放在了前所未有的位置上,人类的身体得到了极大的推崇。"[1] 人类以身体为载体,将知觉、情绪、想法及对这些内容的感受程度当作获得知识、获取经验的主要手段。身体突破了上帝、数据的制约,人成为了文化的中心,成为了知识的重心。正是由于这个背景,以人为本、以身为主,固存算法的体育文化延伸自然成为人类文化发展的重要领域。

既然人类对至关重要的、异常丰富的知识都采取算法的形式进行表达,那么人类活动的其他方面也同样可以采用算法来表述,现实情况则是人们正在无意识地使用各种算法安排着生计,执行着各类行为。人们常说,体育是以非理性的动力活动,非理性中的情感、性格、意志等内容发挥着发动机的作用。那么人还有理性,人的记忆、思维、意识等发挥着维持、把握、修正人类身体行为的作用。他们共同在人不知情的情况下精细地计算着人类的行为,这两个不可分割的属性是保证体育正常进行的有效属性。其中,理性在计算能力方面可能会高于非理性。有机体本身就是由无穷的数据组成:身高、体重、心率、血

---

[1] 尤瓦尔·尔赫拉利. 未来简史 [M]. 林俊宏, 译. 北京: 中信出版集团, 2017: 213-214.

压、激素、脑电、DNA等一切都是数据，这些数据之间的生化运行必须在严谨、精细的算法下才能保障正常运作。人类在体育活动中早已开始了计算数字与力量、数字与时间、能量与运动等将体育与计算相联系的算法，只是这些内容未成认知后的显现体系，始终处在潜伏状态。在18世纪法国率先开始了这样的计算，"运用数字记录、衡量、训练跳远、爬树等力量素质；首次使用两座校对的航海钟对赛跑者进行计时；运用数字对营养量、发汗量和训练量等计算拳击手、赛马师身体上各个指标之间的相关关系，以便提高他们的竞争能力。"[1]随着时间的推移，这种算法在体育文化中开始慢慢地被重视起来。

在人的社会交往过程中，也存在着算法，而且这种算法决定了人际交往的程度。体育是一种具备人际交往潜质的工具，在体育场域中，人与人的交往多为密切、平等、自由、守规的身体行为过程，在这个过程中可以有效地回避在其他空间，如工作空间、家庭空间、公共空间强加给人们的种种束缚，人们可以轻松自然地表现自我，人们运用共同的载体、话语进行沟通，由此建立的人际关系更加质朴和牢固。当人们认识到这种价值后，会比较容易算计出这种身体投入的产出价值，所以人们普遍愿意通过体育活动来增强人际关系。

在对人健康和寿命的计算中，人们发现投入平日里的身体行为不多，就能够收获巨大的健康和寿命收益，何乐而不为呢。人们通过身体行为来增进健康，所投入的成本仅仅是合理的身体行为，可经年使用的运动服装及相应的闲暇、闲情和闲钱。因此总和起来计算成本，体育活动的投入与健康产出比应该是世上最合理、实用、经济的投资项目之一。另外，在大众体育中，当今已经出现量化范式的健身，这是一种以量化为基本参数的健身方式，充分地体现着合理、有效健身的科学性，使其健身活动投入成本更加经济实惠。

体育算法的出现，得益于人类自身所具备的强大计算能力，这种计算能力主要是构建在能量的摄入与消耗平衡维持的电生化运转计算方面。当有机体的能量摄入达到一定水平时，有机体的生长和机能运转得到了满足。当能量摄入过多时，能量便转化成脂肪堆积下来，有机体开始计算如何对多余的脂肪进行处理，有机体有两种选择，一种是减少摄入量，另一种是增加活动量，或者是两种方法齐头并进。如果有机体不进行这样的平衡计算，可能会导致有机体的各个器官之间原有平衡态被打破，开始出现病理性改变。有机体为了维持内部

---

[1] 乔治·维加埃罗. 身体的历史：卷一[M]. 张竝, 等, 译. 上海：华东师范大出版社, 2013：226-232.

的有序状态,会通过各种信号促使人们进行能量供给的调整。这种源自于有机体内部的电生化算法是体育始终与人类相生相伴的生物学基础。

有机体这种自身的计算能力,在维持有机体健康状态中发挥着极其重要的作用。通过有效的方法进行测量,很容易发现这种微妙的计算精确程度超乎想象。芦坤等学者在《人体日常活动机械功及能量效率的初步研究》中发现,计算三种常见身体活动的机械功和功率,并与代谢测试舱测量的能量消耗值对比,得到一种计算人体机械功的新方法并进行日常活动机械功及能量使用效率的初步计算方式。通过计算,"得出机械功率与能量代谢实验舱测得的能量代谢率高度相关(相关指数为0.975),其中,人们日常生活中的由坐到站、坐姿时前后移动躯干和抬腿三种活动的平均机械效率分别为27.1%、19.0%和18.3%。"[1] 使用这种运动生物力学建模的方法分析日常身体活动,可以直观地显示有机体运动的能量消耗情况,这是当下可穿戴智能运动设备对身体行为能量消耗计量的基础。这些简单活动的能量消耗都能够达到近30%,体育中的身体行为则需要更高的能量消耗。俗话说,"体育是吃饱了撑得"活动,这是有道理的,饥肠辘辘的人群不大可能长期坚持体育活动。人的日常身体活动是在人无意识状态下进行的,这些日常身体活动关系到静息能量代谢水平,专门化的体育运动将消耗大量的能量,即使是高水平运动员能够有效地节约体能,通过合理分配体力,巧妙地利用能量,也必然需要远高于静息状态的能量供给。

田野等学者在《运动与能量代谢调控研究进展》中阐述:"静息能量代谢是机体整体能量消耗的关键,具有相对广泛的健康意义。影响能量代谢的主要因素包括神经活动、肌肉活动、精神活动、食物的特殊动力效应及环境温度等。其中,肌肉活动对能量代谢的影响最为显著。"[2] 当有机体体重超出正常范围时,有机体进行计算,计算结果要求有机进行必要的活动,表现出强烈的身体活动欲望,要求人们通过运动减轻体重。其原理是,神经系统的电生理活动引起神经肌肉接点的离子活动,诱导骨骼肌表达 PGC-1α,后者可促进其下游分子Ⅲ型纤连蛋白结构域 5(FNDC5)的裂解,随后 FNDC5 在体内被剪切转变为一种新的形式——Irisin。提高 Irisin 浓度,小鼠的白色脂肪组织高表达

---

[1] 芦坤,等. 人体日常活动机械功及能量效率的初步研究 [J]. 北京生物医学工程,2014(2):153-159.
[2] 田野,等. 运动与能量代谢调控研究进展 [J]. 科学通讯,2015,60(32):3078-3086.

UCP1，表现出棕色脂肪组织的特征，伴随着总能量的消耗增加、体重减少和糖耐量增加。这是一套十分精细的有机体内部电生化运算过程，这种自稳定的机制使人的有机体保持相对的健康状态。其中有一项很重要的因素，那就是食物的能量供应。人体从每克蛋白质和碳水化合物中获得约4卡的能量，从每克脂肪中获得9卡，这是"阿特沃特系数"。这个系数告诉我们，人类从不同的、超量的食物中获得能量在很大程度上是导致超重或肥胖的主要原因。当有机体不能完全消耗这些能量，热量将分别储存于肝脏和脂肪细胞中，肝脏没有足够空间时，脂肪细胞则成为人类多余热量的仓库，适度地控制脂肪类摄入非常重要。[1] 当然，由于各种惰性的影响，人往往会消极地对待有机体经过计算发出的失衡信号，不去体育运动或很少活动，特别是近30年以来出现的静态生活方式和久坐行为，导致人类的体重普遍增加，尤其是欧美的民众，其中，美国就有37%成年人肥胖，34%超重。除了超重，这种能量与消耗的等式失衡后，甚至出现有机体的生理结构出现器质性改变，健康的稳定状态被打破，遇到这种情况，有机体将会提出"严正"的抗议，迫使人们采取行动，欧美人健身活动，以及健身产业的繁荣背后实际上是有机体算法驱使的结果。所以，有学者曾经呼吁通过体育还原人的"野性"。有机体的算法中，最为合理的等式就是通过身体活动维持人原有的、富有活力的生物性。

如果使用算法公式来表达体育，体育=身体行为×生命塑造。

在这个公式中，身体行为是一种存在，这种存在是增加了人意识后的专门化肢体活动技术。如果人类仅仅采用这种活动技术，没有其他意向，可能会陷入单纯的技术层面，缺失了技术的指向性。就如科学革命中的实证数据一样，单纯的存在不会产生任何意义，因此必须乘以生命塑造。生命塑造是一种工具，犹如数学的工具性，能够使诸多的活动技术聚合为一种对身体娱乐、有机体改造、生命完善的系统身体行为和意识。当然，生命塑造更是一种目标和价值，犹如中世纪知识体系中的逻辑，只有能有效完成这个目标和价值的身体行为，在体育文化中才能具备永久活力及体育文化延伸的可能。

在体育的算法中，可以将两种变量简化为从0到10之间的任何数字，数值越大说明某种变量越大，分量越重。其中，身体行为参数可以使用参与者的体

---

[1] 苏珊·B·罗伯茨，萨伊·克鲁帕·达斯. 减肥：一个复杂难解的能量方程 [J]. 新华文摘，2017，630（18）：139-141.

育运动技术水平、运动等级，或者是能量消耗程度等数据。生命塑造的数值则需要借用各种促进健康的身体活动水平、平均能量代谢水平、体质指标状态，或者是预期寿命等数据。

身体行为和生命塑造在不同的运用范围中可以是常数，当某个常数出现在一个特定领域中，该种体育形态的效绩就要看另一个变量数值的高低。比如一名田径运动健将分别进行竞技体育和大众体育，在竞技体育中，身体行为是一个常数，因为没有高超的身体行为不可能在竞技中获得胜利，假设在这里的身体行为是8，而生命塑造并不是竞技体育的主要目标，不过在充分挖潜、逐标的过程中生命得到了塑造，还会受到一定程度的伤害，因此其值为4。竞技体育=8×4，得分为32分。从中可以对竞技体育的文化延伸提出建议，使得竞技体育关注生命塑造。在大众体育中，由于大众体育以生命塑造为主导和目标，其数值至少应该在6以上。依然将身体行为作为常数，假如还是8，虽然大众体育中不需要如此精湛的身体行为。由此得出公式：大众体育=8×6，得分是48分。从中可以看出，同样的身体行为被用在不同的目的上，其功能和价值大相径庭，推论得知，大众体育应该是人类社会中的主旋律。换一个角度，运用相同的算法公式，将生命塑造作为常数，取值为8，身体行为改为变量，可以发现，生命塑造是各类体育形态的根本，无论是何种身体行为水平，只要是用于生命塑造，人的有机体都会得到积极的影响。当然，用于生命塑造行为水平的高低决定着生命塑造的向度、进度和程度。因此，合理、卫生、科学的身体行为是体育文化目标实现的关键。

民族体育代入这个公式会是什么结果？民族体育中的身体行为，存在专门化水平相对要低一些的情况，其值大约在5。在生命塑造方面也没有十分清晰的指向性，其中掺杂娱乐、交往、祭祀、生产等成分，而且这些成分时常会干扰生命塑造的价值追求，因此其值大约是6。如此算来，民族体育=5×6，得分为30。从中可以看到民族体育在今后的文化延伸中，主要采取的措施应该放在民族体育身体行为的专业化、竞技化及聚焦生命塑造价值的延伸方面。

算法的网络始终笼罩着自然界与人类社会，只有当人们对这种算法有了清晰的认识后，算法的价值才能得到显现。人类的审美、娱乐也与体育算法存在着必然联系。各色人群都会对具备0.618特征的客观存在产生美感，人们普遍对鲜艳的花卉、葱郁的树木、厚重的书籍、适宜的温度、优雅的人体等油然产生美感。因为，这些东西的各种比例到达了"黄金值"。植物的叶片、树杈和花瓣,错开的角度是按照黄金数比例排列的:从上往下看把水平360°角分成222.5°或137.5°,按照这种角度不断地分支,这样枝叶重叠最小、暴露最大,最有利于叶子的光合作用。其角度连线勾画出一条光滑的黄金螺线,这条线也称等角螺线、生长螺线。黄金螺线上各叶片伸出的角度比值为0.618。还比如,书籍的宽:长比值,接近0.618时人们便感受到书籍形状之美。气温在23℃左右的时候人们感觉很舒服,神奇的是23℃是37℃正常体温的黄金分割点,23=37×0.618。更为神奇的是当人拥有修长下肢会带给人强烈的美感,从肚脐丈量下肢的长度与身高之比接近0.618的效果,肚脐成为黄金分割点。黄金分割点之所以能够引发美感,是由于黄金比值与心理审美相耦合,人有了审美体验,此体验与内在的心理审美完美融合,愉悦油然而生。所以,在体育、舞蹈、模特等行业从业人员格外注重选拔修长双腿的苗子。体操运动员绷直脚面的目的就是加长下肢的长度,以求接近黄金比值,在形体上追求美学的真实客观存在。审美无人能够拒绝,武术运动员并不十分关注外形的美,但依然追求着美,在套路演练中通过节奏来弥补这个缺憾。"计算武术运动员处理节奏中的快与慢、动与静、轻与重、急与徐等的比值,如果演练者很好地处理了两者的关系,使套路中各个组合处理接近黄金值的节奏变化,必然会引发人们的审美享受。"[1]符合了这种算法的身体行为必然会引发身体愉悦,可见身体娱乐是合理体育算法的表现形式。

在人类进入到智能社会阶段后,以严谨、精密算法著称的人工智能所营造的社会氛围和文化环境成为影响,甚至是决定文化向度不可小觑的重要因素。对体育直接产生影响的事件很多,具有划时代意义的事件是人工智能与人类智能的较量。1996年2月,IBM超级计算机"深蓝"以其严谨的棋术完胜了世界国际象棋大师加里·卡斯帕罗夫,将人类还在争论即使是机器能够全面胜任和超越人类的身体能力,但难以与人类的认知能力抗衡观点提出了严峻挑战。仅仅过去了20年,2016年3月,谷歌的AlphaGo凭借出奇的下法、创新的战略,以4比1击败围棋高手李世石。早已走出国门的围棋,是民族体育文化算法的佼佼者,围棋的复杂程度远高于国际象棋,在这个领域中智能机器获胜给人工智能超越人类的智能能力添加了重要的例证。计算机算法对体育的渗透远不止这些内容,从专业运动员的选材、训练、竞赛,到大众的健身、学校的体育课、

---

[1] 陈青. 论中华民族体育文化研究范式 [J]. 体育学刊, 2016, 23 (4): 25-29.

民族体育的保护越来越频繁地、深入地改变着体育文化的结构和形式。在选材方面，2002年美国的奥克兰运动员国家队成功地运用计算机算法选拔了一批被人工选材所忽视的具备潜能的棒球选手，组成了一支投入不高，但竞技能力极强的棒球队，成为美国职业棒球大联盟中第一只20连胜的队伍。在学校体育课中，随着大数据的出现，改变了体育课的授课形式，学生真正成为主动探索相关知识和自我技能学习的主体。在大众健身中，近年来的智能运动设备不仅提供越来越准确的量化健身指导，而且逐步演变成可穿戴的设备，非常有利于在健身中动态、直观地监控健身效果。在民族体育中，数据化对传统体育项目的保护成为常用手段之一。人类面临多得无法应对的海量数据时，只能借助延伸的计算工具来帮忙，当人类不再为繁杂计算劳神时，轻松自如、神清气爽的身体便有暇顾及计算娱乐的方式和方法，以及娱乐的范畴和价值，并从中创造文化价值。悠闲的徐霞客在畅游中写成了《徐霞客游记》，古代文人墨客泛舟绿波时常迸发出不朽诗篇。然而，当代驴友们很少诞生新时代的游记，自驾车穿梭于自然景点的当代文豪很少给世人提供优质的精神食粮。只有当我们将烦琐的计算任务悬置，才有心思去娱乐，去创造精神财富。尊重算法很快地被当代人类接纳，算法理论逐步取代蒸汽动力理论成为当代普遍适用的理论体系。[1]

人类行事不能仅仅依照冷冰冰的数学逻辑，还要依照有温度的社交逻辑来指导自己的行为，实现文化延伸，这是一种必然。如果离开了这种必然，人类可能会变得连自己都不认识自己了。

第三，身体体验与创造。身体体验是人体文化中非常重要的延伸条件。在这个条件作用下，人类认识到人体运动的规律，找到了人类维持人性和人本的道路，创造出了各不相同的地域性民族体育文化。对此，可以从中国民族体育中的佼佼者——武术为例进行分析，并由此将民族体育的其他内容与之比较，以求验证身体体验和身体创造的普遍性和重要性。

武术是习武之人在身体体验过程中不断将自身的体验进行归纳和总结，并以此作为感性基础，在理性帮助下完成了具有地域特点的身体创造结果。因此，习武之人是研究武术文化延伸的主体，对习武之人的身体是分析和研究武术文化的切入点与核心结构。

---

[1] 陈青，陈玮钰. 民族体育中算法的表象与应用 [J]. 上海体育学院学报，2019，43（6）：73-80

习武之人始终身处双重编码控制的环境中,一个是专制"禁武""兵制"覆盖性编码,另一个是战争、自保频繁强化性编码。这种特殊的环境影响着习武之人的身体,无论是身体体验、身体认知,还是身体创造,都印刻上了深刻的历史与环境印记,尤其是决定后续身体认知和创造的身体体验备受其制约。武术在生长发育阶段,始终处于统治集团制造的"一种新的联盟,并且将自身置于与神的直接联姻中(即君主是上天的儿子);臣民必须服从"[1]的环境中。身处国家这座功能性金字塔下的民众,几乎很少有自己的欲望。"中国的反身体、敌视感性、感官,视肉体为仇寇的道德主义观念一直延续了几千年。"[2]社会思潮主流的思想充满着对身体的轻视,从儒学的"舍生取义""杀身成仁"到宋明理学的"存天理、灭人欲",折射出中国传统文化对身体的轻视,甚至压制。历代统治集团通过"禁武"等管制手段阻止习武之人的习武,实则是对其身体的压制,专制者的规训变成了习武之人不自觉的自觉。虽被压抑,禁果诱人,个体的寡欲依然驱动着身体创造。识时务的习武之人在体验和认知技击技术后,谨慎地处理技击表达方式,促使他们创造新的武术形态,将技击技术藏匿于套路之中,以求掩人耳目。

习武之人的用武之地在战场,这决定了武术在冷兵器时代尚存军事价值。但是,习武之人能否在战场上施展身手,还需看看习武之人的身世。从兵制的从兵标准可以看出,从春秋的贵族兵、汉代的义务兵、三国的部曲兵、北周开始的府兵制、盛唐后的镇兵、宋代的募兵制、明代的卫所兵、清代的部族兵,兵制都是专制控制下的军事组织,军事组织关系到国家的安危,士兵的选拔十分严格,被统一覆盖性编码的士兵,其利益与专制国家高度一致。且不说贵族兵和部曲兵,就是全民皆兵时,士兵来源必须是"良家子从军",府兵、卫兵、所兵等都选择的是有家业的壮丁。"兵员素质,无论是智识上、体格上、品德上、皆无形提高,而且较为整齐。"[3]戚继光就很重视用"相法"选兵。中国特殊从军标准下的兵制,成为习武之人习武的参照系,从而规训着习武之人的行为。同时,在中国封建社会,频繁的战争营造着民众普遍习武的社会环境。"粗略统计,在中国历史上,平均每3年一场小战役,每

---

[1] 韩桂玲. 吉尔·德勒兹身体创造学研究[M]. 南京:南京师范大学出版社,2011:123.

[2] 葛红兵,宋耕. 身体政治[M]. 上海:三联书店,2005:186.

[3] 葛红兵,宋耕. 身体政治[M]. 上海:三联书店,2005:186.

20年一场大战争，可谓狼烟四起，刀光剑影。"[1]在冷兵器时代，武术的军事作用毋容置疑。军事战争给予习武之人一种尚武社会环境，频繁地刺激强化着人的攻击性，习武成为民众自保的必然选择，真实的敌人成为习武之人每时每刻遇到的真实身体体验对象。在这种双重标准的社会环境中，习武之人不仅要约束自己的欲望，规范自己的行为，还必须不得已地掌握自保的技击技术。为了能够两全其美，习武之人智慧地创造了将其攻击性欲望和技击行为包裹在非技击性的花法招式之中的武术形式。

进入现阶段，习武之人面临的社会环境陡然发生变化，人的身体逐步被解放，军事战争转入火器时代，社会环境似乎使身体得以自由、放任，人可以尽情地表达、消费、享受。然而，变形后的覆盖性编码以法律、契约和制度等所谓"公理"形式重新规训着人的身体，更有甚者，当代社会结构的变迁，使习武之人从单纯的血缘态快速进入业缘态，在分工明确的工作空间，习武之人所受到的规训不仅来自于依然存在的师徒关系，更增加了师生、社团、工作、科层等日趋复杂的关系，社会控制致密度倍增，习武之人的身体体验渠道实际上变得更加局限，人的欲望被"再辖域化"，习武之人的创造受限。即使是社会和文化对人身体的控制程度不断降低，自由的身体还受到身体自身固存"节俭基因"的"辖域"制约。依生命进化"节俭基因"理论来推理，"人类基因也在进化过程中向便于储存能量和节约能耗的方向演变，这些基因主要影响着能量的代谢与分配。"[2]由此可以看出成型的武术难以在短期发生改变，不易与急速变迁的时代同步发展。也就是说，人类的身体活动形式是基因作用的结果，生理机能是身体行为发生的生物学机制。在这种机制作用下，武术从耗能的竞力，向节能的竞技演化，竞技技法被内化为身体不易改变的生理机能，形成稳定的技术体系，自然身体体验不会产生根本性的变化。恰恰是这种稳定的技术体系，面对急剧变化的时代，富含技击的技术的确失去了用武之地，对武术打与练的拷问，习武之人和武术面临着生存的选择。

身体体验的程度受制于敏感性，"无器官的身体"是高敏度身体体验的客观基础。德勒兹的"无器官的身体"概念是排除了各种预先人为设置后的"无"，

---

[1] 陈青. 论攻击性与武术的非技击性 [J]. 首都体育学院学报，2009（6）：698-701.
[2] 向剑锋. 进化视角下基于生命史理论的体力活动行为机制分析 [J]. 中国体育科技，2017，53（6）：3-11.

并非没有器官。这种"无器官"与"无为"同义,"无为"并非无所作为,它犹如一只空桶,可以容纳各种东西,组合出新的物品。无预先设置、无额外制约的运行原理类似于纯粹的"道",道生一、一生二、二生三,由此衍生出万物。在充分动员了整个身心的身体体验,方能深刻地认知世界,本真的各异体验,诱发各异的欲望,行为自然千差万别。恰如,对人类共有攻击性体验,被不同敏感性的人群创造出写真式格斗和会意式搏击。人类进化缘于生命冲动,却是高于生物自然进化的创造进化。生命冲动是自然进化的根本,生命塑造则是创造进化的核心。"在人的创造进化中,身体的选择性使身体面对未知且无限的物质世界,它将自身限制在能够实际影响我们器官、为我们的运动预做准备的那些对象上,从而激发我们的行动。"[1] 中国人认为生命至高无上,身体发肤,受之父母,不敢毁伤,此乃孝之始也,这种生命观直接决定着中国人的身体体验方式和敏感程度。武术运动耗能还是蓄能、技击还是养生,身体体验敏感程度大相径庭。当身体锁定对象后,感觉程度发挥着至关重要的作用,人类的知识和技能凝炼交给了体验的敏感性,人体运动在这方面表现得尤为突出。在"无器官的身体"中,身体作为统一的整体,弱化或淡化了个别器官的具体作用,通过完整的身体去全面感知世界。此刻,"人在体验中不是沿着有机体—器官—感觉,恰恰相反,应该是感觉—器官—有机体方向。[2]"在这种状态下,以完整身体为中介全面、高敏度体验事物的存在,才能进入福柯的"极限体验",感知身体的自然流动和积极能动高度融合,从而使身体成为创造的母体。

在德勒兹看来,身体创造过程中存在两种敏感程度不同的身体体验,一个是"相遇",另一个是"识别"。只有在"相遇"中才能得到创造。"识别"是将体验中的发现归位于理性的、先在的逻辑形式和认识结构之中,将"感觉材料"同化到已有的认识模式内,对原有认识模式进行完善。"相遇"则大为不同,它来自于感官直接且意想不到的、猝不及防的震惊,得到的体验和认知作用于我们的思想时,更像是一种"外在的冲力",一种不能被同化于任何已有的认识模式和记忆中的新问题,因此建构起一种新的结构,这种情况则是创造。[3] 习武之人经历了三个关键性的高敏度"相遇"体验,创造了三种相互交织、相互

---

[1] 韩桂玲. 吉尔·德勒兹身体创造学研究 [M]. 南京:南京师范大学出版社,2011:27.
[2] 曾建辉. 简论吉尔德勒兹的传播学思想 [J]. 理论月刊,2012 (6):180-183.
[3] 吉尔·德勒兹. 德勒兹论福柯:译序 [M]. 杨凯麟,译. 南京:江苏教育出版社,2006:11.

重叠、不断延伸的武术形态,每次创生之后便是持续的、漫长的"识别"完善过程。其一,"伐人武术"。习武之人与真实的实战对象相遇时,一招一式都要有明确的制敌目的性,在这种状态下实用方法的身体体验是对技击敏感性很高的模拟、仿真体验,由此生成的武术技术指向性必然是技击,其本质凸显着技击,以伐人为主要目的。在这个阶段,侠士得到社会的尊崇、将军成为人们心目中的英雄、镖师演化为安全的象征。当时代改变后,这类武术随着战争性质的改变因无实用性而逐渐衰亡。其二,"娱人武术"。当习武之人与虚拟的实战对象相遇时,防守意识、进攻的技法力度弱化了,但并未影响习武之人提高技击技术的热情,此阶段对身体素质和潜能的挖掘、训练体验有了新的要求,特别是技巧化、技术化要求,促使习武之人必须进行更长周期的高敏度身体体验,手持宝刀、无龙可屠的隐喻性技击加速着武术走向不战而胜的征程,造就武术趋向于象征性技击、娱人等副产品逐步充斥武术的空间。当伐人武术和娱人武术成型后,习武之人对这两种形式大多处于"识别"状态,很少创造。由于缺乏创造,这两种武术都表现出一定周期的停滞,甚至与社会环境脱节。一种文化定型容易导致其文化发展的停滞。钱穆纵览欧洲文明后总结出"文化精神表现在物质上而定型了,便不能追随历史而前进。起先是心灵创出了物质形象,继之是物质形象窒塞了心灵生机。"[1] 张岱年颇有同感,认为当一种文化成为律条后,便成为影响事物发展的桎梏。武术经历了漫长的演变,至少从宋代开始成形,至明清自成体系后,便显现为一种相对稳定的格局。这种定型对后续的武术发展而言属于"先在""预置",规定了武术的轨迹。一旦后续的武术内容和形态出现新的变化,人们总会以传统武术为基准进行比较,凡是背离传统的内容便遭到贬斥。然而,在日常生活中,人们对高速公路和铁路,从无人斥责它的出现是对传统交通工具——马车的背叛。看来,武术需要与社会、文化和时代同步,必须进行不断创新,在这种背景下,新兴的武术应运而生。其三,"完人武术"。当习武之人与健身、塑人、娱乐、鉴美相遇时,身体内在并不存在成型的认识模式,这种强烈的外在冲力,极大地引发了生命的冲动,激发起身体的创造欲望,习武之人通过武术技术的强身、表演、竞技等高敏度的体验,发现了武术拥有能够提供健康、快乐、审美等人类普世追求的特质,从而武术的新结构、新功能得以显现,这种富有时代实用价值的武术,便成为习武之人

---

[1] 钱穆. 中国历史精神:新校本[M]. 北京:九州出版社,2012:160-166.

创生的新类型武术。习武之人进入文明时代，社会对融通的身体体验要求更高，其中高敏度的思维与抽象文明"相遇"几率超乎以往，每次身体、悟性与文明"相遇"都是习武之人全新武术创造和完善的机遇，感悟成为身体创造不可忽视的成分。且武术技术也进入竞技阶段，竞技对身体能力的苛刻要求，以及当下身体涵载的繁多文化讯息，都对身体体验的敏感性提出了更高的标准。只有凭借高敏度的身体体验才能有效地创造、充实和完善完人武术中的竞技技术：合理的运动决定健康水平、适宜的行为决定娱乐层次、精彩的技能决定审美品味、精湛的技术决定竞技意境。在文明时代，普世价值取向以文明向度为标准，习武之人通过完人武术践行着文明化。所谓文明，是对人类具备普遍意义的有益文化成果。习武之人思考、甄别，通过完人武术将主体的自我与客体的自身进行完美结合，不断优化本质力量对象化的方式，将作用对象更趋于真善美，以此达到对人的全面塑造，使完人武术纳入文明行列。只有文明化的文化才能发展和普及，非文明的军事文化和伐人武术都难以成为人类文明共享的内容。文明化的完人武术充分地验证着人类对文明成果的共享需求，阐释着文化发展的方向。[1]

从民族体育的结构来看，中华大地上的民族体育属于同质同构，或者是同质异构。既然是同质的结构，那么即使是异构也具备类似的性质。所有的民族体育都离不开人的身体体验，当身体体验对特定的对象进行体验后，产生各种身体认知，从而激发身体在创造中的变化。在中华大地上受到中华文化主流意识影响，各个民族体育项目中都表现出较为突出的伦理性，这与西方的民族体育规则性相比，特征明显。中华民族各民族的人种特征比较接近，相似的体质决定了身体体验相似的认知，因此民族体育表现出较突出的灵巧性，这与西方民族体育比较也是一个突出的特征。那么，在甘肃境内的特有民族，东乡族与保安族无论是文化，还是身体都高度相似，这两个民族的民族体育项目中存在着大量相似的项目内容和形式，部分传统项目甚至是完全一致。裕固族虽然表现出一定的区别，但是绝非本质的区别，其民族体育项目也遵循着相同的运行轨迹。

身体创造，可以说是人类进化的标志。从人类发展历程中，看到距今最近的尼安德特人的脑容量已经达到了现代人的容积，现代人没有进一步地扩容。而人类的进化，人类社会的进步却是明显的。这是什么原因导致的这种结果？

---

[1] 陈青. 习武人的身体创造 [J]. 成都体育学院学报，2018，44（6）：50-55.

可以推测，人的脑容量并非是进化的关键，而在于大脑皮质的厚度、沟回数量和其他因素。现今的考古难以对此进行比较，如果能够比较，这种差异应该是明显的。而决定人类思维的前提是人的身体体验，在一定程度上来讲人类的进化更在于对身体体验所产生的认知。一方面是身体体验对象的不断扩大和丰富，人的身体认知能力不断提高。另一方面，是在此基础上人的身体创造能力极大提高，这种创造从以往单一器官的创造趋向于全身心的创造。人们曾经追求像雄鹰一般翱翔，像战马一样奔驰。如今雄鹰翱翔实属低空飞行，战马奔跑的时速也仅仅60多公里/小时，这种高度和速度已经不再是人们对高度和速度的参照系。在这个过程中，人们的体验对象发生了巨大的改变，其高度和速度的体验已是浩瀚的宇宙和第三宇宙速度。在这种身体认知下，人类创造领域超乎人们的想象。回到民族体育文化的现实中，可见民族体育文化但凡是项目结构复杂、技术体系完整、竞技技术突出的项目都拥有着强大的传承能力。其原因就在于充分的全身心高敏度体验，形成的是全面、深刻的身体认知，有了这种认知，进行身体创造则更符合人体文化运行规律，更容易构建起竞技化身体行为为主体的技术体系。当这种文化信息载入到民众的身体之中后，该文化信息通过身体实现着传播和传承，成为民众的集体记忆。相对而言，甘肃特有民族体育达到这个标准的项目内容有限，这是导致其滞后发展的原因之一，也是进行改造和实现延伸的切入点。

从甘肃特有民族体育项目内容来看，其大多数内容尚属于大众型的游戏类内容，这类内容是基于人的本能肢体活动的内容，没有形成经过必要训练的小众专门化技术。小众的专门化技术是建立在大众的肢体活动基础上，经过小众的精选提炼而成的，需要人能够充分调动身体体验、能量供给、特定技术、体现人的本质力量的内容。相对于踢毛毽等类型的大众活动，毽球则成为小众专利。相对于自由搏击、武术，特别是以套路为主体的"完人武术"，所以能够有效地传承，恰恰是属于小众的专门技术。对比分析看出甘肃特有民族体育中很少小众类型的民族体育内容，其延伸的特殊条件之一就是构建小众化的专门技术。

三、文化延伸的必然

体育算法的最终目标就是为了人类的身体娱乐，以及构建在身体娱乐基础上的生命塑造。身体娱乐依赖于人们通过算法巧妙地将身体行为中蕴含的有益成分放大、以便于将人的原始、本能、天生的快感程式化，达到身体娱乐和生命塑造的目的。

在身体行为中，游戏、竞技是满足身体娱乐和生命塑造的主体，其中共同的特征是游戏和竞技中的身体性，它们都是通过身体行为的方式完成娱乐、生命塑造等目的。正是这种身体性的共性特征，决定了游戏和竞技之间的必然联系，决定了游戏是体育的缘起和发展成分之一，决定了体育的本质属性，决定了体育文化延伸的轨迹。游戏和竞技，两者之间又存在着区别，游戏的身体性强烈，竞技的思想性浓厚；游戏的随意化突出，竞技的程式化显著。由于这两者之间的差异，必须依托于必要的算法，将固有的差异进行合理转化，也只有经过周密计算，方能使体育竞技成为人类体育文化中长盛不衰的内容。基于这两个主要的内容，体育表现出突出的主体间性和对象性表象，并通过这两个表象的必然演进，使得体育文化从幼稚走向成熟、从个体走向群体、从小众走向大众、从身体走向思想、从地域走向全球，从而画出一条完美的文化延伸弧线。

第一，主体间性。在人类经历了崇神的漫长岁月后，逐渐发现人是世界上的主宰，人的主体被尊重，直至攀升至显赫地位，我的身体我做主，我的感受我明白。"3H"中除了黑格尔外的两位哲人警觉地发现在人本主义思潮下，构建在主体基础上的唯我主义盛行，唯我独尊，忽视集体、社会、自然等客体，影响着社会的有序运行。其中，胡塞尔力图摆脱这种思潮的束缚，率先进行主体间性的哲学思考，之后，经过海德格尔、伽达默尔等人的解释，最终在哈贝马斯那里成长为完备的主体间性哲学形态。面对西方认识论中客体性的危机，主体间性开始打破支配地位的主体优越传统，强调主体间的交互作用和理解。主体间性指出主体之间彼此认知的目的不是要促使对方依附和顺从于自己，而是实现认知双方的相互理解与尊重，从而达到从狭隘的"我"走向广阔的"我们"的类意识境界，实现哈贝马斯的具有交往性质"互主体性"的格局。主体间性承认人之外世界客体的存在，为人、物、自然、社会等主体的平等对话与融和提供了应有的权利与机会，进而使得人类以平等的身姿真正回归、融入到自然之中。这是事物发展的规律，是人类社会向前发展的必然。

主体间性主要是指在不同个体之间、主体与客体之间互动，以及在互动中相互作用的关系和影响，是人主体的重要属性，特别是人的社会性表现形式。人类社会中不仅有各色的个体存在，更与大量的客体共存。在这个共存体中，他们之间相互作用和影响，使得人类成为一个共同体，使人类与自然有机融合。"人也是由于参与在一定的社会生活方式、一定的语言共同体中并经由它们的教化和塑造才得以摆脱自身的个别性、本能性而上升为认识——实践活动的主体。"[1] 通俗地讲，人类社会中，陌生人之所以能够团结在一起为了共同的任务进行合作，就在于人类具备比主体意义更重要的主体间性。主体间性是人类进行交流、合作的内在根本机制，是人类文化间实现互嵌、融合的基础。人类的主体间性需要诸多的中介完成彼此之间的沟通、交流和融合，这种中介必须以能够相互理解、有益为规则的可能行动，来服务于维持和扩展主体间的关系，以及表现主体间性内涵的意义和价值。人来到这个世界上，自己没有带镜子，如何判断自己言行的价值，完全是在与他人互动中，通过他人的反馈信息实现"照镜子"，并从他人的言行中学习和掌握必要的行为规范。比如入乡随俗就是一个鲜明的案例；在一个跨国公司完成不同生产部件的工作，各地工厂的工人遵守相同的工作流程和纪律；为了迎接世界体育赛事，不同肤色的运动员遵循统一的规则，在各自的国家进行漫长的赛前训练，最终在统一的赛场上进行较量。从风俗、产品销量、竞赛成绩等客体反馈于信息（相当于镜子）中，民众、工人、运动员将此标准逐步凝炼和内化为自己的行为准则，此乃主体间性的具体表现。人类社会中，这类相互作用的案例比比皆是，一个个体离开了他人、群体和自然，个体将会沦落为生物性个体。那么，在"我们"的认知引导下，只要是人类的行为都应该具备类意识和类行为特征。由此得出一个推论，现今的民族体育尚处于"我"的主体状态，尚未充分地进入"我们"的主体间性模式，从"我"走向"我们"不仅是一个历史的必然，更是人类身体、文化演化的必然，对此，民族体育文化延伸必然是今后的发展方向。

完成主体间的有效互动，所采用的中介十分关键，与其说这些中介是纽带，不如说这些中介是桥梁。在体育文化中，游戏起初的个体行为，逐步通过游戏中的同伴，将游戏的内容实现个体之间的扩散，使游戏成为人们共同的玩具。到了竞技阶段，个体的强大，必须在个体间的较量比较中才能够实现。在体育文化领域中，主体是一个个偶然，当偶然遇到必要的条件，主体间性的作用和表现就成为必然现象，离开了主体间性，体育文化就失去了其社会化属性。而在其他文化领域，个体间性未必表现的如体育文化这么突出。因为，在其他文

---

[1] 朱葆伟，李继宗. 交往·主体间性·客观性 [J]. 哲学研究，1999 (2): 19-28.

化领域，互动对象可能会是客观的静态实物，这些实物难以即刻地表现出反馈行为。比如，石牌篆刻、书籍印刷，甚至生物育种、基因改造，其互动作用难以体现即时性。体育中的身体行为则需要即刻反应，每次锻炼后的肌肉感觉是即刻反映，特别是在两两相对、集体竞赛等活动中，没有对手的反应，就没有了竞争，体育的灵魂便会黯然失色。对此，无论身体是借助游戏的方法，还是借助更有效的体系化、程式化的竞技来践行娱乐和生命塑造，都需要主体间性的运作计算机制，对即刻、长期互动信息进行计算，铺设连接健康与快乐的身体行为，以及文化互嵌模式之路，达到身体娱乐、生命塑造的目的。这是一个艰辛的历程，尤其是在当下社会，能够给人们提供的可供娱乐的"菜单"异常丰富，人们有了极大的选择空间和条件，体育文化是否能够成为人们选择的"主菜"，就成为体育文化延伸亟待思考的问题。

在体育文化中，西方的竞技体育擅长算法，东方的民族体育拙于算计。如果某种体育文化没有很好地进行计算，即使拥有丰富、优质的身体行为可供民众进行身体娱乐或生命塑造，但是由于没有经过符合时代的结构、审美、功利、效绩等精心设计和计算，难以实现时代化的转化，可能会被时代淘汰。即使是原本具备较强互动交往属性的民族传统体育，也会被精于算法的西方体育文化侵蚀、掩盖、篡位，失去应有的地位和话语权。这种情况在甘肃特有民族体育文化中已经表现得非常明显了。分析其中的原因，缺乏主体间的互动、计算是其中的主要原因之一。

民族体育文化的存在，是参与个体、文化主体、行政主体、社会主体相互作用、彼此联系的、不可分割的有机整体，隔离了民族体育与其他社会的彼此联系，民族体育将会孤立。从目前情况来看，这种隔离已经到了较为严重的程度。自相隔离局面与体育自身有关，体育文化将体育生存的形态人为地划分成不同的形态，有竞技体育、社会体育、学校体育和民族体育之分，这种形态分类本身虽然凸显了不同体育形态的不同主体性，但是严重忽视了主体间性。比如在体育领域内，不同的体育形态拥有各自不同的特定参与人群，其他人群几乎难以进入到这个相对封闭的领域。在中国这种情况十分明显，民间的武术、摔跤高手，很难有机会进入到省市专业体工队。体育文化以身体行为为主导，以身体娱乐为动力、以生命塑造为根本，这是实现主体间性的主线。可是这条主线被人为地忽视，不同体育形态人为地画地为牢，各自设置行为规范和运行规则，制造了体育文化形态间的隔离，阻碍了体育文化应有的互动和联系。另外，自相隔离和民族文化的自信程度不高有关。在西方体育文化进入中国大地之前，中华民族体育文化原本是一项蕴含深刻、广泛主体间性的文化，人与天合、人与人合、内与外合、人与器合等充分地表现出主体间的密切关系，有机地构成了中华民族体育文化的特质。然而，在异质文化影响下，盲目效仿和追随使得这种主体间性被消弭，甚至消亡。这两种情况在经济滞后的西北表现尤为明显。在民族文化复兴、自信的时代，特别是在当下文化耦合理念的驱动下，这种非正常的隔离已经开始了破冰之旅，如今需要进一步对体育文化主体间性予以应有的重视，发挥各种体育文化、体育与社会、体育与文化主体间的互相作用，使之产生互嵌、耦合效应。

民族体育文化主体间性的发挥，需要依托于体育文化自身拥有的算法，更需要附加必要的外部算法，即必须进行必要的人为经营。在这些经营中，有文化经营、商业经营、社会经营等诸多的方式和方法。在所有的算法中，基本算法是将原本存在的身体行为给予换发时代朝气的活力。甘肃省相关的职能部门对民族体育经营仅仅局限在有限的民族运动会层面，缺乏其他层面的经营。而在这个有限的民族体育与社会互动过程中，能够参加运动会的群体十分有限，他们的辐射作用也局限在固有的群体范围。近年来，随着旅游、健身的兴起，在一定程度上激发了地方职能部门的积极性，民众的主动性也得到激发。其实，民族体育文化的经营，必须双管齐下。首先，是依托民众的自觉、主动性行为，这种行为所推动的民族体育发展能够犹如大树生根，达到枝繁叶茂的效果。其次，是依赖于国家意志，国家意志是民族体育文化延伸的保障。[1] 国家在促进民众的民族行为中必须在场，充分发挥其政策引导、法规监管的优势，以其达到民众的身体行为自然汇聚、构成中华民族意识的成效。

主体间性作为民族体育文化主体的重要属性，是决定民族体育文化延伸的必然。民族体育在长期的孕育和发展过程中，始终将各种文化主体作为自身成长的不竭源泉，广泛地依附、深刻地汲取、相互的促进，使得民族体育文化不仅表现出强大的文化生命力，更表现出浓烈的特色。甘肃特有民族体育文化深深地根植于各个民族的生产、生活之中，至今依然保留着丰富的生产性、生活性特质，这都是文化主体间性作用的结果。欲求民族体育文化进一步地延伸，

---

[1] 陈青，等. 国家意志下的民族体育文化延伸 [J]. 武汉体育学院学报，2016，50（5）：12-18.

必须充分地考虑这种特质。只有在尊重民族体育文化固有文化主体间性的基础上，才能使甘肃特有民族体育文化顺利地实施文化延伸。比如，世居牧区的裕固族，推动牧业文化与体育文化的互动，是营造旅游、景观民族体育文化的理想场域；富有商业意识的东乡族和保安族，实现商业文化与体育文化的互动，是锻造具有市场效应的甘肃特有民族体育产业的温床。知名的牛肉拉面，其食材中的面粉来自农耕民族，牛肉来源于牧业民族，工艺是穆斯林同胞，食客则是各色民众，可谓是主体间性的鲜活案例。如果仅局限在一个主体，那么这种美食难以畅销全国。牛肉拉面不仅是果腹之物，更是民族文化沟通的载体，是民族多元一体的黏合剂，是民族文化精妙朴素的算法。在甘肃文化基因中，已经拥有这样成功的文化主体间性的案例，民族体育就应该很好地从中汲取营养，科学地遵循文化主体间性运作原理，是实施民族体育文化实现延伸的实践原则。

第二，对象性。人类活动离不开对象，对象是人类活动的靶子。人在饥饿的时候，注意的对象是食物；人在孤独的时候，寻求的对象是关爱；人在事业有成的时候，需要的对象是得到社会认可，这是人类活动中所表现出来的一般对象指向。无论是对象，还是被对象，对象总是人际关系、生产关系中重要的存在。在特殊的文化领域，人类活动的对象指向更加专业，更加明确，而且涉及范围更广。比如，在体育活动中，人类所关注的不仅有自身的身体素质、体能、技术、竞技状态、战术，还有游戏、竞技的同伴和对手，甚至是场地、器材、天气条件和地理环境、人文因素等。作为自然界有机构成的人，或者严格地说应该是人类，无论是否意识到对象存在，人类主体活动根本离不开对象的存在。

对象性是指人与主体之外的存在相互作用的关系，以及所产生稳定联系和意义的特性。在人的主体通过主体间性固有的相互作用，使得主体与对象之间建立了联系，产生了人的本质力量的对象化。如同眼睛看到了景物，耳朵听到了音乐，只有将景物和音乐与人的主体联系起来，才能产生审美意义。在这个过程中，主体是至关重要的环节。一个贫困潦倒的人，山川的秀美和轻柔的音乐难以引起他的对象化，不会产生意义。一个生活无忧的人，看到菲律宾墨宝的沙丁鱼风暴景观，自然会思考鱼群游弋中为何不会发生相互碰撞，激发探索科学的行为，得出"近距感知"的初步结论，从而产生科学意义，这时候的沙丁鱼鱼群成为主体的现实对象。这如同牛顿能够通过苹果落地发现地球引力，而果农对此却熟视无睹一样。充当民族体育文化主体的人，必然是决定民族体育文化价值的关键。当民族体育的身体行为与生命塑造联系在一起时，民族体育有了生命的对象性，其强身健体价值得到了体现。当民族体育的身体行为与生命的残害产生瓜葛，也表现出对象性，然其因为缺乏积极的意义而失去长久的对象性。由此看出，对象性的确定在于主体的人如何实现主体与对象的联系。

对象可以分成现实的对象、抽象的对象，这两种对象共同表现为对象性，对象是主体间性在施加影响的结合点，不同的对象可以相互转化。其中，抽象的对象必须转化成实践的、历史的、现实的对象，才能具备积极意义。人是一个很有意思的生物体，人不仅注重现实的对象，也不断地创造着抽象的对象。人总以现实的、感性的对象作为自己生命表现的对象。或者说，人只有凭借现实的、感性的对象才能表现自己的存在，也就是说对象性应该有相应的针对性。人对爱情的认识是建立在现实与自己所爱之人的互动过程中的认识，柏拉图式的爱情难以成为现实爱情的对象。但是，人又能够体验到抽象的对象，这使得人的对象变得异常丰富，而现实的情况是，抽象的对象并不以人的意识存在为前提，它是客观存在的，当抽象对象被人纳入到对象行列中时，人才会有现实存在的意义。正如太阳是植物的对象，植物也是太阳的对象，两者并不以对方是否清晰地认知到对方的现实存在而确立相互的关系。由此可以明确，抽象的对象是对象系统的重要环节，以非现实的、非感性的、只是思想上想象出来的存在物，属于抽象的东西，即非现实的对象性。这种抽象的东西一旦被认识和用于实践，很快就成为现实的对象。现实对象又可以转化为抽象对象，这是人类理性思维的结果。武术技击性来说就是一个典型的例子，传统的武术源自于搏击，存在着真实、现实的搏击对象，技击成为当时武术的本质属性。随着时代的推移，文明程度的提升，搏击的对象逐步减少，或者缺失，武术套路缺乏施展拳脚的对手，只能将原本的现实技击抽象为虚拟技击，由此现实对象转化成了抽象对象，当没有了真实的搏击对象后，武术的技击能力自然会减弱，武术的本质也必然发生变异。技击本身是否只将武术作为自己的对象？这是一个很少被思考的问题。进而分析，生命塑造的对象未必只有民族体育中的身体行为，竞技体育中的身体行为是否可以成为它的对象？由此看来，对象性需要主体与对象的相互互动，即必须依赖主体间性联系在一起。从上述的分析中看到，对象性是普遍存在的客观实在，对象的不同形态转化也是一种必然现象。

在民族体育发展历程中，存在着与武术发展类似的经历，民族体育依附、服务的对象逐渐从现实中失去了存在价值，逐渐成为抽象对象。抽象的对象虽然是对象，具有对象性的特征，但是毕竟是抽象对象，没有现实对象的存在感，因此对主体而言，相互作用的着力点弥散了，影响着主体发挥其主体间性的互动能量。恰如人的眼睛所能够看到的仅是光谱中很窄的一段，如果让人的眼睛去与短波互动，画出短波，难度可想而知。民族体育项目逐渐从生产劳动中剥离出来，成为独立的体系后，生产这个对象的缺失，难以使演化后的项目具有生产的直接服务价值。马上运动的高手，在生产中其高超的骑术发挥作用再大，也会被人们嘲讽仅是华而不实的骑法。部分民族体育从宗教中脱胎后，也同样随着原本仪式对象的缺失而难以实现宗教仪式的程序作用。裕固族人祭鄂博中赛马尚存祭祀的成分，赛马会中则完全找不到祭祀的影子。因此，民族体育在延伸过程中，应该主动地寻找新对象，特别是现实对象。

当人类社会进入到对知识的认识是通过体验和敏感性的阶段，对象性的地位得到了极大的提升，对身体体验的认识也逐渐成为人认识人类、认识世界的一个重要领域。所以，胡塞尔始终认为，意识与对象的不可分性，以为"意向"是使"对象"成为"对象"的关键，否认"对象"的独立性和客观性。马克思格外强调对象性并不是单纯独立存在的，它必须借助于主体的主体性或主观性，特别是实践性而显现。因为只有纳入到主观性或主体性之内，具备实践性的东西才可称之为对象，拥有对象性活动。在体育文化中，表现最为突出的是作为主体的自我，通过身体行为，对作为客体的自身，也就是作用的对象，进行生命塑造。这个过程中有清晰的主体，有明确的对象，而且在强烈的实践性——身体行为作用下，身体会出现结构性、技能性的改变，总体方向是向着有利于人的健康方向发展。正是这样的主客体之间彼此的对象性活动，使得体育成为人类文化中主客合一的文化。而在其他文化中，主体与对象不一定是合一的，在这种情况下对象性的表现不易被主体控制和影响，对象也不易对主体施加回馈。当体育主体对外界的对象发挥作用时，也会出现这种情况，比如体育主体对经济的影响，其控制程度不易把握，毕竟体育的经济价值是间接的、长期的。不过，如果将体育与经济之间的对象性进一步明确、衔接起来，力求达到主客合一，特别是将身体资本、健康身体资本作为经济效益的对象，那么体育对经济的促进作用将会更加显著。具体而言，运动员作主体，观众为对象，运动员在场上的竞技，他们的技术、战术、品质、素养等成为受众鲜活的榜样，具有很强的示范作用。在这种作用下，效仿运动员的演艺、赛事产业经济相应地发展起来，形成一个巨大的市场，中国大地上如火如荼的城市马拉松经济便是一例。地域风情旅游中增加旅游环节，延长游客的逗留时间，是提高旅游经济最常用的方法，民族地区旅游经济中，民俗体育演艺、互动、体验是一个具有身体体验的旅游环节，在旅游经济中发挥着越来越显著的作用。当人们意识到我们对自己和世界的认识主要来自于身体体验的时刻，人人更加关注感性的认知，身体能够给我们提供真实的体验，所谓眼见为实、耳听为虚。身体力行成为时代的宠儿，体育成为践行的文化场域。说到这里，必须强调的是身体作为主体，加强与身体相关的各类对象的联系，是体育文化延伸的重点。

在信息化时代，人的体能活动让位给智能活动，人的体力活动仅仅占据人活动的 1/9，绝大部分的活动是智能活动，这种状态下的身体娱乐主要是以小肌群为主的，以网络虚拟对象为主的游戏。小机群给人带来的娱乐范围、程度都是有限的。其原因是机群运动所需要的能量代谢水平不足以引发机体调动超乎常态的水平，内分泌释放的激素不足，有机体所动员的器官也十分有限，不能实现全身心投入。如果用算法理论解释，这种身体状态难以达到娱乐阈值，因此不易形成身体娱乐的感知和体验。常常听到生活质量很高的人说自己很郁闷，其原因不言自明，饥饿的有机体在呼吁人们的身体行为。也正是在这种状态下，当代人比任何时代都渴望着身体行为。

对象性是主体间性的必然指向，也是事物发展的必然向度。在人类活动中，凡是人的活动必然会产生对对象的作用力，这种作用力会在作用对象上产生印记。记得在 18 世纪 60 年代，法国国王路易十五的宫廷医生弗朗索瓦·魁奈对经济学异常感兴趣，他收集了很多的事实和数据，希冀从中整理出类似牛顿的物理学定律的"社会力"定律，最终成功地编辑了《经济表》。亚当·斯密的《国富论》深受其影响，成为古典经济学的经典之作。斯密谈及财富的自然增长时认为，"在文明社会中，城市和农村之间的商贸往来是其商业的重要组成部分。"[1] 这种格局一直维持到现在。由于商业作用于市民和农民等对象，都在商贸往来中满足了自己的需要，获得了利益。当代的城市和乡村远远超越了那

---

[1] 亚当·斯密. 图说国富论 [M]. 高格, 译. 北京：北京联合出版公司, 2014：50.

个时代的边界,其范围扩大到更广泛的领域,换一种说法城市与乡村的关系实际上是发达与落后的关系,只要是这种社会结构不改变,商业的模式就不会改变,这是商业主体对对象作用力的表现。在体育文化中,只要是人类对健康的追求如果没有动摇,那么,以身体行为为主体的体育就不会消亡,而且会随着健康的类意识出现,健康行为将会延伸成为全人类的共同行为,并且这种身体行为会不断地扩展到社会生活的各个领域,人类借助机械化的帮助,腾出更多的精力和时间去从事专业化的健康活动。正如《身体的历史》中所讲述的,除了体育、舞蹈、电影、摄影、医学、技术、交通、网络等领域将更加注重人类身体。其中,"20世纪身体的历史就是医学不断干预身体的历史:它既涵盖生命中的普通事件,也包括改变人的大限,减少潜在的生病可能。在20世纪前三分之二的时间内,凭借着探索身体和延长生命方面成功,医学似乎正在健康保养和揭示它的秘密方面取得独尊的权力。随着干预向非严格意义上的疾病领域延伸,医学的影响被进一步强化。"[1] 这些主体共同作用于人的身体和身体的健康这个对象,必然会全面提高身体健康水平,此乃主体作用力所发挥的综合效应。医学关注的人群多是已经出现症状的群体,而体育则是医学前的重要防线,能够提供健康的资源,关注人的健康和体质,其作用一点也不比医学差,当然,还有医学后的身体康复。由此可见,民族体育的对象性作用必然存在着巨大的延伸空间。

身体是最容易被改造的有机体,也是最不容易被塑造的有机体。人类的进化走过了漫长的历程,今天人类健康状态的提高,寿命的延伸,不仅得益于医学、科技、营养结构、生活环境、生活方式及生产方式等因素,更得益于体育。当社会、文化等主体通过主体间性施加对象作用时,人的身体还存在着自身计算接纳的程序。这个生化计算程序,通过对有机体进行一点一滴的改造,最终形成了机体、基因层面的改进,才真正完成了生命的塑造任务。不同时代,人类追求健康的方式和方法存在差异,具体的算法也不尽相同。比如健康的观念从无病即健康,到身、心、群、德四维的健康认识;从生命在于运动,到生命在于量化运动。健康观都印刻着在不同主体作用后的痕迹。人类健康水平的提高,必须是建立在更加具体、细致、体系的层面之上。更加全面、合理、科学地计算身体行为对健康的促进只会影响变量的变化,不会出现颠覆性的质变,

---

[1] 让-雅克·库尔第纳. 身体的历史:卷三 [M]. 孙圣英,等,译. 上海:华东师范大学出版社,2014:41.

也就是说，体育中身体行为的主体地位始终不会改变。人对健康追求的永恒决定了主体永恒对健康的关注，健康作为人的对象化，使两者紧紧地联系在一起，两者的互动关系在张力作用下，始终保持相对的平衡。因此，类健康的主体，必然是民族体育文化延伸的主体。

处在玩具、工具时代的民族体育需要主动寻找健康对象，使之成为增进健康的器具。甘肃特有民族体育中很多内容依然处在玩具、工具阶段，这个阶段的体育活动主要指向性为身体的娱乐、社会的交往，虽然这些内容关乎到人的健康，但是对健康的直接作用有限。如何将甘肃特有民族体育的指向性引导到生命塑造等健康方面确需一定的努力。比如，三个民族共有的拉爬牛，其健身价值何在就需要思考，活动内容的改造需要技术化，更需要系统化。其实，这项活动存在着自身特有的健身特质，至少该活动形式能够克服站立起来的人已经表现出来的诸多身体疾患，使人们能够增加背颈部力量、减少脏腑器官的压力、改善血液循环系统等作用，帮助久坐的现代人提高健康水平。这项活动的延伸至少可以渗透到健身俱乐部核心力量练习的技术体系之中，并能够增加适度的对抗性，必然会产生更为积极的作用。当然，同样可以将核心力量练习的方法和方式与之相结合，构建竞赛和健身一体化的当代押架运动，当充当健康器具的当代押架表现出有益于健康的价值后，其发展前景应该会比仅仅局限在民族运动会的竞赛更为广阔。

第三节　民族体育文化延伸的制约因素

当我们步入珠穆朗玛峰脚下的无人区，来到方圆不过百公里的毛里求斯，这时候才会有人的真实感觉，才会发现有很多的说辞需要修正，比如风景如画，恰恰应该颠倒过来，画如风景才是正确的表述方式。在人们被自然美景陶醉的时刻，人会意识到大自然的、社会的，甚至是人自身的制约因素是难以克服的。特别是自然制约因素非常强大，在高海拔的无人区时，身体会告诉你应该行走的速度，在茫茫大海里身体会告诉你应该选择的出行方式。不可小觑的还有社会制约因素，一种社会规范、社会习俗、社会惯性同样强烈地影响着人们的行为，入乡随俗使人们顺应社会的生活方式。同样，人的身体能力也是无法逾越的制约因素，即使你是一名斗牛的高手，当和狮子、老虎一起玩耍的时候，一定会发现这些未被驯化的大型野生动物，人是难以驾驭的。这些制约因素是人类所见、所闻的，还有很多的制约因素处于隐形状态，不易被发现，但是却深刻地影响着人类的行动。

一、社会因素

甘肃特有民族尚处于生产状态，还未完全进入到生活状态，这是制约特有民族体育文化延伸的因素之一。

生产是生活的前提，没有生产就不可能拥有高质量的生活。在生产状态的社会中，事物的发展其衡量标准注定是生产效率为基准的，难以将生活水平提到应有的地位。由于甘肃省特殊的自然地理环境，其社会发展总体状态较为滞后，甘肃的国民生产总值在全国的地位决定了至今甘肃境内的各个民族必须是以生产为主体。此刻，社会的主要任务是发展生产，提供生活的必需物资。在这种社会状态下，民众的社会关系主要是生产关系为主，在生产关系所造就的生产空间中，人与人的联系多以生产为主，而涉及生活方面的内容十分有限，生活关系相对松散。同时也要看到，甘肃特有民族的体育文化存在着生产性和生活性交织在一起的情况，活动过程说不清是在生产还在生活。由于两者之间的关系难解难分，导致很多民族体育项目表现出生产和生活的融通，比如马上运动项目，既是生产活动内容，也是生活活动内容。在这种状态下，体育项目缺乏必要的剥离时机和条件，难以成为独立的民族体育体系。既然生产是甘肃特有民族的主要社会活动方式，那么民族体育的作用对象也主要集中在生产方面，所以马上运动的生产指向性很强，项目因此也就表现出强烈的生产性特征，这个特征至今依然存在，虽然有所变化，但并没有彻底得到改变。因此，在生活活动中借用生产类型的活动内容，便会表现出适应性欠佳的情况。在城镇中，马上运动项目的开展每况愈下，就是一个鲜明的例子。另外，在民族运动会等民族体育竞赛活动中，马上运动项目作为一个主要的民族体育内容，而这些内容的开展是沿着赛道进行的，被改造的项目失去了原有的对象性，参与者已经不是为了生计骑马的牧民，而是一些专职的赛马选手，这对原本是全员参与的民族体育而言无疑是一种障碍。这种情况的发生对于民族体育的转向有一定的关系，一旦生产方式发生微弱的改变，依附于此的事物必定会产生较大影响，出现相应的变化，而且这种变化较大，如今的牧区，放牧已经实现了机械化，骑马放牧的时代一去不复返，原有的民族体育内容便失去了作用对象、失去了前进的方向、失去了动力，这就是目前为什么部分民族体育内容出现了年度式的竞赛型转移，众多参与者为之迷茫。

在帕森斯看来，任何社会行为都有其目的性。按照行动目的论模式分析，行动者在特定的情境中，设定他的目标并且选择适当的手段，以便达成他的目标，这种模式首要设定行动者有认知能力。根据帕森斯的理论，甘肃的特有民族为了其生产目标，将所有的社会行动大多都集中到了生产领域，少有精力顾及生活。比如，保安族生产的腰刀始终是以生产为主要对象，很少考虑生活性，因此没有将腰刀进一步地延伸、改造。如果他们的"触角"能够伸到其他民族的生活之中，就会发现这种刀具可以延伸成其他形制。

社会行为在向着目标前行的过程中，需要人们对行为进行思考和分析，使之产生必要的逻辑支持。帕累托就认为逻辑行动都是由"在逻辑上与目的相一致的种种举动"组成的。民众在其社会活动中，的确是沿着这种思维方式思考着自己的行为是否符合某种逻辑，并以逻辑行动克服非逻辑行动，使之显得合情合理。民众所选择的民族体育活动内容，都是在本民族中得到共同认可的，被大家认为是逻辑行为。比如拉爬牛，这项活动在其他地域中很少出现。而这种源自于藏族人在生产，也是生活中背水、驮物的方法，是一项非常符合生产、生活逻辑的身体行为，只是两个背水的人俯身背对进行角力而已。这种角力，能够促进他们的生产效率，这种逻辑行为被甘肃特有民族广泛地借鉴使用。但是应该清醒地认识到符合生产逻辑的行动，不一定符合生活逻辑，因此拉爬牛的活动形式不易推广至生活领域。涂尔干认为社会中存在共同的价值体系，并且被某种神圣的力量所推动和强制，受此作用的社会行动由此表现得更加具有集团性。统治集团多采取仪式等方式强化集团性的行为，增强民众对神圣价值的崇敬之心，使社会行为趋向团结一致。每个民族都有自己的价值追求，特别是甘肃特有民族，其宗教信仰是以全民信教为特征，无论分散在什么地方，信仰是共同的，这种价值追求具有很强的社会行为指导性。信奉伊斯兰的穆斯林在穆圣所提倡的修身价值感召下，对民族体育有着自己独到的看法，特别珍视身体活动内容。与此同时也出现了认为异族的某些行为可能存在不务正业的成分，会影响行为的纯洁，须谨防这些行为侵蚀本族民众意识。所以，我们调研中发现在东乡族和保安族原有的民族体育中，民族体育身体行为已不复存在。这种强制性的行为指导，的确对东乡、保安族民族体育的身体行为产生了限制。韦伯在其理论中明确地强调内在手段与目的的链条中，合理性行动，不论是目的合理性，还是价值合理性都需要与终极目的相联系。一般来说，不论是目的合理的行动，还是价值合理的行动都具有合理性，因为这些行动本身就是经过意识层面合理化后产生的行动，因此也是理性行为。然而，现实中的行动并非完全如此，某个行动的目的可能是合理的，但是当参照系中价值坐标出现变化，便会发现其中存在着相悖的内容。比如保安族的夺腰刀活动是源自于腰刀手艺人收徒的仪式，其目的是合理的。然而与保安族崇尚的尊老价值相左，年轻的徒弟如何敢与年迈的师父过招？事实如此，没有徒弟真正与师父较量过。正是这样，这项缺失价值合理性保护的身体行为没有很好地发展起来，后被临夏州体育局[1]挖掘出来，经过创编成为表演项目。此刻保安夺腰刀项目已经没有了原本仪式性成分，更多的是一种两两演练的"套路"，极富表演性。对于某个具体的社会行为需要深入分析，任何社会行为不仅要符合目的合理，还要符合价值合理的标准。否则，单一的合理性可能会是一种制约。以上三位学者所构建起来的社会行为理论，是一种构建在生产关系基础上的唯意识论的社会行动理论[2]。

通过马克思对于人的社会存在决定着人社会意识的论断，即社会行为的方式决定着人的社会意识，并表现出相应的意义、价值推论，再从现实社会行为的具体案例中，会发现上述三位学者构建的社会行动理论中存在着需要进一步完善的环节。在得到里贝特等研究的支持后，使人们更加清晰地看到，人的行为在意识完整出现之前就已呈现，行为的客观存在是意识产生的基础。由此构建起唯物观的，人的意识并不完全提前决定行为的神经科学研究成果。意识实际上是一种从诸多身体体验，特别是行为体验中汇总，逐步形成的合成性认知。这就决定了意识需要从人的身体行为中收集足够的信息，然后归类分析，形成具有共性价值的阐释理论。当再遇到类似的情况，方能顺理成章，快捷地成为这类行为的原因，成为行为因果链条中的源头。马克思强调人的社会存在决定人意识的唯物辩证观，是认识世界和事物的前提。人的行为是一种客观存在，只要人活着，生物行为和社会行为会始终伴随着人，人的行为就会存在。有了

---

[1] 在走访临夏州体育局副局长时，他深情地告知我们保安族夺腰刀的来龙去脉。李局长是一位长期工作生活在甘肃临夏自治州的体育工作者，对该地区的民族体育文化了如指掌，认识深刻且独到。
[2] T.帕森斯. 社会行动的结构[M]. 张明德, 译. 南京: 译林出版社, 2003: 787-820.

时刻存在的人的行为，人就会不时地对这种客观存在进行思考、反思，由此出现阐释，产生意识。朴素的、唯物的马克思理论逻辑清晰地告诉人们，世间没有超越客观存在的虚无意识。民族体育更是一种行为实践先行，而非意识先决的文化事项，现实生活中，民众很少有清晰的、理性的意识从事着人体本能的活动，大多是在不经意的身体行为中逐步体验到了身体的娱乐、健康的愉悦、竞争的乐趣、交往的温馨等生命塑造的价值，因此这类活动开始大行其道。对照这个理论，可以发现甘肃特有民族体育文化的制约中存在着民族体育身体行为单一的因素，或者说是民族体育意识积累素材不足的问题。

紧接着，尤尔根·哈贝马斯指出，除了人劳动之外，还有一个不容忽视的社会交往关系。[1] 可以说，人的劳动关系是有限的，而社会交往关系是无限的，尤其在地广人稀、文化娱乐活动有限的民族地区更是如此，人们在无处不在的社会交往中不自觉地采取哈贝马斯的策略行为。正如哈贝马斯所强调的观点，"人在实践中多采取以成就为方向的目的（策略）行动，这是一种'趋利'性的合理选择——'策略性行动'。它精确目标方向，选择最佳的手段，去实现预期目的的活动。"[2] 民族体育中身体行为不仅是游戏、竞技玩具，更是社交工具，这种工具能满足长期孤独生活、渴望情感交流的牧民，以及寂寞的乡镇人的交往需要。但是，在现实生产和生活过程中，民族体育始终是生产中的一个重要环节，因为在体能生产的社会阶段，体育的作用就是提高人们的体能，在这方面体育具有强大的、无可替代的作用。可是，民族体育很少有机会被放在生活中充当主角，缺失了生活关系的体验，民族体育难以从中提炼出深刻的社会交往价值。在牧区，牧民就是一个人，或者是两个人在一个辽阔的牧场放牧，他们的确渴望人际交往，但没有机会进行交往。两个人见面后，不可能即刻进行赛马，或者是摔跤，聚在一起喝酒倒是一个普遍的选项。而且，任何游戏都需要人们在一起进行长期的博弈，才能将随意的游戏内容不断地完善，逐渐形成具有可操作性的、有必要规则约束的游戏。人们只有在为了赢得游戏胜利的情况下，才会下功夫去提高相应的技术，这样才能将游戏类身体活动转化为竞技类型的身体行为。可是，在现实中，裕固族牧民们能够大范围地聚拢在一起的时刻多是祭鄂博等仪式活动，期间，会有一些极其有限的赛

---

[1] 张雯雯. 哈贝马斯的交往行为理论与历史唯物主义 [M]. 北京：中国社会科学出版社，2016：9-10.
[2] 侯钧生. 西方社会学理论教程：第 2 版 [M]. 天津：南开大学出版社，2006：354.

马等体育活动，但是，这种短暂的阶段性仪式，并不能系统地促进民族体育向着生活化的方向发展。

按照算法理论，生产中的身体行为和生活中的身体行为算法必然存在差异，为了生产效率，所涉及的身体活动是单一的、局部的，消耗的能量也是一定的，一般不会超额付出；身体在活动时缺少伦理、审美等因素的介入；最主要的是其目的指向性中没有生命塑造的成分。因为缺少了许多体育运动中的专有数据，其算法也就相对简单，起码在身体行为和生命塑造的指数上都处在较低的数值上。这些因素共同作用于身体，必然导致生活中民族体育身体行为的区别，原本依附于生产的民族体育难以衍生出体育文化特质的身体行为。因此，必须对民族体育进行脱离生产性的改造。

依据对象性原则发现生产中的身体活动，尤其对象是牲畜、农作物、手工产品或者是工业产品等，在对这些客体进行对象性活动中，所产生的是、非人为客体的身体活动，即偏离了民族体育概念中所涉及的最重要的主体与客体合一的关联性，生产中主体作用的客体是有机体之外的存在，因此不会对人的有机体产生深刻、广泛的有益影响。即使是在仪式中的身体活动，其对象性为祭祀、祭奠的抽象物，而非人的有机体，更不是人的生命。缺失了明确的对象性，身体活动不足以被凝练成对生命有价值的内容。所以，民族体育项目应将作用对象转移到生活中具体的人以及人的有机体上来。

甘肃特有民族基本上处于不断发展生产的社会状态，生产关系中的民族体育身体行为，不易在社会生产氛围中凝练和表现出体现生活关系应有的行为合理性，由此得出民族体育的生产性特征是制约民族体育文化延伸的因素之一。为了避免社会生产关系制约因素的消极影响，应该是积极主动地将民族体育文化引导、延伸到生活中来。参照西方竞技体育文化的发展历程，可以看到在其起源后，很快地出现了体育向着生活转移。即使是在体能社会阶段，在体育方面具有很强的技能人员，也不可能在生产效率上较其他人有更大的贡献。然而，这些具备运动技能的人群是生活中的精英，成为人们生活中模仿的楷模。《身体的历史》在记载了板球、足球、拳击、赛马等具体案例后总结到：

"先前的那些体育运动并未形成一个系统。它们属于传统的乡村文化的一部分，不妨说人们是在特殊的情况下才举办这样的体育运动。与此同时，这样的体育运动也允许人们进行各种各样的公众娱乐活动、赌博和赢利活动。人们并没有感到非得要定期组织一些体育竞赛不可。那时并不存在一个事先经过体育培训并必须能保持其竞技状态的特殊阶层。"[1]

这些乡村生活中的体育活动无疑是体育孕育、成熟的原模，它们大多是脱离了社会生产的内容，只有脱离了生产的制约，体育才能自由地发展。

《运动通史》中列举欧洲从石战、棍战、拳战等野蛮游戏逐步转向户外活动、体操、球类等优雅体育的历程，体育不仅与乡村的生产劳动渐行渐远，而且很少与城市生产活动相关联。这种很早就脱离生产的身体行为对体育的独立成长的确是很有意义的。[2]

二、文化因素

中国面临文化全球化的包围，异质文化铺天盖地的向中国涌来。中华民族的体育文化也同样经受着前所未有的竞技体育文化影响和侵蚀，出现了严重的边缘化，在某种程度导致出现体育文化领域的"悬殊的贫富"问题，甘肃特有民族体育文化同样不能幸免，在"贫富"差距中被远远地落在后面，成为民族体育生存的"贫困户"。

文化的生存和发展需要必要的土壤、环境，更需要文化自身的生产和再生产能力。所谓的文化再生产，根据布迪厄的系列概念和理论，可以归纳为是将各类资本通过惯习这种实践，向相应时空网络的场进行资本重新构建的过程。

在文化再生产的构成要素中，最有基础的资本是历经起伏跌宕而积淀下来，自成体系、富含历史特质和时代价值。资本包含的范围较为广泛，有文化资本、经济资本、社会资本和符号资本等。民族体育是以文化资本为主体，拥有一定的经济和社会资本，通过动态身体符号表现出来的身体资本。这种资本是否具有再生产的能力，关键看文化资本的内涵。如果一个文化资本雄厚的民族体育，会在各种场域表现出勃勃生机。比如太极运动。然而，在民族体育中存在很多内容缺少资本，或者是原有的资本缺乏应有的地位，没有地位，就没有话语权，没有权力，文化资本的认可程度就会受到限制。说到话语权，拿破仑曾经预言：

---

[1] 阿兰·科尔班. 身体的历史：卷二 [M]. 杨剑, 译. 上海：华东师范大学出版社, 2013：296.
[2] 沃尔夫冈·贝林格. 运动通史 [M]. 丁娜, 译. 北京：北京大学出版社, 2015：85-272.

"大炮轰垮了封建制度，而墨水将淹没现代社会。"现实的确如此，资本和权力是通过话语生产和再生的，没有语言，人类中就不会有国家、社会、契约或和平存在。人类历史上像南北朝善攻心的丘迟，以《与陈伯之书》一书化干戈；五四运动的白话文奏响了新文化的序曲等案例数不胜数，可见反映文化资本的话语权的重要程度，只要资本和权力与真理相结合，必然会产生功在当代、利在千秋的话语影响力[1]。反观甘肃特有民族体育的话语影响程度，可以发现在甘肃特有民族体育中有很多游戏类的活动，在孩提时代尚能成为孩子们的玩具，却难以成为成人们的玩具，进而失去了话语权。从而推论拥有话语影响力的文化资本自然可延伸、可再生产。非常严峻的是游戏类的内容在甘肃特有民族体育中所占比例较大。再说惯习，在布迪厄看来，惯习是被构造或进行构造的意愿所构成的实践系统。布迪厄没有涉及意愿与行为两者的因果关系，但是可以看到实践被布迪厄所重视，而意愿的实践体系必须是依托于行为的具体运作，意愿不可能是抽象和虚拟地进行实践。那么，行为的实践就自然和意愿产生了紧密的关联，行为对意识影响的因果关系自然成立。民族体育的身体行为是长期生产和生活所构造出来的，但是当本民族民众在异质文化的影响下，甘肃特有民族的民众日常生活被看电视、玩手机、打篮球等所覆盖，整个生活方式都发生了改变，民众逐步对原有的民族体育出现了遗忘。这是课题组在调研中发现的普遍存在的现象，原本的民族体育失去了实践机会，没有了延续以往惯习的可能。人们总是抱怨大环境，这个大环境就是布迪厄所说的场，在这个时空网络中，到处弥漫着现代科技的气息，到处散发着西方竞技的芬芳。在这样的环境中，欲求做到出自竞技不染的民族体育的可能性很小。在甘肃临夏的乡村篮球热爱达到了令人惊讶的程度，人们为了去看一场高水平的篮球赛，不惜花费时间，也不在乎村口的入场费，漫山遍野人头攒动，热闹非凡。这个场是本土民族体育无法达到，也是无法想象的。甘肃民族体育自己所能够营造的场十分有限，除了民族地区之外，只有极少数的内容突出重围，藏族的锅庄舞是一个特例，锅庄舞成为中国女性，至少是西部地区女性健身必选内容之一。另外，不恰当地借用布迪厄的场，民族体育曾经引以为豪的是不需要场地，或者不需要专用的场地，至今中国的考古中没有发现古罗马那样规模的体育场遗址，那么长期以来导致的结果是民族体育没有留下物质层面的文化痕迹，物质

---

[1] 何玉兴. 话语影响力：价值认知、产生机制、影响因素 [J]. 新华文摘，2018（6）：136-137.

文化是文化重要的表现形式，是文化传承的重要载体。当一种文化忽视了这种层面的构造，文化很容易从人们的心智中淡化，因为个体难以记住那么多的事情，即使是集体记忆也存在遗忘的可能。文明古国都给人类留下了不可磨灭的物质文化印记，长城不仅是中国的器物层面的标识，更是中国悠久文化的标志。这样看来，民族体育缺乏文化再生产各要素应该具备的能量。所以，甘肃特有民族体育文化再生产成为制约其发展的重要因素之一。

当然，民族体育所面临的是一个强大的竞争对手。西方体育文化是一种象征性暴力，正如布迪厄所说："这种借助动态身体符号的暴力不同于物质的、露骨的、赤裸裸的诸如战争类的暴力，它是以非常讲究论述策略，穿着文化的、文明的、先进的外套，以及符合社会和时尚规范的文化方式表现出来，并发挥其重大的影响作用。"[1] 从西方体育文化的这种"语言暴力"中发现，它似乎是以理服人的，没有强制性的身体行为，西方体育文化十分清楚行为能够影响、甚至决定意识，并且将其巧妙地运用到各个竞技项目之中，受众在潜移默化的体育活动中心悦诚服地接受了这种意识。我们说西方体育文化是一种暴力，是因为在这种体育文化的背后有强大的文化、社会和经济实力的支撑，以文化实惠为诱导，实则推行着蕴含其中的思想和价值观念。不管你是否愿意接纳，当你身体力行地进行规则式的竞技后，诱发一叶障目的效应，身体行为对人的意识产生了不可低估的作用，使人们忽视、轻视、放弃、否定自己曾经遵从的伦理式养生类型的身体行为。这种以西方契约对中国伦理的无情压制或替代，就是一种文化暴力。由此，导致民族体育文化的文化再生产出现文化链条的断裂。

西方竞技体育文化成为象征性暴力的能量来源，较中国的民族体育要丰富一些。在一定场域中进行资本的交流和融合，实际上是各种资本的较量。体育构建在身体资本基础上，将蕴含在身体之中的文化、社会、经济资本进行彼此的竞赛，如果是旗鼓相当的资本较量，可能会有竞争可能，如果是落差较大的资本进行交流，结果一定是文化从势能较高的地方借助势差的力量，全面、深刻地向低势能的文化进行渗透。当各种资本在转化成象征性资本时，就是各种资本汇聚所产生的资本能量总和，总的资本会产生单一资本，难以达到的场效应，实现对其他资本的影响和控制，其中不乏看似文雅的暴力。自然，在这个象征性资本的争夺中，不乏运用拥有的资本权力进行的算法，布迪厄说这种算

---

[1] 高宣扬. 论布迪厄关于"象征性实践"的概念 [J]. 哲学研究，2016（3）：66–73.

法犹如市场上的资本交换中兑换率的计算。通过这种算法使得象征性暴力得到正当化的社会公认，成为人们难以否认的社会现实，这就是一种策略。在体育竞赛中突出地表现为公平竞争，取得无可厚非的差异这种象征性暴力理念，对于中华大地上的民族体育而言的确是一个不易逾越的鸿沟，在此民族体育在此战役中败下阵来，暂时失去了文化再生产能力。

  体育文化本身就是实践性极强的文化形态，离开实践体育便不复存在。体育文化的实践借助于身体行为，身体行为具有具体认知的能力，这种能力帮助体育从身体力行的实践中感知、体验自身和世界。由于身体行为的差异，自身认知的方向和范围自然存在着不同。挖掘自身生理、心理潜能的身体行为会对人的速度、力量产生敏锐的认识。或调动自身的身、心、群、德能量达到周身气血贯通的身体行为，对人的适应、调整产生丰富的认知。这是中西两个大体育文化类型的主要区别，可以说两大体育文化的运行轨迹就是两种文化体系的表现，其实践体系存在着明显的个性。唯一能够使两者产生充分沟通的是身体，身体进行实践的方式掌握在人的意识方面，意识的引导发挥着重要的作用。当代的中国，在竞技体育中有着突出的表现，说明只要身体按照竞争意识去行为，去实践，中国人一点也不差。但是，如果将民族体育的宗族意识换成契约意识，并以此指导民族体育的身体实践，估计民族体育将会很难完成修心养生的大任。问题在于，为什么必须要以此为标准，必须沿这条道路去发展所有的体育，多元并存应该是文化相对性的必然。随着人类对健康的追求成为全人类的类意识，中国的民族体育现有的养生、塑人模式必定能够成为人类采借、共同效仿的文化模式。在与西方竞技体育文化较量的过程中，中国的民族体育、甘肃特有民族体育应该采取何种策略十分关键。不能在它们已经成熟的领域继续进行交锋，应在吸收其优秀特质基础上，发挥自身的优势，方能显现价值，这就是文化策略。布迪厄在考察了婚俗仪式后，就文化策略感慨地说道：

  "结婚仪式不只是被理解为一组象征行为，其意义来自于它们在一个差异系统（结婚仪式也是一个差异系统）中的差异，并且被理解为一种社会策略，其定义取决于它在一个旨在获得最大物质和象征利益的策略系统中的位置；或者，'优先'婚姻不再被认为是遵守规范或符合一个无意识模型的产物，而是一种再生产的策略，其含义来自于一个由习性生成的、趋于实现相同社会功能的策略系统；再如，注重名誉的行为不再被理解为遵循某种准则或服从某种价值标准（该行为本身也因而成为价值标准），而是有意无意追求象征资本积累的产物。"[1]

突破横向比较中表现出来的文化再生产能力不足的屏障，需要延伸自身固有的资本优势。顺应人类对健康追求的类意识，发挥民族体育对生命塑造的优势，实现文化共享。他山之石可以攻玉，在提高本土文化再生产能力过程中，应该充分地吸取其他文化成功的经验，或者是文化策略。在这里不妨看看一种文化资本滴漏的再生产经验。

"1987年，霍华德·舒尔茨以380美元的价格收购了星巴克，他打算用一种新的咖啡概念重新打造这家运营了16年的公司。舒尔茨接手之后的20年间，星巴克一路扩张，在全球开设了超过1.6万家门店，年销售收入超过90亿美元，公司市值接近180亿美元。"[2]

星巴克的成功在于采取了文化资本滴漏模式，也就是借助新兴阶层对精英阶层生活品味的渴望，将精英文化资本通过点点滴滴的生活渗透实现文化品质的再生产，让"大众的奢侈"满足民众的需求。虽然是十分短暂的与精英世界打了交道，却能够通过这种充满奢华的地位消费来效仿经济精英，通过追求与众不同的精致品味来模仿文化精英，因而成就了星巴克的愿望。绝不能小看这种滴漏式渗透，滴水穿石，其后效应巨大。中国的民族体育拥有有效促进人类健康的文化资本优势，甘肃特有民族体育富有人际互动的文化资本优势。健康是人类目前渴望的、时代追求的、最有品质的文化。民族体育已经具备了文化资本和民众需求的两个实现文化滴漏的要素，关键在于如何创造、创新民族体育的"星巴克"模式，一改陈旧、老套的民族体育形象，以一种"健康的亲切""交往的温暖"的文化策略实现民族体育文化的再生产。

在学习和借鉴异质文化先进经验中，必须防止亦步亦趋，邯郸学步。从星巴克二十年后的发展历程看，他们为了迎合更多民众的青睐，逐步降低身价，

---

[1] 皮埃尔·布迪厄. 实践感 [M]. 蒋梓骅，译. 南京：译林出版社，2012：22.
[2] 道格拉斯·霍尔特，等. 文化战略 [M]. 汪凯，译. 北京：商务印书馆，2013：89.

走出一条类似于快餐文化的类型,在这种流水线模式下,失去了原本使其成功的个性化品质经营模式,结果是星巴克的辉煌不再耀眼。这个案例说明一个问题,在工业文明期间的标准化虽然有效地促进了生产效率,实现了生产的最大化。但是带给民众的是缺乏个性的产品,说的严重一些这些产品蔑视了人的存在,诋毁了文化品质。回到体育领域,西方竞技体育文化大有流水线的印记,使用相同的场地、器材、技术、规则,一切都是在统一的标准中运行,这种文化发展的模式是否有意义,值得深思。中国的民族体育在标准化方面缺失的东西很多,摔跤几乎是每个民族都有一种,甘肃特有民族的摔跤还分化出拔腰的类型。拉爬牛实际上是藏族押架的变形,赛骆驼、赛牦牛则是赛马的变形。武术更是流派众多,风格迥然。对于这样的民族体育项目如何进行标准化,难度可想而知。一旦被标准化后,必然会出现同质化的情况,竞技武术、民族体育运动会中个别项目已经显现出来这种状态,结果是被世人所不屑。所以,个性化的文化品质追求应该是民族体育文化延伸的策略。

三、经济因素

在 2008 年全球性经济危机以来,全球经济总体上是供大于求,在这种经济背景中,甘肃的经济遇到了发展动力的制约,使原本较低的经济水平难以在短期得到进一步的提升。在中国的经济结构中,甘肃经济处于专业化程度较高,地域明显的产业结构。[1] 根据地区专业化的基尼系数——Hoover 系数来看,近几十年西部地区处在工业产业结构较为单一,专业化程度居高的状态,位居系数统计四大板块的右上角,系数普遍较高(图 4-2)。这种格局在产业政策指导下曾经发挥着举足轻重的作用,为甘肃的经济发展提供了巨大的动力。但是,随着经济结构走向多元并存,这种经济结构便显现出固有的不足,缺乏了后续发展的动力。根据当下的全球和地域经济形势,甘肃的经济发展应该沿着"广义"产业政策,[2] 发挥专业特点,激发产业潜能,在一带一路经济带建设中发挥作用。依托于经济状态的民族体育,在发展过程中,确实受到当地经济的很大制约。

---

[1] 孙久文,姚鹏. 单一结构地区转型的原因与路径探讨 [J]. 新华文摘,2017(10):55-58.
[2] 袁志刚. 跳出产业政策:回到提高要素配置效率的改革思路 [J]. 新华文摘,2017(9):43-44.

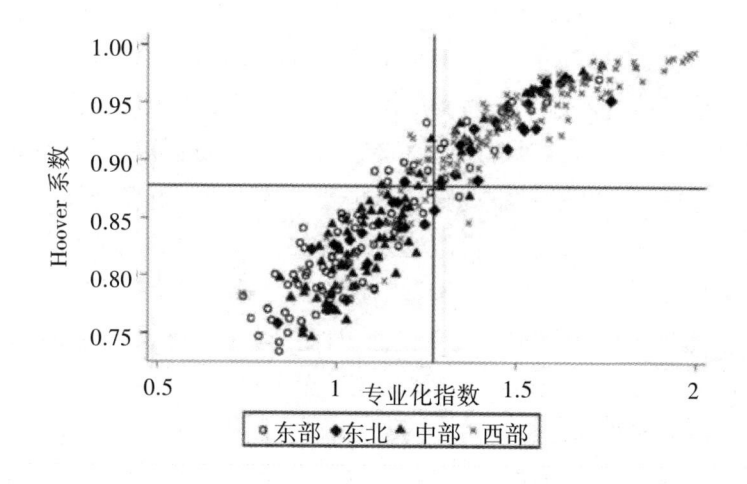

图 4-2　西北地区专业化基尼系数位置

　　民族体育是构建在人身体行为基础上的文化，人的行为对经济的依赖是无条件的。"仓廪实而知礼节，衣食足而知荣辱"表明人的行为在很大程度受制于经济状态。民族体育的身体行为在温饱状态下才能得以实施，饥肠辘辘的民众难以承受体育运动的强烈负荷。在甘肃境内的三个特有民族所在的地区，其经济发展直接影响着民族体育的发展。生活在张掖地区的裕固族人由于其地区经济水平相对较高，特别是在受益于曾经发达的畜牧业，其民族体育的丰富程度和发展水平相对要比以手工业、农业为主的东乡族人、保安族人好一些。但是总体而言，受制于地区经济状态，甘肃的特有民族体育文化的发展始终处于滞后状态。民族体育对经济的依赖主要有三个主要方面：

　　第一个，表现在对物质基础依赖程度方面。民族体育运行过程中的场地、器材是一个无法逾越的障碍，很多项目没有场地和器材则难以广泛开展，进一步提高专项技术水平必然受到极大限制。物质匮乏的制约还影响着民众的体育参与心态，民族体育参与人群表现出对经济状态较高的心理依赖。在实地调研中发现，大多数民众期待着条件好了以后再进行体育活动，说到底就是期待着经济状态改善后的体育设施完善程度。在这种心态的影响下，民众缺乏因地制宜开展民族体育的积极性。在体育活动中，存在着自然空间，比如草场、河畔、山脚、湖滨等，这些空间能够满足民众体育活动之需，但是由于场地的自然状态，会存在活动的安全隐患。另外有人为空间，比如专业场地、场院、绿地、广场、庭院、场馆等，是人们为了有效进行体育活动而专门或附带建设的空间，在这些空间中，具备良好的，能够满足不同项目需要的场地设施，是民众进行体育活动的理想场所。不过，这些场所的建设对经济依赖程度较高。在民族地区，需要建设的内容很多，对于尚未直接影响社会发展的体育活动空间建设任务每每被置于次要地位。这种情况直接影响着民族体育的有序开展。比如在甘肃省的乡村，经过多年来的体育设施建设，现在民众健身的场地和器材仅限乒乓球台案、篮球架子、健身路径等设施，这方面的缺口较大。即使如此，很多场地和设施依然处于闲置状态，风雨侵蚀，面目全非。比如在肃南的白银乡，牧民的移民居住小区，篮球场和健身器材几乎无人问津。临夏是一个特别案例，乡村中的篮球场利用率很高，民众普遍喜欢打篮球，篮球热成为临夏地区的体育文化特色。城镇中的场馆建设相对较丰富，比如张掖高台县的体育场馆建设名列县镇体育设施建设的前列。据甘肃省体育局的统计数据，甘肃省的体育设施 70% 以上的建在校园。地广人稀的甘肃，其人均场馆面积与全国平均水平相差 0.27m² 以上，公共体育空间十分有限。近十年来，甘肃省的体育设施建设进一步向前推动，在特有民族所在的地区，新建体育场馆和设施可谓翻天覆地，如临夏的体育场、体育馆、肃南的赛马场，均为高规格、标准化的体育场馆，这些设施都坐落在城镇的边缘地带，留有进一步发展空间。这类场馆的建设能够满足大型的体育赛事的需要，但是对民众体育生活作用确是十分有限。其原因是场馆距离居民区相对较远，步行距离超过了 15 分钟的路程，场馆过于专业

表 4-1 甘肃不同经济区域场馆分布统计 [1]

地 域	人口占全省比例（%）	场馆占全省比例（%）	人均场馆面积（m²）	万人拥有场馆数（个）
中部地区	30.5	28.6	1.38	6.3
河西地区	18.5	31.6	1.55	11.5
陇东地区	31.5	28.0	0.61	6.1
陇南地区	20.0	11.7	0.30	3.9

---

[1] 国家体育总局体育社会科学项目课题组.甘肃省公共体育场馆现状调查分析及对策研究 [M]. 北京：人民体育出版社，2009：5.

化，场馆维护成本巨大，不利于公益开放。现有的健身器材、场地等设备在民族地区的公共服务和文化指向，对民众的影响是不利于民族体育的，更多的指向了竞技体育，这是国家在今后的健身路径建设中应该慎重思考的问题。

至于民众对经济依赖心态而言，很少有民众对短期内进行体育活动的物质条件能够得到改善抱有积极态度。大家也切身地体会到甘肃的经济水平和条件，面对百废待兴的局面，供人们进行体育活动的空间建设不是一项简单的任务。在省会兰州，一个拥有几十年的七里河体育场直至2017年才开始进行重建。省会都如此，生活在城镇和乡村的民众对体育设施建设难以有过高的期待。好在商品住宅小区在建设过程中多数建有公共活动空间，在一定程度上弥补了民众体育活动空间不足的现象。

第二，民族体育参与者的个体购买力决定着民族体育文化市场状态。根据路德维希·冯·米塞斯的观点，人的行为是构成微观经济的主要成分，是经济中不可忽视的因素，与宏观经济存在着密切联系，影响着经济整体发展。如果我们在分析某个地区的总体经济状态，只会对这个地区的经济有所掌握，但是这种经济状态是否能够发挥应有的作用，个体的购买力则是一个至关重要的因素。恰如在日常生活中，人们消费行为的"时间偏好"决定着生活的质量和状态，并不完全依社会的经济水平而异。东南地区的总体经济状态远远优于西部地区，但是其民族体育也没有因此而辉煌。恰好是地区经济滞后的西南地区、少数民族地区的民族体育发展始终处在良好状态。因此，米塞斯认为个体行为的经济要素不容忽视。正如米塞斯所言，商品供应的数量和消费者对该商品需求之紧迫程度（根据它对消费者的边际效用）决定商品的价格。如此看来，由市场因素决定的货币单位的"价格"就是购买力的表征。这里强调的是个体消费能力对于民族地区而言，个体的收入水平决定着他们的购买力。在某种程度上，民族体育中的个体购买力受制于民众的有机体技能水平、饮食结构、生活方式，以及民族体育技术结构等诸多内容，当个体的有机体技能能够承载了劳动之外的体力活动时，个体的体育活动购买力会有所提高；当民众的饮食结构所提供的热量能够超额地满足机体需要时，个体的体育活动购买力也会提高；当民众的生活方式以"动"为主时，他们的体育购买力同样可以得到提升；当民族体育的技术结构处于需要精细掌握的高水准阶段，人们的体育活动购买力会自然提高，因为游戏类的活动无需人们付出更多的注意力，人世间但凡是需要人们精细掌握的文化，都经久不衰，人们的购买力会保持持续的旺盛状态，比如经典的音乐。但是，这些方面实际上还存在着一定的差距，特别是对于有技术规范要求的内容，目前甘肃特有民族的个体的体育活动购买力十分有限。在这种情况下，如果民族体育项目需要民众较高的消费，像西方竞技体育那样，那么这项活动内容便会在庆典仪式、节庆活动、日常生活中被洗涤，减少了高消费存在的可能，民族体育文化市场恢复到原有的"时间偏好"水平，比如较为传统的、零散的、游戏性的活动形式和内容，在这种力量的作用下，民族体育始终保持着原有的对经济依赖较低的水平上。其实，我们必须看到民族体育中存在许多无目的的肢体活动，这些活动占据民族体育很大的比例，它们对经济的依赖性很低，甚至不依赖于经济，完全是一种人的生理、心理需要。在这种情况下，民族体育注定了低水平的购买力。必须看到，文化事项的发展需要经济的支持，缺少经济支持，民族体育基本的建设难以完成。长期以来，民族体育缺乏应有的规范场地、器材，以及举办活动的经费，在很大程度上制约着民族体育文化的深入发展，导致恶性循环。

民族体育身体行为中存在明显的边际收益逐次递减的趋势。当民众进行某个民族体育项目活动时，开始阶段会感受到身体行为对身心的影响，感觉到这种投入非常有益。然而，随着时间的推移，相同的运动负荷已经难以引发民众明显的切身感受，人们开始怀疑民族体育对生命塑造的实际作用和价值，甚至认为这类活动是没有必要的。我们在调研期间，有不少被访者就认为花费那么长的时间去进行体育活动，却没有感到身体有什么变化，还不如做点其他的事情。的确，民族体育并不能得到立竿见影的健康状态改善，给民众带来直接的经济收益。这种情况不仅仅出现在民族体育当中，各种体育活动大多如此。至于将民族体育作为人际互动的手段，也同样存在边际收益递减的情况。开始阶段，通过体育的中介能够在一个平等空间中有效地实现人与人的交流，然而随着陌生人成为熟人，相互之间的利益以及利益冲突开始显现，人与人的交往中也出现了防范和戒备，民族体育原本的对人际交往的积极效应开始递减。对于相关的场馆经营机构，投入体育场馆设施方面的资金，需要较为漫长的经济效益回报，因而失去了投资初期的热情，同样存在收益递减趋势。在一定程度上，体育公共设施属于社会的公益性投资，难以经济效益单一指标进行衡量。因此场馆经营者应该转变体育场馆设施单一的投资类型，将体育场馆设施与民众的生活相结合是一个应该考虑的投资理念。民族体育对生命塑造的历程非常漫长，需要民众的恒心；民族体育对社会交往的作用细微悠长，需要民众保持良好的心态；民族体育对经济效益属于间接影响，需要职能部门的耐心，更需要经营机构的决心。对此，体育界应该在定期进行国民体质监测后，进行大数据的分析，及时提供各类人群的体质、健康变化可视指标、科学运动的量化参考方案，以及民族体育健身收益的动态量化参照标准。

第三，民族体育的商品属性不足也是一个制约因素。体育与商业在其本质上存在天壤之别，作为经济运行中的体育与商业存在水火不容的隔阂，这是社会体育完全产业化的最大障碍。体育与对手的竞争，以击败对手为自己赢得利益为目的。商业与对手的竞争，以其优势的产品为民众提供服务为目的。虽然同为竞争，然而竞争存在差异，体育的竞争是为对手为敌，属于对立竞争；商业竞争则是与对手合作，当属合作竞争，这两种竞争不能同日而语。米塞斯认为："竞技的特征是两个或两个以上的个人或团队的敌对。在一个分工社会中的商业行为，是要和这个社会的分子合作。一旦他们之间彼此敌对，这个社会就会趋向于解体"[1] 商业中的产品，在当今的时代难以在一个部门内完成整个流程，需要不同行业的分工协作，原料、生产机器、设计、加工、成品、销售每个环节都需要与其他部门打交道。而体育中的专项技术，可以在相对封闭的环境中，根据自己的素质、能力、技术掌握、战术意识等进行自我完善，打造出具有竞争能力的竞技状态。与对手进行竞争，竞争的过程也表现出观赏等价值，产生类似商品的服务功能。不过这种服务需要民众在应用前花费特殊的、甚至是漫长的掌握过程，与其他商品便捷的应用性不同。比如武术就是一种需要漫长习练才能掌握的专业技术，与之形成鲜明对照的跆拳道则汲取商业化发展思路，以易学易练的简单技术为主体，通过相关段位为激励机制，博得了广泛的受众青睐。恰如手机上手就可以进行使用，无需专门学习和技能提高。这样看来，中华民族体育存在着先天的独立性，与经济的关系比较疏远。这种趋势与中国传统的重农抑商不无关系。诚然，体育与商业之间的竞争截然不同，其运行模式迥异。特别是缺少经济历练的民族体育的对立竞争表现更为突出，民族体育甚至将身体行为中的经济因素视为是不可理喻的成分，认为民族体育是纯洁的身体文化，不能沾染商业气息。

在米塞斯看来，行为人所从事的日常民族体育，并不需要过多地思索和选择。"一个人的日常行为，大部分是些简单的惯行。他做这些事情，用不着特别

---

[1] 路德维希·冯·米塞斯. 人的行为 [M]. 夏道平，译. 上海：上海社会科学院出版社，2015：114.

注意。他之所以这样做，是因为他从小就被训练得如此，因为别人也同样地做，因为这样做是他生活的习俗。他养成了这些习惯，他会自动地反应。"[1]这种习惯就是随大流，比如在裕固族人进行祭鄂博期间，人们会赛马，在这种场域中，骑上骏马较量一番是长期以来的民间习俗，如果你不擅长骑马，那么可能会被边缘化，甚至连最基本的人际交往也可能都会丧失，估计没有人会自己孤立自己。另外，人一旦掌握了某种民族体育技能，他总会有一种表现的欲望，当表现机会出现在面前的时刻，能歌善舞、性情好动的裕固族人很少会错失良机。在民族地区，各种民族体育活动的内容大多没有对进行表演、竞赛的场地、器具有过高的要求，因此也逐渐形成了一种惯习，即较少经济依赖型的民族体育蔚然成风。这一切都是自然而然的惯习，没有更多的思考。民族体育在其发展过程中，始终没有过分地依赖于经济，因地制宜的民族体育可谓是经济节约型的文化类型。随着民族体育的发展和进一步的延伸需要，对经济的依赖程度将会逐渐强烈。然而，米塞斯重个体在市场中购买力、轻政府在市场引导作用的观点，影响着人们忽视民族体育文化延伸中政府的作用。在文化领域，应该充分地发挥文化主体的人，以及各级组织的作用，必须依托于国家的意志、政府的力量，使得国家到场，政府在场，民众入场等齐头并进地进行民族体育文化市场的推动。假如，在民族体育文化延伸的市场中，仅仅依赖于个体的行为，必然显得人单势孤，个体的力量不足以在短期内引发市场的效应。对于这个问题，我们可以看到在现实生活中，某个民族体育项目的传人，当他依靠自己的力量去与市场抗衡时，倒下去的绝对不是市场，而是传人。在甘肃临夏，具有鲜明地域特色的天启棍，在侯尚达、方汝楫等传人的努力传播过程中，至今尚没有形成很好的传承体系和受众群体，而且大有失传的可能。如果他们能够依托有关的组织，进入学校进行传播，估计天启棍的受众人数会大大增加。与此形成鲜明对照的是兰州的王得功将继承和创编的缠海鞭杆积极推广到高校，高校中民族传统体育专业的学生以此为必修传统武术套路，历经10年，掌握缠海鞭杆的毕业生已达300人以上，这些毕业生在各地进行教学中又进一步地传播着这些内容，使得缠海鞭杆传播范围和速度远远大于师徒学艺的方式。对于非物质文化遗产来说，没有国家的意志，缺少政府的支持，难以铸造文化传承的市场。当中国

---

[1] 路德维希·冯·米塞斯. 人的行为 [M]. 夏道平，译. 上海：上海社会科学院出版社，2015：47.

积极响应联合国教科文组织《保护非物质文化遗产公约》以来，中国的非物质遗产得到了前所未有的保护，这是个体力所不能及的。

甘肃经济对民族体育的影响说到底是高层次的人力资本的开发和利用程度严重不足。当自然地理对文化的影响从决定走向影响之后，自然地理环境对民族体育已经不是最关键的制约因素。当交通、通信对文化影响的非均衡状态走向均衡的时刻，交通和通信也不是制约民族体育发展的因素。当政策、资本投入对文化影响从扶持到引导的转化后，政策和投资同样不是制约民族体育的重要因素。宁骚曾提出对西部进行文化大输血的理念，这个理念是基于在国家给予西部政策、资金等硬投入后依然没有产生巨大的经济增长，考察和分析其原因恰恰是在西部人普遍不善于创新的基础上提出的。只有文化输血后，构建高层次人才运行机制，方能克服人才不足、人才流失对西部地域自身造血机制不健全的弊端，才能实现经济的持续发展。这个观点中蕴含着人力资本的理念，人力资本是相对于物力资本的资本形式，主要体现在人力的身体之中，表现在人力的数量和质量等形态之中。特别是民族体育文化的延伸，在经济已经成为制约其发展的主要因素之时，必须通过有效的手段激发本地域高层次人力资本的活力，决不能等、靠、要。如果没有自身人力资本的激发，形成良好的文化经济协调互动性，特别是塑造了地域高层次人才的文化创新能力，再好的政策和资本也只能是发挥阶段性的作用，难以产生长久的经济效益[1]。高层次的人力资本需要具备智力上的优势，民族体育中的高层次人力资本还要拥有专业的民族体育技能。只有这样的人力资本方能在民族体育文化延伸中发挥创新作用，克服低水平的民族体育技术重复。2009年前的甘肃人力资本缺口较大的现状，在十年后情况虽有好转，但依然处于滞后的行列，特别是在2016年前后，中东部地区白热化的人才争夺中，这种大趋势没有改变，甚至更加严重。鉴于此，甘肃非常有必要进行文化大输血，通过东部发达省份高层次人才的阶段性引入，利用各种方式进行本土各类高层次人力资本的培训和扶持，唯有本土人、人力资本得到了应有的尊重、提升、利用，方能可持续地发挥人力资本的作用。普通民众与高层次人才之间存在着在对文化事项的选择差异。看看米塞斯讲的故事：

[1] 李银. 区域经济的差异性与文化创新的思考 [J]. 南京农业大学学报：社会科学报，2004（3）：66-71.

"一个人如果只有 200 元储蓄，他可能不愿意去做某种可赚约 200 元报酬的工作。但是，如果他的储蓄到了 2000 元，而他急于想买到非 2100 元买不到手的一件东西，这时，他就很乐于接受这项工作，且即令它的报酬不是 200 元而是 100 元，他也乐于接受。"[1]

从中看到，金与铁何者为重的关系，金子可能难以成为工具、建筑等通用材料，铁却是生活中的必需品，然而人们往往会不自觉地选择金子，其趋势是只要是总价值高，那么人们就会普通地选择它。在日常生活的具体事项中，人们则会倾向于期望中的服务效用来决定自己的选择。这时候，使用价值发挥着重要作用，在主观角度人们优先考虑关系到自己的福利。那么，高层次人才可能会对影响民族体质、民族意识的民族体育文化发展进行关注，而普通民众则更多地考虑民族体育是否即刻能够带来什么福利。民众的选择需要必要的引导和统领，借助高层次人才身先士卒，以强健的身体语言生动地向民众宣讲健康人力资本要素禀赋在资本、生产力等经济结构中的重要经济价值，使之明白个体的健康是一种用之不竭的，依靠身体积累的自生资本和能力，[2] 鲜活的说教将有益于民族体育的延伸。

四、体育因素

从体育发展的历史脉络看，各个民族的体育都是沿着体育文化发展的轨迹，从竞力，走向竞技，再演变为竞艺、竞智这条轨迹发展。

甘肃特有民族的体育文化，多数项目内容则存在着停留在初级阶段，很多的内容仅仅处在竞力层面，甚至大部分内容依然是竞力前的游戏，或民族体育生成的元素类型。比如，围和尚、踢毛健、划暗码、捏泥人、当尕打、跳房等，这些内容完全是一种孩提时代的游戏，难以被成人接纳。而且这些游戏是一些技术含量较低的动作，不用专门的训练，大家都可以轻易地掌握和运用。那么，对于能够成为民族体育或体育的技术体系而言，这种活动仅仅处于肢体活动的阶段，尚未达到身体行为的水平。正如，人们的日常活动无论在何种环境中都

---

[1] 路德维希·冯·米塞斯. 人的行为 [M]. 夏道平，译. 上海：上海社会科学院出版社，2015：121.
[2] 林毅夫. 新结构经济学的理论基础和发展方向 [J]. 新华文摘，2017（16）：45-51.

能进行一样，并不依赖于外在附加因素，这类活动内容因为没有经历各种专门的训练，很容易遗忘，人们的珍惜程度有限，不像是那些经过长期训练后的肢体活动内容，形成了人体的牢固行为，让人们难以忘怀，而且难以割舍。学习弹奏钢琴是一件很难的事情，但是一旦掌握了这项技能，则会陪伴人的终生。学习骑车、学习游泳也是同样的道理，人们在学习这些技能时全力以赴进行身体体验，得到全面充分的体验，并不断地习练后，身体产生了牢固的身体记忆，形成终生不忘的技能。

伴随着人类文化的发展，体育文化也逐步从缺少技术含量的竞力，趋向于讲究精湛技术的阶段，在这个竞技阶段，体育拥有了自身独立的技术体系，不断从肢体活动中提炼身体行为，并不断地排除肢体活动的随意成分，使得体育渐渐地成为小众文化，大众则边缘为观众。人体的潜能存在一定的极限，在不断冲击人体极限的过程中，人们发现了更能展示人类智慧的审美因素，通过体育的身体行为创造美，通过技术动作表达美，成为体育进入第三个竞艺阶段的显著标志。当竞艺成为体育的发展趋势后，人们开始进一步关注人的身体，将人身体所创造出来的美，延伸到更广泛的领域。在这个方面民族体育中的武术率先跨入引领的行列，西方体育中篮球运动也随即响应，NBA大行其道完全得益于竞艺。与竞技高度融合的竞艺，是体育回归人类生活的关键所在。竞艺阶段的民族体育走出了小众的圈子，使更广泛的民众能够进入审美创造的行列中，人们通过不同层次的技术表现，表达美、塑造健康的生命，从而使民族体育再次回归大众。这种表现在现代武术项目中比较明显，古老的传统武术，以技击为主导，力大者占据绝对优势，是武士、军人们维持生计的工具。当竞技武术出现后，民众对之是可望不可即，而这成为专业运动员争金夺银的道具。竞艺武术的到来则是民众均能一展身手的时代，成为民众创造美、体验美，实现生命塑造的器具，其中太极拳、木兰扇便是代表之一。在体育历经了艺术的洗礼后，人们更加关注人的智慧，当人类智慧体现在人的身体上，那是一个通过身体的表现来呈现的身体创造，在这个阶段的体育已经逐步脱离了肢体活动的盲目性，刻意地完成着人的身体行为理性针对性，对人的全面发展进行着体育所独有的特殊效用，并使之成为人体文化的核心。竞智的体育充分借助理性逻辑算法，精准地对人类的弱势进行修复，对人类的优势进行强化，使之成为人类文明的支点文化。这是一条体育文化发展之路，也是体育文化的规律再现。在甘肃特有民族体育中，由于多数项目内容尚处于竞力阶段，拥有很大的发展和延伸的空间，起码这些内容要经历竞技阶段的技术提炼，方能进一步提升为竞艺体育，并逐步向着竞智体育方向前行，此路可谓漫漫兮。从另一角度看，这种现状的确制约着甘肃特有民族体育的发展。

体育运动技能的形成是人的有机体中神经回路，运动系统惯性的建立。这个神经回路和运动系统惯性的建立是在反复的刺激和反应，在大脑的神经与肌肉之间建立了具有自动化反应的神经联络特殊通道，形成一个系统的茅鹏称之为的"应对技术操作子"。肢体活动的反复习练，会逐步形成相对固定的回路，并建立起具有迁移性的神经与肌肉串联的通道，当这种神经回路构建起来之后，便可以此完成某种具体任务，逐渐形成特定的身体行为。人的大脑拥有巨大的存储空间，研究表明人的大脑拥有千万亿字节的记忆存储空间，相当于整个互联网的容量，这么巨大的空间，人类利用得微乎其微。体育的技术所产生的特定神经回路作为一个记忆单位，存储在大脑的记忆库中，使用的时候自动地产生反应，做出不加思索的身体行为反应，表现为自动化。如果一个个体能够建立诸多条神经回路，那么该个体就能游刃有余地应付各种激烈的、瞬息万变的体育运动，在运动中获得较多的制胜机会。这种自动化的技能神经回路往往需要个体在神经回路构建的发展敏感性内构建，不同的体育项目构建的时间不同，比如对技术精细程度越高，则构建时间越早。总体而言，体育的技能发展敏感性大多在 16 岁之前。

"童少时期生成的'应对技术操作子'体系，作为'胚芽种群'（量和质），对于其在后续生命期间的成长、丰富、发展和发挥，均具有开启式、蕴育式、规范式、轨道式的效益，存在着重大的甚至决定性的影响。'胚芽种群'的质的高下，对其后续发展，还会呈现出'剪刀差'效应。从中，更可以看到难以'后来补办'的、关键性的重要意义。这反映了运动能力实体，在人体生命史中，产生和成长的自然规律。从'胚芽'到'成熟''应对技术操作子'实体，具有客观的发展成长途径。"[1]

现在回到民族体育的现实中，可以看到民族体育的相关技术体系，很少在"胚芽"阶段就形成较高技能的内容。民族体育中的技术体系游戏类的内

---

[1] 茅鹏. 虚影与本质 [J]. 体育与科学，2017，38（2）：13-20.

容占据大多数的比重，这些游戏活动无需专门的训练，没有相应的训练神经回路便无从构建。当然，民族体育中有个别的技术内容是从小开始被人们所重视，并从孩提时代就开始操练，比如骑马、摔跤、射箭等。大凡是被人们重视，从小就开始不断习练的内容，最终形成了相应的神经回路，成为民族体育中具有很强竞技性的项目，得到了较好的传承。可惜形成神经回路的民族体育项目内容数量过少，这种情况已经成为影响民族体育进一步发展的自身制约因素之一。

在民族体育项目体系中，存在竞技性内容不足。在民族体育中，能够发展到今天，具有一定广泛社会基础的项目为数不多，能够传承至今的项目主要是具备竞技性的项目。比如武术、龙舟、舞狮、赛马、摔跤、射箭、抢花炮、滑冰、游泳、秋千等，这些项目拥有丰富的技术，富有完备的体系，而且具备独立性，很少有兼容的可能。其中武术是典型的代表项目，武术技术流派众多、技术体系完善、技术水平精湛，非专业人士难以掌握。上述的其他项目也具有这样的特点，其共性特征主要表现在以一种精湛的专项技能为神经回路为主线，发散式地弥散到相近的技术动作之中，不仅对自身进行驾驭，更能够娴熟地驾驭器械，所追求的主要目标是体现自身能力，满足生命冲动，达到生命塑造。而其他的民族体育项目很少有完整的共性特征，或者是仅具有其中的部分特征。比如风筝、秋千、冰嬉、踏脚等，这些项目随意性较强，大多没有特定的技术要求，即使是有一定的技术规范，也不是能够保证参与者达到较高的竞技水平，而且这些项目对形成自动化的神经回路敏感性不高，在任何年龄阶段都可以形成低技术水平的活动。最为关键的是，这些项目的终极目标与生命塑造相去甚远。还有一些项目，那就是游戏类的内容，这些内容在民族体育中比比皆是，这些项目很少有上述的共性特征。一般来说，这些项目是所有常人都能够轻易掌握和完成的肢体活动，这类活动主要是用来娱乐和交往的，而且大多仅仅只能够满足青少年的娱乐，适应的人群范围有限。

民族体育文化"脱域"程度不高，未能形成一个具有代表性的抽象符号体系，这是制约民族体育深入发展的原因之一。所谓"脱域"，借用吉登斯的"社会关系从彼此互动的地域性关联中，从通过对不确定的时间的无限穿越而被重构的关联中'脱离出来'。"被理解为某事项从原本的时空中抽象出来，成为具有共识性的符号。比如，货币从原本以物易物中产生，并不断演化，成为人类共同认可的、有公共价值的、能够相互兑换的符号体系。"货币是时空延伸的工

217

具，它使在时间和空间中分割开来的商人之间的交易成为现实。"[1] 如今人们普遍地使用支付宝、微信支付等支付形式，使人们切身体验到货币的抽象性和实在感。这种脱域使得货币具有了高度的公共价值，在人们普遍的信任基础上，实现了远比具体化状态强大许多的流通能力。在竞技体育文化中，也形成了脱域具体运动项目的抽象精神符号"更快、更高、更强"，这种具有高度抽象、具备共性特质的符号是竞技体育文化的精神核心，具备这种精神与制度、物质层面相联系的体系化文化，使其传播和传承更加有效。中华民族的民族体育至今尚未形成一个类似的、独具特色的抽象精神符号体系，甘肃特有民族体育则更缺乏这种脱域表现。

精神层面的动力是民族体育发展的核心，缺少这种动力，民族体育便在强大的异质体育文化冲击下被覆盖、遮蔽。应当民族文化自信的态度充分地认识到中华民族文化富有强大的精神力量，这种力量表现在民族体育之中是以文化品质形式表现出来的。民族体育在中国浓郁的文化底蕴孕育下，蕴含着深厚、独特的文化品质，"健身修心、德技双馨、成己兼善"便是民族体育的文化品质所在，也是在脱域过程中不断尝试的结果。

其一，"健身修心"恰好是在中国传统文化影响下，天人合一、以人为本在民族体育中的特化，为世间少有的主客合一的文化品质。从事民族体育活动，不仅能够强健有机体，更能磨练人自强不息的意志，可谓身心双修。在可观的现实中，中华民族的体质和心理状态在古代是亚洲各个民族中最为强悍和健全的。中华民族传统体育充分体现人的主体地位和价值，比如在重民意识下，在民族体育中人成为社会生活中最被重视的主体，体育活动内容皆为人服务，成为塑造纯洁心灵的载体，而非西方竞技体育已经异化成为锦标、利益的工具，人被沦落为这种工具的附庸，表现得体强心弱。

其二，"德技双馨"是指在道德人本、尚义尊利指导下，通过民族体育使人在道德水准和竞技能力两方面都得到均衡发展，达到一个至真、至善、至美的成己及人的境界。尤其是民族体育首要的追求是道德修养，将身体行为纳为完善道德水准系统之中，使人们在从事艰苦的人体文化中历练达到君子人格水准，做到谦德不争，争而有节。即使原初的搏击、改进的技击和升华的技法等身体行为达到很高的水准，如果没有高尚的品德，依然不被世人所认同。而非西方

---

[1] 吉登斯. 现代性的后果 [M]. 田禾, 译. 南京：译林出版社，2011: 18-25.

竞技体育在挖潜掘能的肢体行为终极追求中，失去了人性的关怀和培养，以至于屡现人性扭曲现象，德与术分离。

其三，"成己兼善"强调的是每个个体在完善自我的同时，更要以群体和国家的利益为重。在中华民族家国一体的文化环境中，个体所处的地位决定了人要在成己、修己"独善其身"后，更加追求积极践行成人、安人等"兼善天下"的社会责任和义务。通过民族体育完善自我，积累报效国家的健康资本和能量，以求完成报效国家的重任。而非西方竞技体育过分强调个人权利，忽视群体和国家利益，私盛而公衰。

"健身修心、德技双馨、成己兼善"作为民族体育文化品质，始终发挥着对国人和世人的激励作用，在全球化进程中，这种以塑造生命价值为宗旨的文化品质必将会发挥更深远的影响。"文化价值是优化、提升人的生命存在的价值，是促进人'更是人'的价值。"[1] 在经历了自然、宗教、社会、经济价值的洗礼后，这种关注人本的，尚未被普遍认同的民族体育文化价值是中国对人类文化的贡献，是值得不断提炼、完善和推广的普世文化品质和脱域的符号。[2]

民族体育的城市化水平偏低，也是一个民族体育自身的制约因素。

正如社会学家所言，城市史几乎就等于人类的文明史，人类在文明进程中十分青睐于城市的建设，从起初的防御堡垒，到后期的文化、政治、经济中心，人们强烈地依赖于城市，对城市的青睐强烈地表现出不愿意迁徙的"植物性"。赫伯特·斯宾塞道："人类在很大程度上还未摆脱植物状态。"而不像动物一般，本能地、不得已地不断迁徙。但是，人类毕竟是人类，当他们拥有了稳定的家园后，人们的野心和欲望驱使着他们开始了不同规模的高于"动物式"迁徙活动。"正是在不断变换环境、变换地点的移动过程中，人类才逐步具备了那种为人类所特有的脑的功能，亦即进行抽象思维的能力和习惯。"[3] 其目的是建立起更多能够满足自身需要的城市，由此人类迈开了他们全球化的步伐。据此，我们认为体育文化城市化程度决定着体育文化全球化的程度。这一点可以从城市化后的奥林匹克运动向全球推进历程中验证这一发展轨迹。在奥林匹克运动全球化过程中，西方竞技体育进入中国一开始就选择了城市，其后

---

[1] 孙美堂. 文化价值论 [M]. 昆明：云南人民出版社，2005：84.
[2] 周之华，陈青. 中华民族传统体育文化概论 [M]. 北京：北京体育大学出版社，2015：51—74.
[3] R.E.帕克. 城市社会学 [M]. 宋俊岭，等，译. 北京：华夏出版社，1987：154.

的发展也主要集中在城市,当竞技体育在城市中站稳了脚跟后,逐步向广大乡村蔓延,占据了乡村的体育发展空间,影响着本土民族体育的发展。

中华的民族体育在现代城市化方面进程相对缓慢,缺乏城市化熏陶的民族体育表现出鲜明的地域性、生产性、封闭性、随意性、乡土性、阶段性等特性,具备这样特性的体育文化与城市体育文化相比,在文化传播、社会适应等方面表现出能量和能力的不足。移植新域,这种民族体育首先会遇到认同问题,没有共同的价值认同,人们难以较快地接受这些"新异事物",如哲理式东方体育就不易被习惯于物理属性认知方式的西方人认可。紧接着是生存环境问题,有不少民族体育项目的地域生态依赖性很强,离开了特定的环境某些项目将无法生存,其中有传人的因素,也有受众等社会因素。最重要的是审美问题,人们对美的感悟随时代前进而提高,享受高品味的艺术致使人们的审美标准居高不下。如西方体育竞技艺术化拔高了国人的审美品位,导致中国城市居民轻视本土民族体育,认为这些内容土气十足,难登大雅之堂。西方人在猎奇中华民族体育后,很快失去了长久的审美动力。

在中国,早已本土城市化的中华民族体育文化尚有一定的城市生存空间,如武术、摔跤、龙舟、风筝、舞狮等,而民族体育绝大多数项目内容却远远没有这种幸运,在现代城市中难觅其踪影,这些项目在顽强的"植物"属性作用下,宁可在"乡村"环境中自生自灭,也决不迁徙另择新的栖息之地。而且,民族体育还有巨大的同化能力,会将异质民族体育同化为本土特色的形式。比如高雅的"斯诺克"运动进入中国乡村后被快速地转化成村头场院中的台球活动。这种格局的定势与中国的本土民族体育多数内容发端、生存于乡村,不善于"动物式"迁徙的,与不适应城市生活环境有非常密切的关联,难怪有学者认为中华民族体育属于"植物体育"。

土生土长的民族体育在广袤的乡村,经历了狭隘的家族式洗礼,形成了各具特色的小众化格局。由于中华民族的生产方式,中国社会长期处于滕尼斯所说的礼俗社会阶段,其社会结构是以血缘为主体。血缘结构使得文化信息传递表现出特定的范围,在横向的扩散中,成员的心中都存在着无形的边界。这种边界意识对本土的东西如视家珍,轻易不外传。在纵向的传递中,以传宗接代的法则告诫祖祖辈辈要原封不动地继承之,因为这些遗产是家族的财富。在这种社会结构的作用下,民族体育也自然表现出千差万别的小众化格局,武术的拳种和流派最为典型,摔跤也表现得很突出,顶杠子等项目同样具有这种倾向。在民族体育中,有一个特有的技术专利化作用加强了小众化的趋势。当技术信息在固定人群的传播和传承过程中,固化了他们对该技术的专利化,随着他们对该技术的专利化演进,使该技术具备了较高的技术竞技性。这种竞技性对于外人来说掌握起来有一定难度,毕竟核心技术被垄断。通过传人进行传承专利化技术,限定了人群范围,强化了小众格局,因此民族体育每每对某某传人的离世而惊呼一项文化遗产的消亡。民族体育为什么容易形成技术竞技性的专利化,这与民族体育追求技法有关。在西方竞技体育中,可以通过各种方法完成技术,只要是篮球入篮圈,足球进球门即可。而民族体育技术则格外追求通过规范的方式和方法来完成,中规中矩的技法限定了技术的程式,这在西方竞技体育却不占主流。由传人制定的程式技术不易标准化,处于小众化格局中的民族体育,传播效率有限,传承容易变形断代。相对于大众化,小众化确能够在一定程度上保持民族体育技术的竞技性,一旦大众化必然弱化竞技性,使其技术丧失高超的技法、沦落为一般的动作,同样不利于民族体育的发展。甘肃境内广为流传的赛马,被广大的民众所喜爱,可以称得上一项大众化程度较高的项目,但是甘肃的赛马与内蒙古的赛马,在技术层面存在较大的差异,甘肃的赛马过于随意,小众的赛马技术竞技程度不高,由此这种赛马没有得到应有的提升。对此,民族体育的发展应该是多元的延伸途径,既有小众化的精英人群的专利化技术体系的传承,又有适合于民众娱乐、社交、健康需求的大众化的传播内容。

通过延伸、融合绝不会产生民族体育文化的特色缺失,中华民族文化具备高度包容和融合能力的优秀品质,经过本土文化的同化,使异质文化产生涵化,可进一步强化本土文化的特色。因此,在大力发展中国城市体育文化的进程中,应善于演绎本土特色文化。因为中华民族体育文化作为城市体育文化的雄厚资源,可以为持续的跨文化融合发展、文化延伸奠定坚实的基础。对此,我们认为民族体育文化发展应选择走城市辐射乡村之路。[1]

综上所述,民族体育在现代性方面存在着较明显的不足。现代性,依据吉登斯的理论,能够具备现代性要有三个动力性的基本条件,分别是时空延伸、脱域机制和反思特性。然后便需要具备现代性的四个维度,分别是资本主义、工业主义、监督和军事力量。[2] 这个标准源自于西方,多适合于城市,不宜

---

[1] 陈青. 跨文化融合的城市体育文化 [J]. 上海体育学院学报, 2008 (5): 10-13.
[2] 吉登斯. 现代性的后果 [M]. 田禾, 译. 南京: 译林出版社, 2011: 49-56.

直接套用它对民族文化进行比照，但是可以从中发现在以现代性为标志的当代社会，现代性具有极大的文化影响，无论是积极作用，还是消极影响，现代性是当代社会的重要特征。对照这些标准，民族体育通过传承拥有一定的时空延伸，但是延伸的程度有限；民族体育有脱域意识，但是缺少脱域机制和相应的成就；民族体育有创新，但是较大程度上不容反思，尊祖意识强烈，创新不足；民族体育主要生存和发展的空间为乡村，城市时空中的资本主义、工业主义、监督控制和军事力量等维度很少涉及民族体育。由此可以看到民族体育，特别是甘肃特有民族体育在基础条件和四个维度上缺失的成分较多，没有现代性的特征，欲求进入现代社会的确是有一定难度。在这种情况下，民族体育的现代性程度便成为其文化延伸的一个重要的制约因素。

第四节 民族体育文化延伸

民族体育的文化延伸有三个主要层次，第一个层次是民族体育文化模式延伸；第二个层次是民族体育项目竞技化延伸；第三个层次是民族体育目标指向延伸。

一、民族体育文化模式延伸

文化模式是一种文化各组成部分有机的、稳定的整合状态，绝大多数成员普遍遵行、认可其结构和核心价值。成员们表现出相近或一致的行为，共同遵循相同文化运行的方式。

文化模式有三个主要的构成，分别是结构、运行和价值。在这三种构成中，结构是基础，有了一定的结构自然会表现出相应的运行方式，长期以往逐步形成对应的价值倾向和标准。价值对文化结构和运行方式而言，具有引导、维护和改造的作用，价值是文化模式中代表文化的核心构成。对文化模式的研究中，分别有依据社会学和心理学的两种主要的学派，他们对文化模式的理解侧重点不同，霍贝尔、克罗伯、林顿、克拉克洪等学者侧重在文化结构和人的行为，苯尼迪克特则关注人的心理，《简明不列颠百科全书》综合各家之说，认为："文化模式是诸文化特征协调一致的组合状态。文化模式是一种文化诸成员普遍接受的文化结构,也是长期存在的一种文化结构。"文化模式的复杂性,以及各文化成员对这些模式的认识程度更为复杂和多样。人们的习惯、服装和饮食上表现出来的仅仅是简单的文化模式;社会制度、政治制度或经济制度是相对比较复杂的模式;还有介乎于两者之间的诸如城市、建筑等物化形态;精神、信仰、思潮等则是复杂的文化模式。由此可以看出,文化模式的构成不是单一的,是由诸多因素长期的整合而共同构成,这些因素彼此之间相互作用,共同构成文化模式。也恰恰是由于文化模式中存在着结构成分,因此模式在运行过程中会出现种种变异。

文化模式延伸存在着三种主要类型,第一种是回应型。主要是文化模式受到来自于外界的影响,主动或被动地产生对外力的回应。在回应过程中自身的文化结构发生部分改变,文化模式逐渐出现相应的变化。比如中国古代的"胡服骑射"就是一种主动回应式文化模式延伸。第二种是内生型。这种文化模式的延伸是基于文化自身运行内在规律性发展的自然趋势,当原有文化模式与时代和社会发展不协调时,这种内生的延伸动力表现出强大的推动力。即使是文化与社会高度吻合,也会存在文化自身运行的前进动力,不断地完善着文化自身体系。比如,中国儒家思想的演进过程就是一种不断完善的理论体系。第三种是同化型。当一种文化被另外一种强势文化影响和控制,处于弱势的文化会被强势文化影响,表现出自身的特质被趋同改造,逐步与强势文化同质。比如工业化对其他国家和地区的同化。无论是哪一类型的文化模式延伸,总体的趋势是传统文化模式不断向现代文化模式延伸。[1]

在文化模式延伸中,总是伴随着分化、骚动、整合和均衡的运行规律,这种规律实际上就是文化模式延伸的内在机制。当传统文化模式不再适应社会发展时,会出现部分结构的分化,比如大家族向着小家庭分化。在分化过程中,文化与社会会出现彼此不适应的状态,此刻人心浮动、骚动,找不到感觉,迷失了方向会弥漫于文化氛围之中,比如西周末期礼崩乐坏。整合则是文化逐步凝聚了多种文化要素的优势,构成了初具规模的模式体系,文化模式的运行开始走向了新的历程,比如中国市场经济的运行。均衡则是新文化模式在运行中达到了一种适合社会发展的良性状态,文化的势能得到体现,文化的体系得到

---

[1] 何星亮. 文化模式:传统模式向现代模式转换[J]. 中南民族大学学报:人文社会科学版,2014,34(3):7-14.

完善。比如，中国四十年的改革开放取得了举世瞩目的成就。文化模式延伸的机制恰好表现出德勒兹所言的世间无处不在的褶子运动，只有不断地分化、整合这样的褶子的展与合才能聚合文化力量，发挥文化模式的能力。

文化模式在不同的历史时期表现不尽相同，总体上表现着文化模式延伸的趋势。文化模式延伸主要受到了以下几个方面的影响：

第一，社会结构的影响。文化模式中的基础性结构受制于社会结构，社会结构决定和影响着文化结构的类型，文化结构反过来又影响着社会结构和社会系统的改变。

社会学家们在对人类社会的研究中，通过各种角度进行了社会结构与文化结构的关系研究。帕森斯的社会行动理论[1]认为任何社会要生存就必须满足其自身的四个基本需求或功能，与之对应的是四个具体的机构，由此形成四种不同类型的社会体系，每种体系中都有自己崇尚的、至高无上的价值。[2]拥有与这种价值观相联系的社会角色、社会群体便可获得较高的社会地位。通过推理可以得知，社会分层是建立在相应的社会系统基础之上的，而每种社会系统都会在各种层面留下深刻的物化印记，比如各异的城市形态和建筑类型。那么通过这些城市和建筑类型的分析，可以感性地认知社会结构，进而抽象地分析文化结构。

在人类社会变迁的长河中，城市、建筑就是一个非常典型的文化物化案例。人类在游牧生产时期，居无定所，进入到农耕时代，邦畿千里，惟民所止。在这个过程中，民众的居住文化发生了翻天覆地的变化，而这种群居类型的居住模式与生产方式达成阶段性的合理嵌合状态，成为该阶段生活方式的重要结构，这种生活方式极大地促进了相关生产方式的效率，成为稳定和固化社会结构组成部分，乡村与城市的居住格局克服了居无定所的游荡，促进了农业生产的效率，或者说是小麦等农作物拴住了人类的手脚，因此农耕文化成为人类文化发展的最为悠长的发展模式。在人类社会发展过程中，现代人是以各种考古、文献等证据来推测人类的过去，考古的新发现能够为自然历史提供重要的依据。那么，能够作为考古证据的重要内容之一就是人类所遗留的城市以及集中于城

---

[1] 帕森斯解释社会分层的AGIL理论是指社会具有四个子系统，每个系统都有自身的功能，这些功能分别是适应性的功能（adaption）、实现目标的功能（goal attainment）、整合的功能（integration）和潜在调节的功能（latency）。

[2] 李强. 社会分层十讲第2版. [M]. 北京：社会科学出版社，2011：166.

市的建筑。正如温斯顿·丘吉尔所言"我们塑造了我们的建筑，然后建筑又塑造了我们。[1]"城市以及城市建筑向后人诉说人类历史的真实状态，反映了人类的真实生活和文化状态。詹姆斯·E·万斯在其专著中介绍在罗马时期，古典城市分为两个区域，社会阶层被严格划分，大多数的经济活动与居住区是分离的，尤其是世俗与尊贵被小心翼翼地分隔开。文艺复兴时期，佛罗伦萨突出的特点是邻里和区块之间的混合，富有的商人和鞋匠也许是邻居，即商人和手工艺人组成混合街区。在此阶段，城市人的生活方式与其手工业生产方式高度的一致。进入工业化时代，城市的格局出现变化，曼彻斯特无疑是工业革命的产物，棉纺工业在曼彻斯特周围的乡镇生产，而棉纺产品的行业组织和产品出售则仍然位于曼彻斯特，最后成为曼彻斯特的主要城市功能。恩格斯在曼彻斯特住了20个月，之后写成了《英国工人阶段的状况》专著，由此奠定了恩格斯理论思想的基础。恩格斯在调查中发现有产阶段开始在远离城市的高地修建别墅，该区域良好的公共卫生是一个不容忽视的因素。而工人则无奈地居住在排屋式的贫民窟中，公共卫生问题对他们似乎难以构成威胁，但其实威胁很严重。这个阶段的城市建筑，则是以仓库、办公楼、商店、排屋为主。可见欧洲的城市形态从开始就以阶层建设基准，虽然有过阶层融合的城市形态阶段，最终还是出现了以阶层为界进行着城市的规划和建设格局，这些城市形态和建筑作为重要的历史记忆符码本真地记载着文化。

　　中国的居住格局是农耕生产方式下的、以政治为中心的城市形态，其城市形态是以宏大的官府建筑群为中心，百姓的住宅形成众星捧月之态环绕在皇宫周围。比如，当时世界上规模最大的城市和中国古代最大的都城——唐代的长安城，城市由外郭城、宫城和皇城三部分组成。长安城有一条贯穿南北的中轴线将宫城的承天门、皇城的朱雀门和外郭城的明德门之连线在一起，以中轴线为基准向东西延展，形成对称的城市格局。坐落在中轴线上的承天门、太极殿、两仪殿、甘露殿、延嘉殿和玄武门等建筑物，突出了北部中央宫城的地位，其高大雄伟的气势不仅展现着皇权的威严，更昭示着天人合一，君权神授。中国的城市形态多是井然有序的四通八达的方城，围绕主城，周围是百姓居住的低矮平房所组成方方正正的街坊，具有明显的阶层区分。中国的古代建筑无论大江南北，多以均衡与层次为准则，俯瞰中国古代建筑平面布局，可以发现其中

---

[1] 詹姆斯·E·万斯. 延伸的城市 [M]. 凌霓，等，译. 北京：中国建筑工业出版社，2007：4.

表现为一种简明的、有序的组织结构，住宅、宫殿、官衙、寺庙等单座建筑的周围，都由围廊、围墙环绕，共同组成若干个庭院，使各庭院前后串连起来。这种建筑格局深刻地折射出中国封建宗族社会"长幼有序，内外有别"家庭中心的伦理意识。

人类能够留下来的城市形态和建筑总是以坚固的材料为主，其中石材建筑是最完美的历史记忆载体，人类文化的记忆需要这种有效的载体。如果说城市的结构、建筑的结构是社会结构的物化表现，那么隐含在物化结构的文化必然出现相对应的结构。在上述案例中，城市形态区分了不同阶层的群体，不同群体所居住的建筑强化着不同阶层的归属感。居住格局的结构深深地强化着建筑物中民众的心理，影响着其文化的特征。佛罗伦萨的美第奇宫殿是一座宏大的建筑，保持着一种强有力的气势，显示出一个意大利城市中领袖安全的家。北京的故宫，以其恢弘的气度，彰显着帝王的权威。江南自成一体的人工山水映衬的庭院和园林，完全是地位的放大器。因此，建筑可以直观地反映不同时代的社会结构。社会结构是文化结构的基础，社会结构的改变是文化结构变异的前提。当社会进入到一个新的生产方式阶段，文化随之表现出农耕文化倾向，或手工文化、工业文化特质等属性的结构变化，伴随着日益积淀形成最为深厚的阶层、阶级文化。

文化模式自身也是处在不断的变化之中，特别是随着社会变迁中社会结构的变异，文化结构相应地出现结构性改变。当人类从薪碳逐步过渡到化石，再进入核能等新能源供给阶段，人类文化的技术手段出现了巨大的改变，相应的人际关系和精神追求都出现结构性的改变。以人们对高度的认知为例，过去的高塔式建筑最多就是几十米，如今近千米的摩天大厦完全改变了人对建筑高度的认知限度。如今居住在垂直的立体楼宇中，人们的交流日益减少，人际关系淡漠，个性却得到了充分的凸显。在高耸入云的楼宇中诱发着人们对无限极端的无限、虚无追求，难以实现的目标致使人的精神恍惚、游荡，价值取向也出现虚拟化，当然也激发了人类前所未有的想象力和探索精神。

第二，文化资本的影响。在文化模式结构中，文化资本是一个非常重要的结构要素。文化资本的变量在很大程度上决定着文化模式结构的合理性、运行的有效性。如果说社会结构是物化的内容，那么文化结构更表现为人化的成分，人化成分是决定物化内容的中枢。在这个文化资本与文化模式的关系中，身体状态是接受良好教育，掌握知识和技能的基础，有了健康的身体、丰富的知识和技能等文化资本，人方能拥有竞争力的、用之不竭的人力资本，有效地驾驭物力资本，从而影响或改变文化模式。

　　文化资本包含着许多的内容，习惯、态度、语言、风格、教育程度、格调、生活方式以及人际交往和待人接物的方式等等，可谓是包罗万象，只要是与人的意识和行为有关的内容都可以被纳入到文化资本当中。文化资本较为突出的表现是教育的制度化，比如资格证书、教育文凭等，这些制度化的内容被世人广泛地认可，并以此来追寻着实现人生价值之路。当进入人情关系日趋淡化、先赋优势日益消弱的法理社会，这种正常的教育途径和程序，可以帮助人实现知识和能力的提升，以便于能够满足社会角色扮演的要求，实现自身在社会中地位的不断提升。当然，这种文化资本在一定程度上是一种权力，或者是一种权力的赋予机制。布迪厄在提出这个论点的时候，更强调这种资本是一种符号暴力。人类社会中的确存在过只有部分群体、阶层的人员才能接受教育的历史，统治者也是通过这种貌似平等的方式延续着本阶层群体的社会地位，维护自身的利益，堂而皇之地剥夺其他人群的权力。因此，只限少数群体掌握知识的时代，其文化模式必然是为少数群体服务的工具。当人类进入到公民社会阶段，接受教育成为全社会成员的义务，文化资本得到了广泛的普及，更多的群体掌握了除了物力资本之外的人力资本。文化资本是打造人力资本的关键要素和环节，拥有文化资本的人力资本要比缺少文化资本的人力资本从知识、技能筹备、适应、改造、创新等方面都表现出巨大的优势。当这种文化资本的合法性进一步增强的时代，"证书拥有者、学术资格拥有者地位的高低，是要看能否得到体制及官方的认可，这种认可具有强制性。在这种特定的制度下，文化资本与经济资本也可以互相转换。"[1] 因此，现代社会的发展速度得到极大的提高，与拥有雄厚文化资本的人力资本群体数量激增有着直接的关联。当然，必须看到人力资本的分布存在地域性差异，这是不容忽视的差异。在这种差异中，人力资本在经过不同层次的资本凝练中所获得的资本积累是很重要的因素。

　　据世界银行统计数据显示，在进入21世纪后，全球范围内的学前教育入学率为44%；小学的入学率为105.7%；中学的入学率为75%；大学的入学率为34.5%。这些数据表明全球教育水平应该是人类历史上最高的阶段。联合国教

---

[1] 李强. 社会分层十讲第2版. [M]. 北京：社会科学出版社，2011：283.

科文组织发布《2015年全民教育全球监测报告》显示，全世界有1/3的国家实现了联合国教科文组织2000年制定的全民教育所有目标（Education for All EFA）[1]这种教育状态确是人类历史中进步最快的时期。随着文明的需要，在不断加速的全球化、科技发展步伐下，各国都希望向各产业的科技化生产前沿移动，以求进一步促进经济增长，占据全球价值链上技术、价值优势位置。正是这种宏观经济结构变化对社会形态、人力结构都将产生深远影响。教育系统作为有效塑造拥有文化资本等人力资本最大的供给方，其社会地位得到了进一步的提升和稳固。

从目前的全球教育趋势来看，通过学校教育实施的文化资本建设，已经超出了狭隘的符号暴力和人为分割人群的范畴，成为全人类知识、技能普及与传承的有效载体，对于提高人类文化素质发展起着极其重要的作用，人们日益普遍重视教育生产函数[2]，尤其是在信息科技的影响下，这种文化资本的建设途径也在发生着改变，使得人类将文化资本转换经济资本的可能性大大增加。据《2018世界发展报告》团队的测算，"人力资本的回报率在全球范围内持续处于较高水平。全球平均来看，男性人力资本回报通常在8%~10%之间，而女性则更高：在10%~14%之间。"[3]

文化资本是改造人口结构的重要途径。以高等教育的毛入学率来看，其趋势是大凡是高等教育毛入学率较高的国家和地区恰好都处在经济和社会发展前列。"目前，世界上高等教育发达国家共有64个，其中，高等教育处于普及化阶段后期（毛入学率超过80%）的国家有17个，处于普及化阶段中期（毛入学率60%~80%）的国家有35个，处于普及化阶段初期（毛入学率在60%以下）

---

[1] 联合国教科文组织2000—2015年全民教育计划目标包括扩大早期儿童保健和教育；完成普及初等教育，尤其对于女孩、少数民族和被边缘化的儿童；确保青年和成年人获得平等的学习和生活技能的机会；到2015年在成人文盲率上要降低50%；实现性别平等；提高教育质量并确保有一个面向所有学生的评估体系等。

[2] 教育经济学中，教育生产函数指的是在一定时期内，在教学技术、学习方式不变的情况下，知识生产所用各资源要素与所产生的教育结果间的数量关系。具体而言，学习结果与教育投入的关系可表示为 A=f（F, S），即学习结果 A 和教育过程中的三个要素有关，分别为：累计家庭投入 F、累计学校投入 S、广义的教育生产科技 f（·）。其理论应用与实证推广源于美国1966年出版的《科尔曼报告》。

[3] 刘骥. 如何应对全球学习危机？——世界银行《2018世界发展报告》[J]. 全球教育展望，2018（6）：3-14.

的国家有 12 个。总体来看，高等教育普及化程度较高的国家大部分位于欧洲地区。"[1] 这种改变是教育通过必要的方式和方法对文化的主体进行充实和完善的过程。布迪厄分析，文化主体的人在特定社会时空中，受到来自于三个维度的交叉作用和影响，人的认知能力、知识储量和技能水平发生适应性地增强，而这些适应性的改变表现在人的身体行为上，具有无法替代的惯习、品味等个体化、阶级化特征。其中，惯习被布迪厄称之为"一种体现在人身上的历史。"品味则是特定阶级所表现出来的偏好和能力。那么，通过普及化的教育，人的身体上逐步会产生同质化的改变，从而消弱了阶级的界限。

同质化是人类共同文明的过程，在这个过程中除了文化教育等因素的作用，体育也发挥着重要作用。教育作用于人身体上的种种同质化是布迪厄没有深入分析的领域，布迪厄更多看到的是教育所产生的异质化倾向，却没有发现体育在人类同质化历程中所表现出来的作用。毛泽东精辟指出："体者，为知识之载而为道德之寓者也。"约翰·洛克明确把教育分为德育、智育、体育三个部分，他认为教育的目的是培养有理性和有才干的绅士。"健康之精神寓于健康之身体。"体育在文化资本建设方面，能够有效地提高文化主体的出勤率、学习工作效率、公平竞争意识、守规护则意识、生命冲动转化、生命塑造等能力，使人身体的综合能力得到极大的提升，这种提升有效地促进了身体在体验、认知和创造等方面的能力，优化着人的共性文化素养，进而对文化资本发挥着不可估量的作用。有了这种身体基础的文化资本改变，文化模式必然出现同质化倾向。在何星亮所分析的文化模式三种类型中，回应型和同化型是在同质化趋势中对某种文化模式产生重大作用和影响的类型，只有内生型是一种发生在某种文化模式内部自发性的文化变迁，这种变迁的速度比较漫长。在人类社会进入到信息时代，来自外界的讯息不可阻碍地影响着其文化受体，特别是很少文化冲突，有益于人类健康的体育文化讯息更容易被受众主动接纳。体育文化讯息在文化模式结构的改变方面，不仅使人的身体受益，也会使文化结构趋向于完整和有序。

拥有文化资本，特别是拥有促进健康要素的文化资本，能够成为富有活力的人力资本稳固支点。健康人力资本发挥经济效益和价值，主要通过三种机制：第一种是卢卡斯作用机制，其实质是将人力资本视为最终产品生产的投入要素，

---

[1] 别敦荣，易梦春. 普及化趋势和世界高等教育发展格局 [J]. 教育研究，2018（4）：135-149.

直接对经济增长发挥作用。第二种是尼尔森-菲尔普斯作用机制，认为人力资本并不作为投入要素直接作用于经济增长，而是通过"技术进步"中介，间接地作用于经济增长。第三种是联合作用机制，该理论综合了卢卡斯作用机制与尼尔森-菲尔普斯作用机制，认为人力资本既作为要素直接投入作用于经济增长，又通过影响技术进步作用于经济增长。许岩等学者通过模型分析，其研究结果表明：健康人力资本只能通过卢卡斯作用机制促进经济增长。[1] 无论健康人力资本是否直接或间接投入，促进经济增长都是必然的。由此健康人力资本与经济形成一个结构完整的资本链条，深刻地影响着文化模式的状态。

人类对体育的态度经历了一波三折的演变，每当体育被重视的历史阶段，社会发展呈现出辉煌的文化模式。在文明古国中，无论是古希腊，还是中国都对关乎人的强身健体给予了极大关注。斯巴达的军事体育教育和雅典的全面身体教育，以及中国富含体育元素的"六艺"教育决定了这些文明古国文化模式的引领地位。进入到工业化阶段，欧洲的户外运动、足球运动、体操运动、体育俱乐部、体育竞赛等构成了欧洲文化模式的重要环节，体育文化要素与社会、文化、经济要素共同发挥着促进欧洲成为发达国家不可忽视的要素。当人类社会步入到信息社会后，全球性的健康诉求、全球化的健身运动再次将文化模式推向了新高峰。从"发展体育运动"至"全民健身"，民众从被动地健身，发展为主动健身，全民健身对中国稳步的发展发挥着超乎寻常的作用。尤其近四十年以来，改革开放成果之一就是人力资本保障体系的完善和提升，它强大地影响着文化模式的完整。"现代竞技体育是西方文化的产物，它的影响力不仅仅是竞技实力，更重要的是以竞技形式赋予了人类健康、力量、公平公正等价值体系和可共享的文化。"[2] 追求体育精神、崇尚健身运动、享受健康乐趣等合理生活方式的欧美文化依然引领着人类社会的发展方向之一。

第三，人的创造能力的影响。据传，有一次，某外国使臣给唐朝送来两件珍宝，一件是一道满篇"蝌蚪文"的文表，另一件是碗口大小的宝珠。傲慢的使臣扬言如果唐朝有人能识得这两件宝物，那就年年进贡、岁岁称臣。如果无人识宝，对不起就得割让城池，否则刀枪不留情。当满朝文武百官目瞪口呆之

---

[1] 许岩，等. 教育人力资本、健康人力资本、总量人力资本对经济增长机制的实证检验 [J]. 统计与决策，2018（7）：109-113.

[2] 缪佳. 英法德体育文化对世界竞技体育影响的分析 [J]. 体育与科学，2017，38（4）：9-19.

时，满腹经纶的李白朗朗念完文表，叙述了宝珠的来历、特点、用途，使臣低下了傲慢的头。故事或传说虽然有点难以考证，类似外交事件在历史记载中若隐若现。而故事中所反映出来的是泱泱大国中不乏众多博学之士，他们拥有像李白一样的能力。

人的能力是指人在实践活动中主体能动性。人的能力构成中包括人的一般能力、特殊能力、模仿能力、创造能力、认知能力和操作能力等。其中一般能力是人的能力中最为基础的能力，主要是指人的观察、记忆、思维、想象等方面主体能动性。在人的一般能力基础上，人所接受的教育、从事的职业、生活的经历造就了人的特殊能力。体育文化中，人的身体行为的特殊创造能力表现得尤为突出，比如干净利索的摔跤技术能力绝非常人所具备；体育技术革新是不断超越的持续创造过程。各种能力分别表现出不同的主体能动性，各种组合共同构成各异的人的能力体系。

自然界进化是一种自然进化，这种进化主要是随着时间的推移，自然界中的一切生物在不断进行适应性改变中所表现出来的逐步完善或淘汰的过程。人类的演化中，除了自然进化成分之外，还有人类主动地改造自身、改造环境、创造工具、创造文化等创造性进化，而且这种进化的程度超越了自然进化的程度。在人类创造性进化中，人的欲望是一个非常重要的因素，欲望是一种不断演进、不断丰富的动力源泉，在人的欲望驱动下，人的需求急剧扩张，成为人与动物相区别的重要内驱力。为了满足欲望的需求，人的主体能动性得到了激发，人将自身潜力和社会的力量动员起来进行着各种形式的创造，促进了生产力和生产关系以及社会关系的不断完善。生产性的各类产品不断满足着人的需要，打造了一条满足人欲望需求且不断升级的人化能力轨迹。由此，人的能力随着时代发展而有创造性地进化。

体育在人类的创造进化中发挥着重要的作用，有效地完成人类的健康进化。体育建立在生命冲动基础上，进一步通过生命塑造来完成人作为人的主体能动表现，通过生命塑造积极地改造身体有机构成，加强有机体的机能，使得人能够主动适应、主导环境和社会发展的进化历程。正因为体育、社会、文化等因素的存在，人类演化缘于生命冲动，却是高于生物自然进化的创造进化。生命冲动是自然进化的根本，生命塑造则是创造进化的核心。在人的创造进化中，一方面身体的选择性使身体面对未知且无限的物质世界，它将自身限制在能够实际影响我们器官，为我们的运动预做准备的那些对象上，从而激发我们的行动。[1]另一方面，身体的创造性使身体本身，或者借助工具改变外部世界，将我们的身体转化成外部世界的对象，进而主导着人类的行为和自然环境。不恰当的比喻可以将人类的创造进化比喻成欲望的进化史，或者是追求健康的进化史。假如没有体育，那么人类的发展可能会受到环境和自身的影响，疾病与人类如影随形，影响其体能，限制其寿命。正是由于体育的伴行，人类在一定程度上消除了病患的侵扰，不断延长着寿命。因此，人类有了生命在于运动，流水不腐等健康理念，有了各种符合地域特征的生命塑造活动。在这个漫长的历程中，与人类发明、创造和依赖工具存在着直接的关联，可以说依赖工具的意识，以及主动运用工具的行为，是人将能力不断延伸的重要力量。"生物历史和人类学资料等揭示，生物演化和人类进化是两种不同的改变形式，遵循不同的规律：生物演化以物种结构修改适应环境，环境变化主导物种演化，演化无方向性，它维持了物种与环境的依存关系；人类进化是脑和工具意识的突破，即出现'依靠工具'意识，它带来了工具进步性方向改变，并产生了人体适应工具、文化等的结构修改，以及人环境关系性质的改变。"[2]那么，可以说体育是一个有形与无形相兼容的工具，是促进、维持人类健康的有效工具，也是人类创造性进化不可忽视的工具之一。同时，在自然界中，动物大多具有明显特定化的身体，比如他们的食物结构决定了他们的生存环境。相对于动物而言，人的身体非特定化决定了人生存、发展领域的广阔性，也可以说，人身体的体验对象丰富且可变。以自然界普遍存在的争斗为例，动物的争斗受制于特定化的身体，仅仅能够使用本能的击或打的方式。人的攻击性则演变得异常丰富，当攻击性在外化的过程中，不同的族群表现各异，部分族群使用相对特定化方式，依照搏击的原始类型发展技击类体育项目。更多的族群则充分利用了人类身体的非特定化结构，体验着不同的对象，将技击类的活动多元化为功法、套路、技击、球赛、博弈、竞争、计谋、战略等形式。从中可以清楚地看出，人类的能力在满足欲望和需要的历程中得到了锻炼和提高，当在这种能力不断提高的过程中，人类所使用的创造方式和方法便会产生差异，比如农耕时代的能力与工业、信息时代的能力确有较大的差异，从粗糙的工具制造到精细的工具使用，从依

---

[1] 韩桂玲. 吉尔·德勒兹身体创造学研究 [M]. 南京：南京师范大学出版社，2011：27.
[2] 刘小明. 生物演化基本规律与人类进化独特性（1）. 生物学通报 [J]. 生物学通报，2015，50（5）：4-8.

从于生命冲动到主动地进行生命塑造，表现出人类能力不断提升的趋势，由此影响着相应的文化模式。

人能力构成中的意识和行为是极其重要的两大结构，可以形象地比喻这两个结构分别是能力"自行车"的前后轮，意识作为前轮具有引导方向的作用，行为作为后轮发挥动力的作用。当然，这两个轮子在不同的时期，会发生换位，比如在对未知世界的探索中，行为可能成为前轮，意识在后面推动行为的前行。"自行车"的前进，需要骑车人的把握，骑车人驾驭的方向和进度在漫长的进化长河中与人的能力相关，试看：

大约7500年前，匈牙利平原上出现的一种突变，使一些人类在成年后仍然可以消化牛奶。这样的突变一定与人长期有意、无意的饮食行为有关，至少消化吸收高热量乳制品的能力对人类度过欧洲寒冷的冬天非常有用。

研究人员发现，西藏人的血液可以产生更多的输氧血红蛋白，遗传学家认为这种变化最早发生在3000年前。这种变化与世居高原的人的行为存在必要联系，可能人们没有任何意识主动地改造输氧血红蛋白，然而世居行为促使身体产生适应性的变异。

能说明人的主体能动性的案例是人类发现了小麦，并开始了大面积地种植后，人类生活方式出现根本性改变。

有研究表明人类大脑的容量在逐步地萎缩，这不能说明人类越来越笨，恰好说明人类越发聪明，因为人类有意识地发明和创造各类工具帮助减少大脑的负担，延伸的记忆、运算工具部分替代了大脑的劳作，没有必要大脑亲力亲为。

从以上的能力结构分析中，我们看到了意识或行为两者相互作用，相得益彰，缺一不可，在人的驾驭下，表现出非凡的创造能力。

意识是决定人类在文化和文明进程的关键，体育是凝练人类意识的重要场域。人的意识这种大脑的机能，是对客观世界的反映。当人类对作用对象进行体验过程中，特定的人类行为反复地出现，产生相关认知后，不断将零星的认知进行分离、抽象、反应、建构，集合成为系列的反映，诠释客观世界的符号体系，意识得以成型。正如卡西尔对人的评价，人是一种使用符号的动物。人类所使用的语言、神话、宗教、艺术、科学和历史等共同构成人性的一个个扇面。[1] 这种符号体系集中体现着人在反映客观世界中的能力,每种特定的符号都是人意识的特殊符码。意识具有能动的反作用,对人的行为产生引导、维护、矫正作用,使人的行为从盲从走向理智,这是人的能力不断完善和延伸的过程。虽然,卡西尔没有直接论述体育,但是体育可以作为艺术、历史、语言、宗教、科学等重要扇面的组成。无论体育蕴含其中,还是体育从中剥离,体育都与这些扇面保持着千丝万缕的联系,尤其是与艺术和历史具有相同的特质。比如,体育文化类型从竞力、竞技、竞艺和竞智的演变历程,不仅表现出人类对真善美意识的追求轨迹,从动态的人体行为中发现生命力量的艺术化趋势,更是人类在不同能源利用阶段,体育全程服务于社会生产力,当体力与智力需求从9:1转向了1:9的时代,人的身体行为成为人类历史最生动、最深刻、最持久的印记。赫拉克利特为物理世界写了这样的格言:上升的路和下降的路是同一条路。卡西尔认为历史世界也适用这个格言。其实不然,人可以选择,因此历史轨迹必然不同,赫拉克利特自己也说过人不能两次踏入同一条河。就在这个流动的历史中,各类符号不同的组合综合地表现为人类特有的文化,以及在不同的时空中表现出各异的文化模式。一般而言,人的创造能力与文化模式达到嵌合,文化模式便能充分地发挥人的创造能力,人的创造能力也能够有效地实施文化模式的总体作用。试看,人类对能源获取的薪碳、石化和核能不同阶段,与人类能源利用能力相嵌合的是游牧、农耕、工业、信息文化模式。

在人的能力构成中,体育不仅对身体行为进行着有效的优化,更在人的意识层面进行着完善,特别是体育通过有序规则、公平精神等手段对于人类的意识系统进行着全面、深刻、生动地践行,有效地强化着人类意识。首先,体育是人类在进化中身体素质能力不断提升的催化剂。民族体育的文化运行模式从早期的游戏,发展至今的体育,虽然都是以身体为载体,但是游戏与体育对人的身体行为要求不同,至少从身体素质上来看,游戏所要求的素质是一般素质,而体育则强调更多的专业素质。由此伴随人类始终的体育所塑造的人会出现较大的差异,具体表现在人的能力差异方面,人能力的不同进而导致文化模式的差异。其次,体育是人类在演化中价值追求不断完善的实践系统。真善美是没有止境的价值体系,体育就是在这个无止境的追求中强化着这种价值追求。体

---

[1] 恩斯特·卡西尔. 人论[M]. 甘阳,译. 上海:上海译文出版社,2004:96.

育在对生命的求真中是为了认识自身和世界，掌握生命规律；体育在求善中是为了满足自身的利益，追求共同价值，从而便于有序地生存和发展；体育在求美中则是没有任何目的或很少有功利性，对生命塑造中折射出的人体、人性美反映着人的本质力量的追求。因此，美被称为人本质力量的感性显现。真善美是构成人意识的价值核心，它指导着人的行为，使得人的行为富含真善美。体育来不得半点虚假，体育实践中人的行为在具体的操作中践行着真善美，凝练着真善美。由此，在文化模式中出现递进式的延伸。

二、民族体育竞技化身体行为延伸

在民族体育文化现实表现中，由于民众仅初步掌握了其中的部分项目技术，尚未达到竞技化状态，因此民族体育的发展较为缓慢，甚至出现滞后和边缘化等迹象。即使是民众充分掌握部分项目技术，由于其技术体系的不完整，以及技术的随意性，也在很大程度上制约着项目的深入发展。对此，将民族体育项目进行竞技化身体行为的延伸是一个有序发展民族体育文化的有效途径。

竞技化是人在民族体育中轻松自如地运用专项技术，履行生命冲动，有效完成生命塑造目的的身体行为悬置能力。

在此重申，民族体育的身体行为是特定民族习惯的，有意识地运用专门的、具有特定能量代谢水平的体育技术去完成特定任务的人体活动[1]。身体行为包含着体育技术，当技术出现了明显的意识指向性，技术完善成体系后，技术又有机构成了民族体育的专门身体行为。身体行为具有意识嵌入、内容广泛、形态各异、完整系统、明确目标等基本属性的人体活动，民族体育中的身体行为除了基本属性外，还有专业性的身体素质、技术规范、运动强度、运动内容、运动形式、形态灵活、特定目标等特殊属性。这里绝无玩弄概念的意思，技术与身体行为之间存在着不可替代的差异，技术是局部具体的活动，身体行为是整体系统的活动；技术是习惯性的，身体行为具备明显的指向性；技术是人的客体活动，身体行为是主客体合一的活动；技术是生物技能的，身体行为隐含着社会文化的人体活动。

悬置原本是汽车工业生产中专指用于减少发动机振动，控制震动传递的汽

---

[1] 陈青，等. 民族体育的身体行为研究 [J]. 上海体育学院学报，2016（4）：83-88.

车动力支承总成件。这种特指的概念，指出了悬置是一种帮助机械有序运行，使用物理构件减少机械运动中能量无益的传递和耗散。这显然不是本文的悬置概念，我们借用的悬置概念与胡塞尔[1]为了追求纯粹，对前人的知识予以悬置后的自我辨明，从而在这样的方法中获得相应的"洞见"[2]品质，强化"洞见"能力相近似。以此达到将事物进行还原，用中立、存而不论的自然态度，对事物进行本真的纯粹研究。老子早就看到"能无疵乎"的经验和成见就像蒙在人们心灵上的灰尘一样，妨碍了人们对于真知的认识，[3]必须保持内心直观镜子的清洁。因此，老子主张"道"要"绝圣""绝学""弃智"，要"涤除玄览"。哲学层面的悬置是力求还原，而体育和民族体育的身体行为悬置则希冀进取。本研究的身体行为悬置与哲学中的悬置属性有一定关联，至少在存而不论方面是基本一致的，也存在着束之高阁，有意无意地忽略身体行为的属性。通过对胡塞尔方法论的分析，可以采借和推导出悬置是一种熟练运用某种方法的能力。本研究中悬置概念舍哲学悬置之还原，求民族体育的身体行为悬置之进取，重自如悬置专门技术之能力，以期塑生不为技术羁绊之本。所谓身体行为悬置，就是民族体育或者是体育中的身体行为以身体—意识态，专门技术达到了驾轻就熟、无需特别关注的自动化状态。身体行为悬置不仅反映技术完备、技能成熟程度，更是身体—意识高度自主、有效控制其行为的能力。当拥有这种控制能力的人，娴熟地运用身体行为去完成各种有较高难度的任务时，他们根本无需考虑如何运用身体行为，或者不用过虑身体行为会妨碍目标的实现，身体行为是实现各类目标的助力而非阻力。如同演讲时演讲人不会关注舌头如何运动，竞技比赛是没有运动员去思虑技术动作一样。只有达到这种状态和拥有这种能力，民族体育或者体育的身体行为就达到了竞技化水平。因此，竞技

---

[1] 张廷国. 胡塞尔现象学的方法论及其意义 [J]. 武汉大学学报（人文社会科学版），2000，53（1）：33-38.自然科学家一开始就视自然世界为他们所拥有的理所当然地就存在着的实在之物，进而研究实在之物的组成要素、法则、内容等。可是，哲学家相反，从一开始他们就要追问自然科学不假思索而视之为当然的认识的可能性问题。针对这些问题，胡塞尔通过现象学的视角进行研究，他用"悬置"和"加括号"来形象地表达现象学的还原，意思就是指把所有超越之物"悬置"起来，将它们置入"括号"之中。通过这种方法，达到的就是那些自身显现出来的东西或纯粹现象。

[2] 张廷国，何涛. 论胡塞尔的"洞见"概念 [J]. 哲学动态，2014（12）：52-57.

[3] 成龙. 对现象学还原方法的再分析 [J]. 青海社会科学，1995（1）：42-47. "悬置"一词的英文原文是epcohe，意指中止、存疑、审察等活动。也有人将其译为"悬搁""搁置"。现象学中的意思是放在一边不予理睬，或悬挂起来，不置可否。

化绝非局限于竞争、竞赛范畴，更延伸为表达主客合一的身体、意识状态以及精湛技术信手拈来的悬置能力范畴。

在不同的文化熏陶下，身体行为悬置的情况各不相同。胡塞尔在提出了悬置的概念后，发现世间绝对的悬置是不存在的，人毕竟在"生活世界"中生存，所以在生活世界中的人在看待世界的时候必然附带着相应的"视域"，[1]这种客观存在影响着人的身体行为悬置状态。在西方曾经主客两分的文化体系下，身体行为与主体存在着一定的分裂，难以作为有机体整体来悬置。但是，身体行为作为人们进行竞赛活动的手段，被人们高度重视，时刻没有离开人的视野，始终被作为改造的对象，身体行为日趋精细完善，并成为专业的独立体系，即使是身体行为不能与主体共同悬置，在主客两分的文化氛围中，自然形成的身体行为系统可以更加自由地独立悬置。中国的传统文化中固存着合一的意识，天与人、人与物、内与外、知与行等合一决定了人的主客合一倾向，身体行为复合地运用在社会活动中，很少专门地用于体育活动，在这种状态下，身体行为仅仅是人们实现对人教化的载体，身体不是主体首先关注的对象，身体行为缺乏必要的空间和氛围形成细化、特化的独立技术体系。如果需要独立、自由悬置的身体行为去完成特定的任务，还必须人为地进行身体行为的剥离，这对人的悬置能力是一种特殊的要求。不过，在忘我的追求主客合一的文化氛围中，身体行为跟随主体一同也相对容易被悬置。最为主要的是两种文化追求的终极目标大相径庭，西方竞技体育是以挖潜为主，中华民族体育则以养生为上，不同的目标对身体行为的利用明显不同。为了实现挖潜，竞争目标需要精湛的技术，必须练就高超的身体行为，并能够在特定时间段内随心所欲地保持高度的身体行为悬置，阶段性的悬置能力十分强大。养生是一个悠哉的、关乎生命的终生过程，虽无紧迫的时间限制，却有严谨的技术要求。为了完成养生，身心合一的民族体育需要必要的意向性控制，格外关注身体行为的悬置，比如庄子的"忘身""堕尔形体"。漫长的养生历程，缓慢的养生效应促使身体行为形成身心合一的终生悬置能力。这种文化再生产的差异可能是导致中国没有出现强势的竞技体育，致使中华民族传统体育缺少竞技成分的根源之一。反之，中华民族体育中身体行为的悬置类型和悬置能力是人类在追求健康中可共享的文明成就，毕竟竞技是少数群体的追求，健康则是大众的夙愿。无论如何，东西方

---

[1] 于淼. 现象学创造力研究的方法论解析 [D]. 辽宁：东北大学博士论文，2010：31-32.

的体育都是建立在身体行为基础上的人体文化，身体行为虽然受到文化影响表现出不同的悬置能力，基于无需过度控制的系列娴熟技术基础，身体行为都具备悬置的无限可能。

竞技化不能狭隘地理解为竞技体育中以不断挖掘人体潜能，超越人体极限所有效使用专门技能的能力。人类日常生活、生产中都存在竞技化倾向，只是没有用竞技化这个措词。比如厨师烹饪、司机的驾驶技术、工匠的手工技术等都有高低之分，具有竞技化水准的技术能够高效地烹饪出美味菜肴、平稳流畅地驾驶车辆、娴熟地打造精美的产品。竞技体育之中的竞技化，仅仅是体育文化中竞技化的一种凸显的身体行为。而在更加广泛的体育文化空间中，竞技化存在于各个形态和层面，即使是在游戏阶段，人类活动存在灵敏与笨拙的肢体活动，灵敏的肢体活动其竞技化程度要高于笨拙的肢体活动。在体育的竞力阶段，力大无穷与手无缚鸡之力的身体行为中，前者在竞技化方面拥有合理调动周身力量素质的能力。在体育的竞技阶段，体育运动各个项目的技术实力更取决于技术的精湛程度。在体育文化不断发展过程中，人类运用身体的能力不断地攀升，当到达体育的竞技阶段，竞技化已经进入超越对身体素质和身体技术的利用水平，向着综合熟练地运用身、心、群等多维能力的方向迈进。如果就一个具体的体育运动技术进行分析，发现在掌握这个技术的初期，虽然竞技化程度不高，但是肢体的活动开始向着合理动用神经、肌肉运动单位的方向发展。当技术进入到较为熟练的阶段，神经和肌肉的回路得以建立，身体行为逐渐表现出节能、高效的技能水平，拥有了完成具体任务的能力，表现为初级竞技化。当一项技术达到了自动化，实际上是身体行为进入到竞技化状态，有机体能够游刃有余地运用身体行为完成各种任务，实现各种目标。体育运动技术的技能形成中，人的竞技化状态各不相同，大体上来说是从关注技术动作走向充分运用技能。竞技化的过程实际上就是人将体育中身体行为不断悬置的能力演变过程。也就是说，人可以无意识或潜意识地利用身体行为的能力。有了身体行为的竞技化，具备了良好的悬置能力，身体行为才能拥有玩具、工具或器具的属性，人才能够借此将精力转移、集中于从事某种任务，完成特定的目标。比如人学会了骑自行车后，经历过技能形成的各个阶段，当骑车技术熟练后，人可以轻松自如地在骑行中交谈、观景。此刻骑车人已经将骑车的身体行为进行了悬置。

其实，悬置是一种美好的幻想，现实中根本无法做到纯粹的悬置。如果在实践活动中完全排除以往的经验、知识，那么人类的一切都需要从头开始。由于人们都会在观察事物的时候以某种经验和知识为前提，在这种前见、先知的作用下容易引起认知的偏差和羁绊，比如太阳中心说、天圆地方说。就必须通过悬置这种方式或者意识，减少各种干扰，以期达到尽可能深刻的体验和认知。

在民族体育中，通过精湛的竞技化技术，确保身体行为得到轻松、有效的悬置，以减少技术对目标完成的干扰，这是一个非常关键，却容易被忽视的民族体育文化延伸环节。

由于身体行为是由专门的技术构成，如何达到对民族体育的身体行为悬置，必须具备以下六个技术层面的条件，或者说欲求对民族体育进行竞技化身体行为延伸，必须在以下六个技术层面进行完善和拓展。

第一，民族体育的技术熟练程度。

技术的熟练程度是基础，只有民族体育技术达到了应有的熟练程度，肢体活动才有可能转化成身体行为。从体育运动技能形成的理论中可以看到，粗略掌握阶段，人体的肌肉群大多都处在紧张状态，导致不该收缩的肌群也在做工，反而影响着技术的掌握，技术处在随意性较强的肢体活动阶段。此刻人的注意力主要集中在技术动作上，难以将技术动作所承担的主旨任务和目标置于应有的地位。因此，对生命塑造等任务和目标在这个阶段是无法实现的。只有当技能形成达到了熟练阶段，技术动作自动化后，人的意识才能开始发挥对技术动作的作用，肢体活动在人的意识作用下，逐步成为具备特定能量代谢水平，能够完成具体任务的工具或载体的身体行为。在这个过程中，有机体在有机体算法作用下，产生一系列的内在电生化改变。其中精神肌肉接点的神经递质的释放量达到定量化、运动单位的数量特定化、骨骼肌的运动肌丝的横桥数量趋于稳定、通气量、心率、每搏输出量、血压、血红蛋白载氧量等均达到自动量化程度。恰如人类经过了漫长的行走经历，铸造了人的无意识自动行走能力。在这种熟练得不能再熟练的行走中，人可以随心所欲地进行各种其他活动，行走动作不会产生任何阻碍。熟练的身体行为达到了高度的自动化，即使是有额外干扰也不会严重地限制自动化程度。2018年世界杯巴西对阵哥斯达黎加中，面临着巨大压力、对手严密围堵下的内马尔在对方角球区巧用高超的"彩虹过人"技法便是佐证。长期以往，这样的身体行为有机地构成了有机体行为体系的储备成分，一旦遇到类似任务，这种身体行为便会自动地运行，无需运用意识的力量去集中注意力、协调技术动作、动员机体机能。比如武术讲求拳练千遍身法自如，的确熟能生巧，当习武者达到了这个水平，出神入化的技术成为表达和再现演练者特有意境、特定目标的身体行为。人运用身体行为完成任务的过程需要熟练的技术，人运用身体延伸工具的行为更依赖于熟练的技术。猎鹰中鹰与人的和谐程度，很大程度上依赖于猎鹰人的技术熟练程度，只有在相当熟练的操作中，鹰才能成为猎鹰人的工具。而且鹰也会看人下菜碟，强悍且娴熟的猎鹰人能够驾驭之，懦弱并笨拙的猎鹰人反而被鹰所虐。甘肃特有的保安夺腰刀，在游戏过程中藏刀、传刀、夺刀的技术必须娴熟，动作稍有迟滞，锋利的腰刀就会伤及自己或者对手。也只有在熟练的技术保障下，才会体验到游戏的乐趣。

  民族体育技术不仅受到长期习练的影响逐步熟练，还得益于地域民风、民俗的规训而不得不熟练。如果说技术本身的熟练程度是内在因素，那么，民风和民俗的影响则属于外部因素，这是不容忽视的。因为这种因素是一种位于支配地位的权力，它能够从暗中"凝视"着所有的民众，民众在它的凝视中从不自觉到自觉地遵循着其意向。这就是福柯在《规训与惩罚》中提及的具有俯视一切，环顾一切的无形权力，"这是一种谦恭而多疑的权力，是一种静心计算的、持久的运行机制……它们正在逐渐侵蚀那些重大形式，改变后者的机制，实施自己的程序。[1]"这种权力以无声润物方式影响民众的意识和行为，身体成为社会和文化的再现体，也就是哲人们常说的是社会结构、社会秩序和文化意向的身体化。比如现实中每每出现的"当代女性身体塑造技术（如美容手术）同古代的女性缠足作对比，其结论是，这种父权制的身体监控技术，从古至今具有一种连续性，只不过从缠足的迫害最终过渡到对身体直接的裁剪。[2]"如今男性也加入到了形塑的队伍，福柯他老人家会更加自豪地认为，他的"凝视规训"不仅局限在女性，而是整个人类。这是一种社会时尚、社会规范、审美意识的力量。在民族地区，能歌善舞的民风和民俗是一种弥散、强大的权力，是一种超越福柯认为的父权制权力的社会力量，这种力量实则是社会规范，要求民众必须按照这种规范行事，而且在这种民风和民俗中还伴有仪式的推波助澜，其中包括强大的宗教仪式对民众产生强烈的规范要求，

---

[1] 米歇尔·福柯. 规训与惩罚 [M]. 刘北城，等，译. 北京：生活·读书·新知三联书店，1999：193.
[2] 董金平. 规训的身体、符号的身体、资本的身体 [J]. 山东社会科学，2016（9）：56-62.

民众必须掌握能够参与仪式活动的技术，同时要娴熟地运用这种技术。这就使得民族地区几乎是全民都能比较熟练地从事某项仪式程序中的体育项目，比如裕固族祭鄂博的赛马技术。随着这些项目技术的独立，体育活动构成了民众日常生活内容。

第二，民族体育的技术精细程度。

人类的身体是一个分工细致的系统，各个器官各司其责，彼此有序协调方能完成复杂任务。同一器官也具备不同的功用，由此决定了技术分工的细化。视觉器官的"看"得到了具体存在的感知，"观"则完成对抽象存在的认识。在中国和合文化影响下，"看"与"观"须整合为视觉认知，力求"观乎天文，以察时变；观乎人文，以化成天下。"宏大的目标仅依托于单一器官显然不足以完成其使命，必须紧密协调各器官，特别需要用"心"，形成身心合一，以便于形成整体、细致的全息体验和认知，引发全身心的创造力。

民族体育技术的精细程度决定着民族体育技术体系状态。在民族体育尚处在游戏或者是随意的肢体活动阶段，民族体育没有稳定的技术体系可言。这个时期的活动更多的是依靠人们生产或生活的机能来实现娱乐、交往、健身和较量。此刻的肢体活动则是人生命冲动的使然，生命冲动作为原动力，并没有明确的指向性，相应的肢体活动表现出一定的盲目性。所以，民族体育没有能够很好地传承与此有着直接的关联。只有在民族体育技术开始逐步精细发展的过程中，才出现了相应的技术，技术的指向性带动了身体行为的方向性。当这些精细的技术经过分化、特化，组合、聚合，形成了对应的技术体系。比如摔跤技术从推搡到绊拉，前者是以力量的大小来实现推倒对手的目的，而后者则加入了下肢的阻挡与上肢拉拽，以及周身协调发力的技术，更容易使对手失去平衡，从而形成了成熟的摔跤技术体系。掌握这种精细程度较高技术体系的选手，能够应付各种对手。反之，一个力量型的选手，面对技术型对手，他未必能够占多大优势，总会感觉有力使不上。精细技术体系在当代摔跤中所占的比重越来越重要，比如汲取了大量民族跤法的自由跤中的5分分值技术，一般是大幅度使用有效的合、捞、踢、躺、靠、鳖、掏、耙、勾、豁、揣、勾、别、踢、叉、涮、拧、挂、撅、错、披等精细组合使对手直接处于危险状态。由此，摔跤技术逐步积累下形成稳定的技术体系。每个民族都在长期的精细技术凝练中形成了自身的摔跤技术体系，众多民族的摔跤方式和方法都是摔跤技术体系的有机构成。当技术发展到一定的精细程度后，技术动作更容易内化、固化、充实身体行为，人熟练地掌握了这种精细技术后，精细技术体系作为一个整体反而演变成为一种简单技术，这种简单技术体系容易一触即发，所谓会者不难，难者不会。相对于单一的简单技术，以及多元的复杂技术，这种技术体系容易被统一轻松地唤醒，遇到恰当的时机，身体行为作为资源库可以轻松地从中选取对应的技术去完成任务。精细技术建立在特定的、准确的神经肌肉回路基础之上，从意识指令的发出到实际行为的产生虽然有必要的时间，但是这种时间会依技术精细程度的提升而缩短，通常意识与行为之间存在约500毫秒的传递时间，那么在精细技术的运动中，则会降低到350毫秒甚至更短。神经系统结构在本质上是统一的，整体性的决策过程支配了人的行为[1]。短暂的间隔减少了身体行为的意识启动时间，意识和行为出现融合，呈现出一体化趋势，决策一旦出现，便以具体的行为实施之，人们此刻尚未感知到意识的存在。而且，精细的体系化行为过程无需额外的意识参与，身体和意识已达融合状态，这种处于悬置状态的自动化身体行为，似乎不用思虑，实际上思虑是在后台实实在在地运行着，意识这种反映系列行为等客观实在的系统认知结果和对客观实在的阐释机制总是默默奉献着，这种思想和机制表现出强和弱、显与隐等特征，不表现不等于不存在。只有在人的行为出现难以应对的情况时，意识方才显现出强大的作用。在大量的、系统的精细技术体系储备下的民族体育身体行为，可以有效地应对各种需要，无需意识的明显介入，身体行为便很容易转为悬置状态，当这种能力得到有效运用时，人就可以把精力集中于目标之上。

第三，民族体育的技术节能程度。

人类发展中，借助有机体和各种工具实现了对体能的节约，这种节能行为使得人类免除生存和享受等本身固有的危机，可以将有限的精力投入到更广泛的发展领域。

"进化学家提出了'节俭基因'学说。该学说认为：在进化的绝大部分时段，人类都始终面临着食物匮乏的巨大压力，如何化解这一压力是人类进化过程中长期面临的问题。为了生存和繁衍，人类一方面进行大量必需的体力活动以获取足够能量，另一方面会尽量减少不必要的体力活动以节约能耗。同时，

---

[1] 费多益. 意识自由的心灵根基[J]. 中国社会科学，2015（12）：51-68.

人类基因也在进化过程中向便于储存能量和节约能耗的方向演变，这些基因主要影响着能量的代谢与分配，如瘦素（Leptin）、过氧化物酶体增殖物激活受体家族（PPARs）、胃饥饿素（Ghrelin）等。在自然选择的作用下，人类的节俭型能量分配体系被逐渐强化，增强了应对食物匮乏的能力，提高了个体的生存和繁衍几率。即使是在人类进入工业社会后，食物短缺问题得到了基本解决，体力的消耗不断降低。然而，人类基因上没有在极短时间内发生改变。人类生物进化速度非常缓慢，研究显示，人类从黑猩猩物种分离后，基因相似度仍高达99%，现代人类与旧石器时期祖先的基因差异仅为2/10000。因此，进化学家认为，人类的基因组合还停留在石器时代，机体依然延续着与'节俭基因'相匹配的能量分配体系。"[1]

在某种角度看，生命是一种有限的、不可再生的能源。为了延续和提高生命质量，就必须时刻注意进行生命节能。尤其是在高耗能的体育活动中，节约有限的能量，可以帮助人们提高工作效率、提高生活质量、延长健康寿命。在这个过程中，肢体活动向身体行为的转化便是一种节能方式，这样的转变，将无效的活动成分降低到最低程度，并使用针对性强、熟练程度高的身体行为实施强身健体，或者是提高运动能力。

在体育不同的形态中，竞力阶段节能水平十分有限，而民族体育很多的项目技术尚处在竞力阶段；竞技阶段拥有较高的节能水平，民族体育中仅有少数的项目技术达到了这种状态；竞艺阶段则是一种更为节能的身体行为阶段，民族体育中有部分项目已经发展到这种程度；未来的竞智体育更加需要人类对智力与体力能耗的合理分配，特别脑力活动的耗能一点也不比肌肉活动的耗能低，未来的竞智体育还将附加脑力的耗能，势必对能耗提出更高的要求，因此节能始终是体育追求的目标。从体育形态的演化中可以看出，体育和民族体育有一种不断提高节能程度的趋势。实现这种节能机制的关键是竞技化。其中，项目结构的改变是一个节能途径，凸显民族体育项目的生命塑造指向性，将高强度体能消耗的追逐人体潜能项目改造为低耗能的有氧养生运动项目乃为大势所趋。技术的改进、改造是节能方式的重要环节，无论是何种项目，均可加以改造，

---

[1] 向剑锋. 进化视角下基于生命史理论的体力活动行为机制分析 [J]. 中国体育科技，2017，53（6）：3-11.

使之延伸为生命塑造的技术,只要是将技术不断规范、不断简约、不断优化就可以通过合理的技术结构,以及熟练后的竞技化技术完成任务。

在现代工业生产中,伺服运动系统是非常重要的辅助设备,被广泛应用,常见的应用包括机床、机器人、吊车设备中伺服装置等,而在这些装置中为减小伺服运动系统耗能的节能机制始终是最为重要的环节。人体也存在伺服运动系统,比如维持人体生理机能必要的血压、心率、通气量、体温等,那么如何进行节能,人体通过身体机能减退、疲劳、睡眠等消极方式进行被动节能。而经过系统训练的运动员会出现专业特征的较低血压、心率、通气量、体温等所谓"运动员身体",这种方式能够达到主动积极节能的效果。达到这种积极节能的机制很少会被人研究,特别是身体行为在其中所发挥的作用难以被人们所关注,也就是说身体行为处于悬置状态。在健身活动,民众通过有效、规律、长期的体育活动可以在一定程度上达到或接近"运动员身体"状态,使身体行为有意处于悬置状态,帮助人们专心从事健身等活动。娴熟、精细的太极运动、气功、瑜伽等技术在此方面表现突出。在民族体育延伸中,对项目内容进行有针对性的改造,使之成为能够有效降低体能消耗的运动,那么这样的内容会对人类的健康提供有益的服务。在甘肃特有民族体育项目中,拔腰是一项较摔跤更为有意义的可延伸项目,这项运动不仅仅是有效地避免倒地容易造成的损伤,更主要是其在掌握技术动作的不同阶段,都能够在竞争较量中以比摔跤更节能的方式,同样提高有机体的协调、灵敏、力量、心肺等机能。

第四,民族体育的技术专门程度。

为了记录人类知识和经验而创造了文字,当文字成为专有工具时,文字被悬置,文字的信息传播和传承功能成为人类关注的对象,至此人类的文化才真正地得到了有效传承和良性发展。体育源自人类生产和生活诸多领域,当体育从这些寄生体中剥离出来之后,逐步演变成为体育文化,发挥着体育特有的功能。体育成为独立体系经历着寄生要素的脱变、技术体系的建立、技术动作的指向变异、技术动作的非生产性转向、专门技术的竞技化等漫长的过程。成型后的任何一项体育技术都难以在生产中发挥直接作用,能够成为生产手段的技术不再是体育技术,这是体育技术的排他性表现。在所有的体育运动技术结构中,体育人的主体性,以及体育技术所施加作用的对象性决定着专门的竞技化技术是体育自身体系的重要特征。

体育中专门的竞技化技术存在着层次差异,这是不同体育形态的要求使然。

比如，竞技体育中短跑技术的步幅、步频和摆臂等动作达到高度的针对性，成为充分挖掘人体潜能的专门技术，只有达到或接近这种专门程度，才能实现人类对百米速度极限的挑战。在健身活动中，跑步的步幅、步频和摆臂只需能够维持整个跑进中的有氧水平，就达到了该类专门活动的竞技化程度。竞技化虽然存在着多种形态和层次，但是只有在技术动作专门程度不断提高，技术动作的目标指向性达到特定方向的时刻，这种专门的技术才能成为较高层次的竞技化技术。一个专门的技术在特定任务中发挥最大功效的状态下，技术的竞技化程度最佳。竞技体育中的短跑技术，以著名短跑运动员博尔特为例，他的步幅约 2.7 米，步频大约 4.4 步/秒，欲在竞技体育中获得更好成绩的运动员必须达到这个程度才具有竞争力。然而常人难以达到这个专业水平，也不需要这种竞技状态。不过在健身跑中，步幅的大小和步频的快慢也需要保持相对稳定的竞技状态，只是需要运用能够达到增强体质和愉悦身心的技术即可。一味提高跑速，则会出现间歇性的无氧状态，制约有氧运动，不利于心肺功能提升。盲目提高跑速，必然加大步幅，增加腾空高度，下肢伸直，脚落地的力度变大，从而降低保护膝关节的肌肉缓冲力。大步幅落地的冲击力传递到半月板、臀部和脊椎，会大大增加受伤的风险，自然会影响健身效果。因此，不论是竞技，还是健身，都需要专门的竞技化技术。不同目的的专门竞技化技术，可悬置运动中的具体技术细节，只需向着目标奋进即可。跑步是体育活动最常见，也是最简单的运动形式。那么其他民族体育项目也遵循着这个简单、朴素的技术延伸规律。特定的身体行为，有机体不仅分泌适量的多巴胺（dopamine）、内啡肽（endorphin）等激素，引发相应的神经和肌肉镜像式参与，构成配套的生理机制实现技术稳定、准确的链接，技术产生高度的自动化，客体的身体行为被轻易悬置，在缄默中默默地奉献着，目标进入习练主体关注的对象"辖域"（德勒兹语）范围。而且，有机体在运动中将承载着个人需要与价值的身体与行为目标准确地衔接起来，达到身心嵌合状态，以"我能"（梅洛·庞蒂语）情结充分满足人的欲念，实现着自我，显现出身体的价值。在这种专门机制作用下，身体行为的悬置与特定目标的达成，实现了缄默与显现的身体之主客平衡、融通，[1]从而延伸出一系列连锁效应：专门的技术、产生专门的身体体验、形成专门的身体认知、衍生专门的身体创造、完成专门的文化任务。

---

[1] 张震. 身体的诠释 [J]. 体育与科学，2017，38（6）：16-21.

从目前依然流传于民间的民族体育项目内容来看，大凡是具备专门竞技化技术的项目，大多保留下来，如甘肃特有民族中赛马、摔跤、拔腰、射箭、赛骆驼、拉爬牛、顶杠子等。而缺乏竞技化的肢体活动多数内容被淘汰，游戏类的民族体育活动内容首当其冲，如甘肃特有民族曾经喜闻乐见的围和尚、踢羊毛毽早已日薄西山。西方的民族体育在演进中同样经历了将体育技术进行专门化的凝练过程，这种改造使其民族体育转变为竞技体育，适应了社会文化发展。可以推论，有了非生产性的、专门的竞技化技术，人们会娴熟地运用之顺应生命冲动，有效地实现生命塑造，这种易被悬置的专门竞技化技术决定着民族体育向着符合社会文化发展潮流方向延伸。

第五，民族体育的技术记忆程度。

人类文化的传播和传承依托于人的各种记忆，民族体育的传播和传承则明显地依赖于身体记忆。

人的身体记忆可以分成大脑记忆和肌肉记忆两个大的部分。在民族体育中，不仅需要大脑记忆，更多的是依赖于肌肉记忆，特别是达到持久肌肉记忆的竞技化技术。民族体育技术动作的掌握，以及运动技能的形成过程实际上是一种肌肉记忆的过程。肌肉记忆是一种神经肌肉回路构建的过程，其中包含着一系列的生理活动，当这种生理活动相对稳定后，便产生一种条件反射，表现为技术动作的身体记忆。民族体育活动中，项目多是以运动形式出现，这种运动形式在不断的反复中，逐步形成了相对稳定的技术，表现为个体的身体记忆。在民族体育同类的项目活动中，必须存在掌握相同技术的对手才能够进行相应的游戏、竞技，这种互动性要求互动的对手必须拥有相同的技术，形成相应的身体记忆，有了具备相同身体记忆的众多个体，对抗、较量、竞争才能够成立。当这种互动性进一步地扩充，特别是在集体项目中，技术的互动性得到更广泛的传播，专门技术诱导、吸引着更广泛的人群掌握和拥有这种肌肉记忆。至此，民族体育个体的肌肉记忆扩充到了群体记忆中，并逐步转化为集体记忆。尤其是在相对封闭的地域，民俗民风很大程度上帮助着民族体育形成集体记忆。在这样的地域中，个体如果没有或者缺乏这类肌肉记忆，他将失去互动、认同的机会。富有多种肌肉记忆能力的人是这类地域的活跃分子，他们拥有良好的人际关系，甚至成为族群的英雄或楷模。蒙古族的男儿三艺作为蒙古族人的集体记忆，是每个蒙古族男人必须具备的肌肉记忆。这种现象在甘肃的裕固族也表现得非常充分，骑马、射箭、摔跤成为裕固族人人际交往的重要手段，自然是他们的集体记忆。

根据朱葆伟的逻辑:"知识只有是主体间可交流的,而且仅当它为社会所承认、接纳从而汇入人类知识库时,才成其为完全意义上的知识。[1]"拥有身体记忆的民族体育,是主体间最容易交流的语言,当它为能歌善舞的、擅长身体符号的社会所承认、接纳,汇入其文化的身体记忆库时,方成其为完全意义上的民族体育技术的肌肉记忆。在这里,将肌肉记忆置换知识是基于人类的知识是以大脑中形成的系列记忆所产生的系统思想理论,而人类的肌肉记忆则是竞技化程度较高的、具有很强稳定性的系统身体行为,两者具有相同的结构,相似的功能,相同的逻辑关系,因此这两种概念可以相互地置换。而且,身体记忆所形成的身体行为也是人类知识中的一种表现形式,可以称之为身体知识。更重要的是充当主体间交流载体的具有身体记忆的民族体育身体行为,在民族地区具备相当高的认同率,是民族身份认同的符码之一,是民族地区身体知识库中的重要库存资源。

仅仅依靠个体的记忆力量,难以完成传统文化的传递,需要更广泛的群体介入文化信息的传递,因此集体记忆便成为文化传播和传承的关键。关于集体记忆,心理学家的观点倾向于所有群体成员共享的记忆,主要来自于群体成员对过去的历史的共同回忆。社会学家则强调集体记忆是"对历史和纪念象征的过去事件的一种表征。"[2]前者阐明了集体记忆的形成机理,而后者强调的是集体记忆的结果。从上述论断中可以看出集体记忆是建立在个体记忆基础上的群体成员共同的回忆,个体的记忆是集体记忆的根基。目前,关于人体记忆转化为集体记忆的理论主要有三种,一是社会网络理论,二是传染理论,三是分布认知理论。[3]这三种理论交织在一起共同发挥着个体记忆向集体记忆转化的作用。作为社会网络中的个体,通过的个体不断地社会化,将日常生活中的点滴活动、节令庆典、风俗习惯等不断体验、认知、积淀各种记忆片段,相互传播、碰撞、感染、融合,尤其是一些热点记忆的快速扩布,最终汇聚成广大成员共同认可的共同回忆,并逐步形成具有标志性的表征,诸如物化的仪式、庆典、建筑、文字、艺术、民俗、行为等。而集体记忆则通过个体记忆实现对

---

[1] 朱葆伟,李继宗. 交往·主体间性·客观性[J]. 哲学研究,1992(2):19-28.

[2] Schwartz B. Abraham Lincoln and the Forge of National Memory[M]. Chicago:University of Chicago Press,2002.

[3] 麻国庆. 记忆的多次性与中华民族共同体认同[J]. 民族研究,2017(6):47-57.

历史和文化的回忆，保障集体记忆的传承。在个体记忆向着集体记忆转化的过程中，人类对动态符号的转化最为直接，其次是抽象的符号转化。比如，能歌善舞的民族文化中，形象、生动的身体行为表现突出。其中，体育成为每个民族文化中最为耀眼的"活态"记忆载体。甘肃特有民族中，无论是东乡族、保安族，还是裕固族，民族体育广泛地渗透于民风民俗场域中，裕固族人在传统的婚礼中依然有新郎向新娘射吉祥好合之箭，祭鄂博中赛马乃是不可缺少的仪式构成。从中看到，在民族体育集体记忆的场效应中，悬置肌肉记忆，民族体育完成了扮演更广泛的社会、文化角色。

然而，人类的各种记忆会出现以下情况阻碍集体记忆的延续：

"有历史研究者指出，这种交往记忆的传承一般是在三到四代人中延续，40年是一个重要门槛，80年是一个边界值。从"交往记忆"传承来看，超过了80年的上限，就会进入到扬·阿斯曼（Jan Assmann）所说的"文化记忆"的状态，即哈布瓦赫（Halbwachs）所谓的脱离了社会交往与日常生活而变成一种正典化、纪念性的内容。"[1]

这些制约因素的确对人类的记忆产生不小的影响。但是，人类除了使用正典化、纪念性的文化记忆方式来完成记忆的传承之外，还有能够发挥重要作用的身体记忆。这种记忆方式可以在人的有机体中产生印记，比如身体记忆，甚至在基因中留下痕迹，类似于"节俭基因"。这些方式有效地克服了记忆的时限，有机构成人类历史和文化。"凡是曾经有记忆的地方，就该有历史。"[2]在人类历史上，体育之所以成为可传承的集体记忆，其根本在于人类具备生命冲动驱使下的身体行为，身体行为在满足了基本的生命冲动之后，便开始向着更广泛、更深入的生命质量、生命价值方向发展，这是人类普遍的需求。生命塑造是保障生命质量，实现生命价值的基础，体育的身体行为则对生命塑造发挥着不可替代的积极作用。身体记忆能够通过集体记忆轻易地转化为被广泛认同、使用的文化记忆，在梅洛·庞蒂看来，身体是具体的自我所能够看见的表

---

[1] 唐忠毛. 记忆理论视野中的文化传承问题 [J]. 南京大学学报：哲学·人文科学·社会科学，2017 (6)：63-69.
[2] 哈拉尔德·韦尔策. 社会记忆：历史、回忆、传承 [M]. 季斌，等，译. 北京：北京大学出版社，2007：69.

现，身体与文化记忆类似于自己的右手触摸左手，都是主客合一的身体记忆，因此相互的转化易如反掌。因此，体育身体行为很容易成为人类集体记忆流动、连贯、延续的文化载体。当这种集体记忆成为社会的正典仪式，以无形的权力，无声无息地"凝视"着人们，民众自觉不自觉地被规训，犹如福柯所言："完美的规训机构应能使一切都一目了然。中心点应该既是照亮一切的光源，又是一切需要被了解的事情的汇聚点，应该是一只洞察一切的眼睛，又是一个所有目光都转向这里的中心。"[1] 类似这种"机构"的集体记忆，日久天长之后被民众认同，成为人体文化、典庆文化、习俗文化的重要构成，进而演变为能够长久传承的文化记忆。

但是，民族体育的身体行为并非人人参与、人人拥有的身体行为。换言之，这类肌肉记忆尚未达到充分的集体记忆程度，尚处于个体肌肉记忆阶段。只有在一个族群中，有相当比重的人群拥有了这种肌肉记忆，成为集体记忆后，民族体育才能拥有真正的传播和传承力。那么，对民族体育的技术进行肌肉记忆的转化是当务之急，民族体育的普及与提高必须作为国家意志、国家文化政策的重要组成部分。对于民众而言，从自身的利益出发，也必须自觉地通过有效的践行将这种肌肉记忆有效地转化为集体记忆。

第六，民族体育的技术符号程度。

民族体育技术作为符号的基本要素，在不断地积累和完善中促进着身体行为的抽象表征，当身体行为中技术结构、技术含量达到一定程度时，身体行为最终表现为一个符号。

符号为人类发明、创造和使用，卡西尔称之为使用符号的动物。人类拥有十分丰富的符号，然而不是所有的符号都有意义，特别是绝非全部符号都拥有价值。只有对人类的文化、文明产生重要影响的符号才是永恒价值的符号。在这些符号中，人类所创造的动态身体符号——体育是一种始终伴随人类的符号，具有永恒的价值。

文化事项的符号化是文化发展的必然走向。在民族体育发展过程中，从具体的身体实践活动向抽象的人体符号转化，是一个文化事项运行规律的具体表现。比如中华武术成为中华民族文化的名片、瑜伽成为印度民族文化的象征、相扑成为日本民族文化的符码等。在这种技术向符号的转化中，需要一个系统

---

[1] 米歇尔·福柯. 规训与惩罚 [M]. 刘北城, 等, 译. 北京: 生活·读书·新知三联书店, 1999: 197.

作为基础。民族体育文化中的技术绝非具体的技术,只有超越,或悬置了具体的技术,内含了文化要素的讯息,才能作为一个民族文化的代表。在民族体育中也并不是所有的技术都能够升华为抽象的符号,只有具有体系的、成熟的、稳定的技术才能被抽象。如同滴水难成湖、孤木难成林的道理一样。辩证的"白马非马"推理中可以看出,个性虽为共性基础,然个性不能代表共性,只有无数的个性汇聚为共性的事项才能代表事项的本质,抽象出相应的概念。从民族体育的现实情况来看,武术这个符号具有众多的习武群体、庞大的技术体系、纷繁的兵器结构、相关的理论基础,在这样的系统中武术符码拥有了大量的素材可供抽象,最终汇聚形成武术符号。

李斯卡根据皮尔斯的观点认为,人类所发明创造出来的种种符号具有明确的意义和目的性:

"一个符号的全部目的就在于它可以被另一个符号所解释,而这种目的则存在于那种可以(把意义)告知给解释项的特殊品格中。当一种符号在另一种符号之中决定了一个有关它自身的解释项时,它会产生与自身无关的效力。"[1]

在实现符号特有意义、目的阶段,一个符号被解释项所解释,符号不仅具有了意义,而且这个符号产生了悬置自身从而实现了更高的价值。诚如中华武术的技术只有演进成为民族体育文化符号,它才拥有代表中华民族文化的价值。武术经历了这样的过程,从萌生阶段的实战技术、发育过程的技击技术,到成熟阶段的文化技术,一点点地在被解释,一点点地远离了具体的搏击技术,从而获得了中华文明的意义内涵。在甘肃特有民族体育中,同样具有这样的项目,比如保安夺腰刀,从起初传说中师傅收徒的考验内容,逐步衍生为健身娱乐技术,从锋利的尖刀到象征的道具,传统的大马士革制刀技术被悬置,夺腰刀被赋予了勇敢、顽强、机敏、好强、执著等意义。不然,武术、夺腰刀等民族体育项目仅仅是一种单纯的技术体系,无法实现更高层面的代表。

这种目的性决定了文化事项必须向着符号层面演进,如果没有这种演进,其自身的价值将逐步泯灭。因此,在民族体育文化发展历程中,其技术体系在

---

[1] 皮尔斯. 皮尔斯:论符号 李斯卡:皮尔斯符号学导论[M]. 赵星植,译. 成都:四川大学出版社,2014:266.

自觉和不自觉地向着符号的方向演进着。这种演进过程本身就是一种从具体到抽象的过程。简单地说，民族体育的技术都有技术名称，这些技术名称在一定程度上就是一种符号。这些技术名称从发端阶段的混乱到成熟阶段的精细和专用，经历着不断归纳、凝练具有符号属性的漫长过程，瑞典基律纳市的萨默斯语曾经有500个单词用来解释"雪"，还有几千个表示"驯鹿"的单词。[1] 这种表现，一说明人类创造符号的能力，二说明人类对符号涵盖和归纳需要一定的时间。一个事项名称的准确程度在很大程度上是符号化程度的具体表现，只有当名副其实的符号出现后，这个事项达到了一定成熟状态，符合了荀子的"正名"态。比如，武术中有很多技术名称，如翻子拳十八势中的"蛤螺出势上九霄，地雷翻滚人难逃。飞剪落地五变手，李白醉酒卧中妙。"很难让习练者明白具体的技术动作规范。除非已经掌握了这种技术后，才能够理解其中具体的指称。当翻子拳进入到当代的传授中，逐步使用了较为准确的技术规范"阴手打鼻梁，阳手打胸膛，戳手千斤坠，坚手似柱梁，更手摘僧帽，中手滚肋膛，撮手能抬土，坠手能开花"。当代的习武人对翻子拳的演练水平已经远远超越了前人的水准，这种超越无不与规范、准确的符号普遍运用有关。

这恰恰是符号生成和身体回归的必然过程。擅用一分为三的皮尔斯在分析符号时，可能因为他高度认可老子的三生万物的道理，他将符号分为再现体、对象和解释项等构件。三分符号不再局限于索绪尔能指和所指的狭隘空间，在符号产生意义的过程中经历了三个阶段，第一阶段是显现性，第二阶段是接受者解释感知，第三阶段是判断感知对象的一般特征，三个阶段克服了二元思维的禁锢结构，使得符号真正成为"无限衍义"的，能够充分表达意义，多渠道地探索和寻求真相的人类文化特质。符号所具备的文化特质，皮尔斯用一个红色进行了生动的说明，红色在黑暗中人们依然感知它是红色的，不因为在光线不同的环境中红色物体的实际表现来左右人们对红色符号的认识，这是人对颜色的光谱认知后的解释和判断。人在符号的作用下，将具体的环境和事项进行了悬置，而依托于符号所蕴含的品质进行认知，这种悬置具体的符号品质决定了人拥有了认知、辨识能力，以及富有赋予文化内涵的能力。

---

[1] 拉里·A.萨摩瓦，理查德·E.波特.跨文化传播[M]. 闵惠泉，等，译. 北京：中国人民大学出版社，2004：172.

在色彩斑斓的人类文化中，颜色早已在不同的文化中被赋予了不同的含义，红色是中国文化青睐的喜庆色，白色则在西方被赋予了纯洁的象征。同样是在婚礼中，不同文化选择不同颜色的象征意义来装饰婚礼场域。如果颜色符号仅仅是单一色彩的再现，没有悬置色彩这个对象，色彩必将难以渗透到广泛的解释成分中，符号难以拥有更广泛的现实意义。符号在"符号过程"中，"它是一种活动（action）或一种影响（influence），是一个包含三个主要构件——符号、符号的对象、符号的解释——的合作过程（cooperation）。"[1]如同风向标仅仅是风向的符号，不能以此指称其他一样。符号就是一种对客观存在（对象）进行了解释、再现和创造的代码。符号的对象不会仅仅有一个，会有许多个对象共存。这个符号是构建在多元，至少是三元融合的基础上而形成的，融合的过程就必须消除每个构件的独立封闭性，开放自身系统，方能实现融合。在这种情况下，悬置在其中承担着重要的角色，以便于消除或减弱其影响，而且悬置并不消除构件的存在，类似于德勒兹提出的"无器官的身体"一样，只是将其空间腾出来，或类似于保障计算机尽可能扩大内存，以便使数据运算畅通无阻。这样方可让其他构件，特别是解释项进入到整个符号系统中实现符号过程的赋义与表义——"型符"，符号才会真正拥有意义，由此看来对象是可以被悬置的主要构件。自由女神实际上是悬置了具体人物对象，这个塑像难以再现现实中任何人的形象，而塑像并没有因为无法生动、逼真地再现具象的人物而影响其文化的解释。在皮尔斯[2]看来，符号是不断演进的，比如符号需要有对象，但是可以跳过对象，甚至可以创造对象，正是由于符号的这种特征，符号是人类文明的重要表现形式之一。如果符号仅仅是解释和再现功能，那么符号将很快失去其应有的作用和价值，符号的存在更为关键的是符号具有创造的能力。在人类文明的成果中，鲜活的民族体育中技术动作是一种指示符码，有明确的对象，其代表的意义十分具体和狭隘；身体行为是人体艺术符码，实际的技术对象被跳过，或者是重

---

[1] 皮尔斯.皮尔斯：论符号 李斯卡：皮尔斯符号学导论［M］.赵星植，译.成都：四川大学出版社，2014.34.

[2] 皮尔斯在其符号的三个三分法分类理论中认为，第一种分类中有质符、单符、型符。型符是作为符号的一种法则（law）。这种法则常常是由人确立起来的。每一个规约符号（conventional sign）都是型符（但反过来则不一定）。它不是一个单独的对象，而是一种一般的类型。这种类型需经过人们的同意，它才有意义。

塑，从而获得了丰富的意义；而竞技化则是设计符码，其技术对象的所指和能指都被更充分地悬置，竞技化身体行为指向了更根本的生命创造性。民族体育技术只有到达身体行为竞技化的程度，才能成为具有创造能力的符号，符号此刻囊括着民族体育技术对象的各具体细节，使竞技化身体行为在特定文化解释下成为生命塑造全过程的再现体。具备了符号属性的竞技化身体行为，即使身体消亡，其符号也会永存，这是保障民族体育文化传统传承的根本所在。根据梅洛·庞蒂的观点"身体是一个有意向性的主体，是符号的原初发送者，符号由身体延伸开去构成延伸符号，所以符号必带有身体性。"[1] 通过一个符号，可以轻松地而且在其创造性表现中体现符号过程，唤起身体行为的记忆，该过程并非忽视身体行为，恰恰能够将人的意识更全面地回归身体，有效地指导身体行为，使得身体行为更富有创造价值。悬置了技术对象后的民族体育身体行为，在德、义、礼等符号作用下，具有极强的身体行为约束力，使之向着身心兼修的方向发展，克服了主客两分的身体行为失魂弊端，充分地显示了中华民族体育文化德技双馨的强大魅力。

从前述的分析中可以看出，符号是身体行为竞技化的强化剂，通过对符号对象的必要悬置，可以帮助具体、繁琐的身体行为走向简洁、步入统摄、发挥引领状态，使得身体行为具备去繁就简、规范统一、内涵充实的能力，以便于促使其完成更广泛的任务。符号化的身体行为是符号对身体行为的构建，最终形成身体行为符号化是身体行为的归宿。

技术的熟练、精细、节能程度有机体可自然衍生，技术的专门、记忆与符号状况则须人为延伸，两者有机融合，构建和完善着身体行为的竞技化。涤除制约影响，化育生成元素，构建、彰显竞技化身体行为是民族体育延伸的重要途径。民族体育中的武术、摔跤、舞狮、赛马、射箭、抢花炮、冰嬉等项目，拥有较为完善的技术和技术体系，技术掌握的难度较大，反而被民众掌握和传习等客观实在，验证了身体的高敏度体验，诱发身体的深刻认知，形成身体的自动行为，产生身体的竞技化行为，凝练身体的牢固记忆，实现对生命的有效塑造，促进民族体育的身体行为延伸。须缄默饰身之"礼"方可显现修身之"道"，由悬技至塑生的竞技化，乃民族体育延伸之途。

---

[1] 朱林. 身体与符号：一个符号现象学的思考 [J]. 淮阴师范学院学报（哲学社会科学版），2016，38（2）：217-221.

三、民族体育文化延伸的指向

民族体育文化原本的目标主要指向为娱乐身心、强健体魄，这是基于民族体育自身结构与功能，以及民族体育所附着的文化所决定的。随着时代的前进，尤其是民族体育自成体系后，其结构发生了一定的变化，功能因而出现了延伸。另外，人对民族体育文化的需要层级也在促使着民族体育文化目标的延伸。至此，民族体育文化的总体目标指向延伸为"健康的亲切、交往的温暖。"这种延伸是建立在原本基础之上的延伸，是时代的要求，是民族体育文化目标走向精准化的重要改变。

在实现民族体育文化目标指向延伸的具体途径中，应该从以下几个方面着手。

第一，主客合一的文化传承指向。

中华民族流传至今的民族体育文化是人类文化中最为经典的主客合一的文化事项，它能够有效地实现对人的生命进行体验和塑造，具有使人不断向着塑造真善美的完人方向发展能力，是人类文化值得推广的共享文化。

中华民族特有的民族体育，是一种作为主体的自我，对作为客体自身的、主客合一的人体文化，其中，身体行为是其运行的载体，通过这个能够有效地将个体身体记忆和群体集体记忆演化为文化记忆的载体，实现文化传承。

主客合一的文化延伸是对人之本体地位的尊重，再现着体育本质，表达着人生价值。"从体育文化学论，讨论民族传统体育文化延伸问题，若是脱离了人之'主''客'一体的基本理念，则是有'文'无'化'的空论。因此，'主客一体'既是民族传统体育文化延伸的内涵之一，也是确立民族体育文化目标指向延伸价值的逻辑起点。"[1] 反之，缺失了主客合一的文化是一种空洞的文化，这种文化人为地割裂了人的主体意识和人的身体行为，使得身体与意识分离。在人世间，所有文化都是构建在主客合一基础上的文化。当文化仅仅局限在器物层面，或身体行为方面，那么这种文化便会成为一种失去根基的文化，其传承必然会受到致命的影响。比如，《身体的历史》中列举了西方社会曾经拥有的

---

[1] 常毅臣，陈青，等. 民族传统体育文化延伸的价值取向和路径选择 [J]. 武汉体育学院学报，2017，57（1）：60-66.

石头战游戏、长枪比武、角斗等内容，虽然其中含有一定的文化成分，然而这种野蛮的活动难以作为文化长久存在，在一定程度上说这种身体行为缺乏文化的滋养，身体处在主客两分的状态中，没有起码的对身体的尊重，更没有对生命的敬畏。因此，此类的身体行为逐步被时代所淘汰。在甘肃特有民族体育中也曾经流行过土块战、抛嘎击人等类似的活动内容，如今也失去了存在空间。

身体作为主客合一的中枢，自身存在甄别的能力。张震认为："正活着的身体自身显现和表达为身体图式，而后才在身体知觉和意识活动中被体验为活的主体，继而被自身和他者注意，被描述为意欲和具体的行为。"[1] 在这种身体表达的三种形式中，身体居于中枢地位，无论是身体图式，还是活的主体和具体行为，决然不能离开身体。在身体表达形式来看，身体认知是人类认识世界的基础和根本，那么以此为基并不断超越认知，产生身体创造所形成动态前进链条的身体表达，是人类在创造进化和人类文化进步的核心。体育的认知与创造强烈地依赖于人的身体，身体不仅是体育的载体，更是生命的载体。同时，在身体表达的行为中无处不在的人的意识始终对身体发挥着引导、维持作用，是人之所以成为人的生物性和社会性兼容的、文化性主导的客观存在。对此，民族体育文化目标指向延伸必须遵循身体运行的规律，始终保持身体的主客合一的目标指向。

在当下社会，人类创造的物质、制度和精神部分的内容极大的丰富，其中部分内容开始异化地影响着人类自身，甚至是强烈地反作用于人类。主要表现在西方竞技体育的技术对人体健康的伤害、体育竞赛制度合法化了不公平的差异、体育竞争成为群体利益分割的手段、健身活动沦为换取资本进阶的捷径，一味任由这种异化现象蔓延，必然对人的主体产生不可估量的消极影响。在民族体育中，祭祀活动中的身体活动被人们误认为是体育、旅游中的村寨文体活动被商业左右、朴素的民族体育生活被简约为节日化等，无不使得生活中民族体育远离了身心合一所追求的生命塑造宗旨。

民族体育文化延伸的目标必须坚持主客合一的传承指向，这种指向能保障民族体育在延伸过程中沿着正确的道路实现"健康的亲切、交往的温暖"。2014年9月24日，习近平主席在纪念孔子诞辰2565周年国际学术研讨会上

---

[1] 张震. 身体的诠释 [J]. 体育与科学，2017，38 (6)：16-21.

明确指出,"优秀传统文化是一个国家、一个民族传承和发展的根本,如果丢掉了,就割断了精神命脉。"民族体育通过具体的身体,认知着中华民族文化的精髓,并通过身体行为来体验、实现和创造民族意识和精神,富有身心兼修的民族体育具有高度的主客合一特征。沿着身体主客合一指向,从长期的、具体的生活行为中,以一种平和、生动、人人参与、代代相袭的方式,将印刻于身体行为中的民族文化,通过身体行为生动地再体验、再记忆,促使民众对国家意识和民族精神感悟,以独特的民族体育身体行为方式演绎民族精神,增强民族自信、自强、自觉。[1]

第二,生命塑造的文化延伸目标指向。

体育的目标总体而言是关乎于人类的生命,而中华民族的民族体育则更加清晰地聚焦于生命塑造。

在茫茫宇宙中,人的生命是极其弱小的,弱小的生命如何应对大千世界,如何维持其存在和发展是一个非常重要的议题。况且,在人类的生存空间中,并非处处皆宜居,即使是在宜居的地域,同样存在着影响人类生命的诸多因素。当人类走过漫长的生命演化之路后,生命质量得到很大提升,这种提升有利于人类的生存和发展。但是,必须清醒地看到人类社会的发展对人类的生命产生了更复杂的制约。人类创造的医学能够拯救人类的生命,但是医学不是全能的,不是人类生存和发展的唯一依靠,它仅仅是最后的防线。而体育则是预防疾病、维护、提高生命质量,保障人类生存和发展的重要力量。

在民族体育走向成熟的过程中,伴随着部分民族体育形态日益凸显的异化。只有回归或改进,方能保持民族体育的结构和功能,才能充分地发挥民族体育对生命的尊重,实现对生命的塑造。在这个进程中,部分民族体育,包括甘肃特有民族的体育活动西化现象严重,似乎只有体育竞赛是体育文化的唯一存在,特别是极力地追求民族体育的经济价值,民族体育成了节庆、旅游的摇钱树,这种偏向使得民族体育远离了其本质。如此看来,回归是必然的,回归不是完全恢复原样,回归主要是对本质指向的回归,以此来洗涤时代风雨所沉淀在民族体育形态上的浮尘,保持其清晰的生命塑造主线。任何事物在发展过程中,只有当人们切身地体验之后,方能有深刻的认知,才会有甄别能力。在与西方竞技体育亲密接触比较后,民众日益感受到民族文化的魅力,如今国人对民族

---

[1] 陈青. 身体行为·民族意识·理论探析 [J]. 武术研究, 2018 (6): 1-6.

文化的热情开始高涨起来，从婚礼到节庆，从言谈到服饰，从餐饮到旅游无不展示出浓烈的民族情怀。民族体育也在民族文化回归的浪潮中逐步找到了自己的位置，从健身的手段到演艺的内容，从生活的活动到学校的课堂，民族体育开始被国人珍重。在回归的过程中，需要提炼符合时代和民族体育的运行规律，通过必要的、合理的方式来保障完成民族体育对生命塑造目标的实现，在众多的可取方式中，能够保持民族体育运行规律的"再嵌入"是重要方式。人类社会进入到现代，现代性对人类社会产生巨大的影响。这种影响有一个明显的结果是使得地方性文化处于脱域状态，向着全球化模式靠拢，非地域性使人们普遍进入全球化的文化和信息环境之中，"这意味着熟悉性和地域性不再像以前那样始终联系在一起。"[1] 正是这种状态，给民族体育提出了新的任务，欲使地域性特征突出的民族体育成为人类健康的文明共享成果，就必须保持民族体育对生命塑造的本质属性，改造和改变其"土"的形式，以其人类共同追求的、纯正的生命塑造"再嵌入"方式进入现代社会。

民族体育对生命塑造的本质属性是实现民族体育"再嵌入"的重要因素，人类前所未有的健康追求，是民族体育再次成为人类生活主体的根本动因。而且，脱域机制把社会关系和信息交流从具体的时空中抽取抽象，也为它重新进入更广泛的空间提供了新的机会。那么，在这种机遇下，民族体育是否能够真正把握机遇就显得格外重要。比如，在甘肃特有民族的生活中，具有地域特征的、依托于马匹的健身形式就可以转化为依托于更广泛器物的健身活动。再如，裕固族人豪迈的熟人体育交往可以衍生为广场健身的陌生人交往方式。此刻，民族体育对于"再嵌入"的技术转化、形式更新和改进就显得十分重要。当然，民族体育的"再嵌入"已经无法实现先前的传统状态，可能会通过弥散式、点滴式、外显式、融合式、采借式等形式广泛地融入到人类生活的方方面面。

"再嵌入"的内容在本质上来说一定是已经经历了积淀后的内容。只有这些内容能够充分地反映文化事项的本质，具有稳固的结构，富有特定的功能。对于生命塑造而言，民族体育在中华民族文化长期熏陶下，各个民族的体育文化均蕴含着养生的特质，表现出养生、修身、塑人的价值和功能。这些内容在新的历史时期，通过对具体内容的进一步完善和时代的改进，必然能够"再嵌

---

[1] 吉登斯. 现代性的后果 [M]. 田禾，译. 南京：译林出版社，2011：124.

入",实现传承与弘扬的有机结合,发挥其应有的价值。在此,需要注意的是防止民族体育在新的历史时期被强势的体育文化所掩盖,必须充满自信,不断持之以恒地坚守文化自觉。而且,民族体育的"再嵌入"必须是建构在文明共享范畴中,而非地域性的自我享受。为了实现对人类的更多贡献,民族体育就应该将自身具备的生命塑造的优势逐步转化为强势文化,在这种转化中必须注重民族体育技术体系的完整性和竞技性,唯有具有规范、精湛水准的技术体系才能有效地实施生命塑造的目标任务,将这种有益于人类健康的文化扩布到更加广泛的空间。

第三,多元融合的文化延伸形式指向。

自古至今,中国文化在追求天下一统的目标中,通过有容乃大的包容理念,在幅员辽阔的中华大地实现了多元一体的民族文化建构。兼收并蓄是一种文化自信的表现,是一种文化自强的凝聚。

民族体育虽然发轫于各异的块茎自然、人文环境,备受浓烈的块茎思维(德勒兹语)影响,但是在大一统文化的树状思维感召下,各个民族的体育文化自觉不自觉地交融、同化,特别是相对而言具有异质、异构的民族体育在相对封闭环境有了足够的时间去消化异质、异构的民族体育,最终形成了富有活力的,同质异构的中华民族体育文化。在甘肃特有民族中,最富有代表性的拉爬牛就是在各个民族交往中相互采借融合,并保持异构特色的民族体育文化结果。

当一个文化始终处于相对封闭单一的文化生态下,这种文化的适应性必然有限。蹴鞠、投壶等部分民族体育中的珍稀项目因为封闭单一,失去了时代性而灭绝。为了这种悲剧不再发生,民族体育应该在多元文化环境中广泛地汲取人类文明成果,不断地实现自身的强大。其实,人类在亚里士多德眼中,始终表现出强烈的组群天然意愿,用他的话说,人类在本性上,是一种政治动物。阿奎那表示同意,认为人不仅有政治性,更有社会性,具有超过其他动物必须以组群方式生活的天性。时至当下的全球化时代,恰如美国人类学家谷迪纳夫所言:"多元文化在当今社会已成为人类的一种生活体验,人人都生活在一个多元文化的世界中。"民族体育迎来了更为多元的文化环境,这是民族体育文化广泛获取养分的大好时机,不能仅仅看到是西方竞技体育文化对本土民族体育的冲击,更要看到这种能有效促进民族体育系统活力的强力冲击是否有利于激发民族体育文化的再生产。

民族体育在多元文化环境的文化再生产，是一个建构在多层次基础上的身体文化生产。文化的交融，每每是同质的文化容易对接，异质文化的融合则需要较长周期。当人类社会从自然延续中，逐渐走向了人化环境之后，文化间的交融成为人类文化发展的根本。其中，不容忽视的是科学与技术对人类文化的重大影响，"由科学与技术的联盟所构筑起来的现代工业，却以过去世世代代所不能想象的方式改变着自然界。"[1] 当多元中的强者——科技手段融入、嵌入到民族体育之中，民族体育的延伸必然是一个飞跃。竞艺武术[2]打破了以往武术比赛门可罗雀的局面，呈现出观者如云的盛况。这种改变与武术比赛使用了声光电的舞台科技不无关系，当然更有习武者运用身体语言的艺术化表达更是竞艺武术的活力所在。可惜的是，这种民族体育与科技交融的状态并不广泛。互联网为民族体育提供了罕见的机遇，在民族体育文化的传播中，尚有众多的项目没有很好地借助这种科技手段实现民族体育文化的再生和次生生产。跨越数码鸿沟，充分地利用现代传播媒介，人工智能，是扩大民众认知民族体育的有效途径之一，应该充分地借助这种传播途径。当然不能一味地依赖于互联网，民族体育的传承还必须依托于身体体验和身体认知，视觉的认知是激发民众兴趣的基础，亲力亲为的民族体育身体行为才是民族体育文化传承的根本。

在人类社会中，民族体育的文化再生产可供选择的多元途径非常广泛。其中，作为人类知识和技能传播与传承的有效载体的学校就是一个多元融合的重要载体，如何纳入民族体育内容为学校体育的课程资源，不仅对民族体育提出了竞技技术延伸的要求，也给学校提出了增设民族体育类课程的要求。民族体育项目延伸为不同地域各级各类学校的体育课程之后，可以有效地灌输本土民族体育文化，使学生从小就开始接触和掌握民族体育的项目内容，通过身体体验生动、形象地认知民族文化，形成民族意识，塑造民族精神。

---

[1] 吉登斯. 现代性的后果 [M]. 田禾，译. 南京：译林出版社，2011：53.

[2] 玄虚、虚拟的武侠武功离我们太远，现实的"竞艺武术"已经走进我们的生活。由西北师范大学体育学院陈青教授及其团队探索发起的，所有习武者都能有所作为的，以艺术形式为载体的武术竞赛形式——竞艺武术，得到中国大学生体协民族传统体育分会的充分肯定，2012年6月10日至13日，在上海华东理工大学举办的2012全国大学生武术锦标赛暨首届全国大学生竞艺武术大赛中，竞艺武术首次正式出现在高校武术竞赛场上。这次登场可以标志着竞艺武术的隆重起步，它将会为武术文化发展探索出一条新途径。

社区的民族体育俱乐部是营造民族体育氛围的重要形式之一。在一个社区，有能够满足不同人群健身娱乐需求的俱乐部，是一种提高国人体质和塑造行为习惯的文化建设。德国是体育俱乐部的发起国，也是世界上体育俱乐部最广泛的国家之一，这种俱乐部不仅满足了民众健身、娱乐、竞技的需要，更是凝聚民众精神的纽带和桥梁。当中国人在追求美好生活的历程中，健康需求日益强烈，丰富的民族体育健身内容是充实俱乐部活动内容单一，克服目前国内俱乐部仅仅能够满足特定群体需求的倾向，构建多元融合的俱乐部。比如，太极文化体验中心，不仅能够满足老年人的健身、交往需要，更能够为高校武术与民族传统体育专业学生提供就业岗位。最主要的是有了众多的俱乐部，可以营造良好的民族体育文化氛围，增强民众的文化自觉意识。在民族地区，有了特定项目的俱乐部能够很好地传承民族体育项目，使体育非物质文化传承人有一个可传艺的稳定空间，这是落实体育非物质文化遗产的有效形式。当然，除了俱乐部这种相对正式的机构，还可以通过类似的组织来完成这类使命，比如小群体的协会、临时性的小团、兴趣组、体育班、邻里会、牧民帮等灵活的组织形式。

民族体育与节庆、旅游等生活相交融，从生活中不断汲取民族体育发展的养分，以此丰富民众健康生活方式是一个相得益彰的民族体育文化延伸的形式指向。生活方式虽然会随着社会进步而产生变异，但是始终不变的是身体的运动欲望和身体的聚集交往。只要是有人存在的社会空间，身体的运行必然是生活方式中的主体，"健康的亲切、交往的温馨。"就是永恒的主题，是人类始终追求的目标。恰如爱欲塑造了古代希腊的竞技一样，柏拉图在《理想国》中凝练道："真正的赛跑运动员，获得冠军，戴上桂冠才算实现了他的终极目标，难道普通人不也是这样吗？他们做每件事，每次思考，甚至他们的生命本身都带有一个极强的目的，最后由自己的同胞为他颁奖。"[1] 当代社会，与爱欲相同的身体欲望、功利性一点也不比古希腊人差，身体欲望依然是民族体育生活的动力源之一，这是人类需要的历史性延续。

人类天生含有合作基因，这种基因建构在多元群体和文化基础之上。美国社会生物学奠基人爱德华·O·威尔逊认为："随着人类文明的发展，这样的行为模式，会从本能冲动转变为社会习惯，进而又演化为法律约束，并最终形成道

---

[1] 托马斯·F.斯坎伦. 爱欲与古希腊竞技[M]. 肖洒, 译. 上海: 华东师范大学出版社, 2016: 470.

德准则。"[1] 这种人性逻辑链条规划着人类社会的运行轨迹，构成了民族体育进行多元融合的发展轨道。人类的社会行为拥有深刻的合作倾向，或许与人类的能力，生物界的其他物种固存的缺陷有关，为了弥补这种缺陷，人类在长期的创造性进化中，逐步形成了群居、群策、群力的合作基因，在这种基因的作用下，人类文化所呈现的也是群体文化，而非个体文化。在民族体育中，集体活动形式占据绝大多数，即使是个体活动内容，也经常会寻找竞争、较量的对手以实现两两相对的竞争与合作关系。前文已经分析到，民族体育中的竞争是不以消灭对手为前提的竞争，与战争截然不同，与经济也大相径庭，以对手为敌的竞争目的是为了进一步合作。在这种情况下，民族体育就应该在走出封闭之后，面对多元文化资源进行新的竞争与合作，以便于在民族体育文化延伸中重新构建或充实自身的体系。

第四，与时俱进的文化延伸路径指向。

民族体育文化延伸期望体育文化的创新与融合，期待体育文化新内涵，期待体育文化新形态。为了寻找适宜的延伸路径，必须实事求是地进行选择。在当下，合理地维持民族体育是必要的路径选择，这是保持民族体育存在的根本。提升民族体育文化的社会适应力，则是一种积极的延伸路径，是促发优秀民族体育文化得以弘扬和永驻的必然抉择。这是一个民族、一个国家对待传统文化应秉持的态度，也是民族体育文化延伸路径选择的理论依据。

余秋雨曾经在分析社会上广泛存在的文化隐忧现象时认为，中国"复古文化正在冲击着创新文化"。复古的倾向始终没有远离人类，各个民族和国家都有这种珍重传统的倾向。复古不一定必然回到古代，而是一种对优秀传统文化的继承。在这种倾向中，往往是种豆得瓜，也就说在复古过程中，人们找到了优秀传统文化适合时代发展的元素和灵感，发现和重温着人类进化的规律，这种复古文化是把握文化运行轨迹的有效方式，激发了人们创新的思路，可厚积薄发地继承创新。当然，复古可能会对创新产生一定消极影响，但不会阻碍创新。因为有人的生命冲动，有身体欲望的巨大推动作用。余秋雨所言复古倾向在民族体育中表现得也很明显，比如在武术本质属性的长期论争中，复古倾向的力量始终存在，虽然在一定程度上影响着武术的创新发展，但

---

[1] 菲利普·鲍尔. 预知社会[M]. 暴永宁, 译. 北京: 当代中国出版社, 2010: 339.

是武术从"伐人""娱人"向"完人"[1]转化进程并不因复古倾向所制。其他的民族体育项目与武术项目表现出相同的趋势。比如，甘肃特有民族中的保安族人将古老的夺腰刀仪式进行了创新，呈现出具有游戏、表演色彩的形式，使更加具有渲染性，激发了更广泛的民众参与，有利于进一步的传承。

社会发展，文化总是呈现出时代特征，与时代特征相左的文化内容大多会被时代淘汰。这类容易被淘汰的文化总体上表现为抱残守缺、固步自封，一味地强调复古。比如，古代歧视性的妇女裹脚、隐居闺房；体育中残酷的搏杀、角斗等。换个角度来说，人的创造力很强，每个时代都会创造出无数的文化，如果这些文化都被保留下来，估计人类社会的承载能力会面临崩溃。只有那些化繁为简的，适应性强的文化事项才会被传承和保留。社会物理学的观点就认为，社会行为非常简单，它遵循着数学的"定律"，这些内容是相变、乘方率、自组织模式、集体行为和网络标度的不变形。似乎这些内容依然繁杂，那么看罗伯特·帕克的归纳："所有公共机构和社会团体，无论其类型如何，都可以视为集体行为的产物。"[2]民族体育文化是一种个体参与的集体活动，表现出浓厚的集体行为特征。其中，部分民族的体育是全员参与，集体行为表现更为突出，这不仅是民族身份认同的标志，更是生命冲动的必然。在民族体育的传承和发展中，能够被广大民众接纳和认同的项目均为历经凝练而筛选出来的身体行为，也是人体文化中最为根本的行为。这类身体行为在时代审美、社会时尚、社会需要、价值追求等因素的影响下，不断地进行适应性和创造性的延伸，沿着"无规行走"向"有序行走"的方向延伸，表现越发浓厚的健康、娱乐特质，从而形成了众多群体的无意识集体行为。从印度瑜伽的全球化，到中国太极拳运动的普世化都生动地反映出这种趋势。以太极拳运动为例，传统太极拳运动的技击成分渐趋淡化，轻柔的有氧健身色彩被强化，这种与时俱进的变化符合人类社会文明的演进历程。令人遗憾的是，民族体育与时俱进步履蹒跚，由于落后于时代的审美表现形式，很多项目不被年轻人看好。年轻人很少复古倾向，他们更追逐时尚。青少年是社会发展的未来，是文化传承的中介。对此，民族体育发展路径中亟待进行时尚化的延伸。

莱斯利·怀特认为人类行为是文化的函数：$B=f(C)$，这个函数说明，人类

---

[1] 陈青. 习武人的身体创造[J]. 成都体育学院学报, 2018, 44(6): 50-55.
[2] 菲利普·鲍尔. 预知社会[M]. 暴永宁, 译. 北京：当代中国出版社, 2010: 364.

行为随着文化的变化而变化。人类社会的文化从农耕步入信息时代，文化发生了迅猛的改变，人的行为自然产生很大改变。人的行为出现了变动，民族体育的结构和形式自然随之变化，表现出相应的文化形态。不过，怀特强调人的行为改变其根本的是文化传统，而不是来自于社会或群体。这个观点有其道理，文化传统是由社会或群体创建的各类符号汇聚和延续而成，这些传统符号强力地控制着社会群体。根据怀特的文化学理论，人类在不同的时代所采用的能源不同，文化进步的幅度不尽相同，在人类拥有人均更多能量的时代，文化发展达到了新的速度。这一点与路易斯·巴舍利耶的"无规行走"所涉及的物理粒子运动与温度密切关联的理论有一定相似，气体越灼热，气体微粒的涨落便越剧烈。人类能够使用的能源效能越高，人类社会的热度越高，文化的发展也就越快。事实证明，人类社会在进入到现代，在科技指导下的工业文化，使得人类在近百余年超越了人类数万年发展的速度总和，这与能源的高效使用高度相关。当然，适宜的温度对文化的持续、有序发展是一个重要保障，这是保持"有序行走"的基础。在这个过程中，与科技、工业、信息无关的文化逐步被时代所淘汰，但凡是能够与科技、工业、信息相融合的文化则步入快车道。源自于体能时代的民族体育，在利用身体外的能源方面并不占据优势，这可能是其与时代脱节的原因之一。但是人的行为天生就有节能的机制，因此对能量利用高低不应该是民族体育边缘化的根本。人行为的节能机制帮助民族体育适度控制"文化温度"，使之稳步沿着"有序行走"的轨迹前行。人们可以看到，在国人热火朝天地追逐竞技体育的热潮之后，真正长久留下来的依然是那些具备节能性质的民族体育。只要是这些民族体育项目能够进行与时俱进的时代改造，就能够成为人类忠实的行为伴侣。

这种改造，不在于身体对能源的利用，而是看民族体育是否能够帮助人类应对能源利用的效率，保持身体在高能量利用中的健康状态。在人类比较充分、高效利用能源的时代，高强度、快节奏、重压力、富营养、新疾病等时代变化，使得身体出现了许多新的疾患，而且其中一些病症无法使用医学手段进行治疗，像肌肉饥饿、肥胖、亚健康、过劳等症状，医学就束手无策。竞技体育面对这些疾患，由于是高耗能的身体活动，在一定程度上可以帮助消耗多余的体脂、缓解肌肉的饥饿，但是却缺少减压、除病和防病等能效。以养生为主的中华民族体育却能够在一定程度上弥补这方面的缺憾和空白。养生所追求的对生命的塑造是一种亘古不变的主题，只是这种养生的民族体育在内容和形式上较少符合当下人们的审美情趣，缺少必要的规范和精炼技术，失去了主体间性的传播力，容易被人们忽视。其实，民族体育与竞技体育这类人体文化，具有相同的身体运行规律，民族体育和竞技体育可以比喻成水的不同状态，水在不同温度下其形态不同，当温度达到不同的度数，水变成气态、液态或固态。气态下水分子彼此分开、无规乱动；在固态中定点驻扎、寸步不离；液态下则相互推推搡搡、熙熙攘攘。如果说当下人们的审美和社会时尚更青睐于具有稳定技术体系、有序技术规范和精湛技能水准的"固态"体育。那么民族体育就应该与时俱进，无论是从建构主义自觉主动探寻，还是从功利主义利己利群的实用，只要民族体育有效塑造了民众的健康身体，合理利用现代媒介，通过营造、控制"文化温度"，必然会将自身技术从原本的"气态"或"液态"向着"固态"体育方向进行"相变"。

  "文化温度"是解决民族体育与时俱进的重要条件之一。文化温度的获得应该充分利用"阳光"能源，这种能源能够提供绿色的、可持续的能量。所谓"阳光"能源对民族体育来讲，宏观层面就是人类的文明成果。具体到民族体育而言就是很少依赖昂贵的场地、器材，灵活的组织形式，充满人情味道，富有文化气息，具备时代感，旨在塑造生命的竞技技术体系。当然，"文化温度"更主要的则是来源于民族体育自身，在充分利用光合作用的过程中，不断对民族体育技术体系进行针对性、规范性、科学性和时效性的身体行为竞技化改造，打造出人类共享的、有温度的"健康的亲切，交往的温馨"时尚民族体育。这个追求时尚的过程，实际上是一种凝聚权力的过程，也是一种不断给民族体育自身赋权的过程。在此过程中，充分吸收各类体育文化的"体温"，特别是深刻地汲取西方体育文化的优势"热量"，弥补自身技术体系和传播中的短板，提高自身文化的"温度"。